细讲中国历史

灿烂辉煌的开放世界

孙英刚　著

上海人民出版社

序一

上海的郭志坤先生是我的多年老友。在十几年前世纪之交的时候，我同郭先生曾经有过一次非常愉快的合作，就是依照他的提议，共同编写了一本通俗讲述中国古代历史的图书，题为《中国古史寻证》，列入上海科技教育出版社“名家与名编——世纪初的对话”丛书出版。当时没有料到，这本书印行后博得相当不错的反响，使郭先生和我都觉得所作的一番努力是值得的。

以这件事为契机，郭志坤先生同我有不少次机会谈起历史学的通俗化问题。我们都认为，有必要组织编写一套系统讲说中国历史，将学术界的丰硕成果推广于大众的图书。郭先生精心拟出规划，并很快约请到多位学养深厚的作者，形成老中青结合的团队，投入了撰写的工作，其成果便是现在这套“细讲中国历史丛书”。

“细讲中国历史丛书”从夏商周三代写起，一直到最末的王朝清朝为止，全套共十二册。这套丛书的编写，贯穿了两条原则：就书的性质和对象来说，是“面向大众”；就书的体裁与风格而言，是“通俗化”。我认为郭志坤先生的这两条提得好，也提得及时。

先说“面向大众”。我近些年在不同场合屡次说过，历史虽不能吃，也不能穿，似乎与国计民生渺不相关，实际却是社会大众的一种不可缺少的精神需求。我们每一个人，不管从事什么职业，处于何种身份，都会自然而然地对历史产生一定的兴趣，这或许可以说是人的天性使然吧。一个人活在世界上，不但要认识现在，也必须回顾过去，这就涉及了历史。我从哪里来，又往哪里去，是每个人都会意识到的问题，这也离不开历史。人们不能只想到自己，还总会考虑到我们的国家和民族，这就更应该了解历史。社会大众需要历史，历史学者自当“面向大众”。

抗日战争时期，历史学前辈钱穆先生在西南联大讲授《国史大纲》，所撰讲义一开头便标举：“当相信任何一国之国民，尤其是自称知识在水平线以上之国民，对其本国已往历史，应该略有所知”，“否则最多只算一有知识的人，不能算一有知识的国民。”历史学者的工作任务，不应只限于自身观察历史、探索历史，更有责任把所认识、所了解的历史，原原本本地告诉广大的社会大众，使大家对历史有应有的认识和必要的了解。

特别是在今天，当我们的国家、民族正在走向伟大复兴之际，尤其有必要推动历史学“面向大众”。中国有五千多年的文明历史，我们的先人创造了辉煌而且源远流长的文化，对人类的发展进步做出过丰富卓越的贡献。我们有义务把这样的史实告诉社会大众，提升大家建设祖国、走向世界的凝聚力和自信心，从而为今后人类的发展进步做出更多更新的贡献，这应当成为历史学者的襟怀和抱负。

再谈“通俗化”。“面向大众”与“通俗化”是结合在一起的，要想真正做到“面向大众”，历史著作就必须在语言和结构上力求“通俗化”。

说起“通俗化”，我联想到我国“二十四史”之首《史记》的作者司马迁。司马迁是学究天人的大学者，是“读万卷书、行万里路”的典范，然而他撰著历史，引经据典，还是在通俗上下了很大功夫。比如他论述唐虞以来古史，自然离不开《尚书》，而他本人曾受学于《尚书》博士孔安国，亲得古文《尚书》之学的传授，然而他在引用《尚书》时，对于古奥费解的字词，都采用意义相同的字来代替，这应该说是在“通俗化”方面的重要创意。另外，司马迁还尽力将史事的叙述情节化，使之活现于读者眼前，无愧于历史家的大手笔。这都是后人需要学习的。

必须说明，“通俗化”并不意味着降低历史学著作的学术水准。相反的，编写“通俗化”的历史作品，实际是对作者设立更高的要求，绝不是轻易就能够做到的。在这里，我还想附带说一句，即使是专供学术界专业阅读的论著，其实也应当（而且也能够）写得简明流畅一些。不少著名的前辈学者，例如胡适、郭沫若、冯友兰等先生，他们的著作不都是这样的么？

“细讲中国历史丛书”是“面向大众”的，并且在“通俗化”方向上作了很大的努力。郭志坤先生还说过：“通俗，通俗，只有通，然后能俗。”这也很有道理。这十二册书是一个整体，作者们在上下五千年的一个“通”字上花费了不少精力，对于内容的框架和文字作风也下了一番苦功夫，相信这套书的读者都会体认到他们的用心。

李学勤

2014年8月17日

序二

我和李学勤先生在讨论历史学的通俗普及问题的时候，很自然回忆起吴晗先生。二十世纪五十年代末，吴晗以史学界权威和北京市副市长的身份，向学界提出："要求各方面的学者、专家也来写一点通俗文章、通俗读物，把知识普及给民众。"吴晗不仅撰文提倡，向史学界游说，还亲自主编影响很大的"中国历史小丛书"。这段回忆让我们萌发了组织编纂"细讲中国历史丛书"的打算。

当我向李先生提交了编纂方案后，他认为，这对以史鉴今、以史资政、以史励人是极有意义的事，很值得编纂。随后，我们又把多年酝酿的编纂构想作了大致的概括：突破"阶级斗争为纲"和"残酷战争"描写的局限，注重于阶层、民族以及世界各国之间的友好交融和交流的记述；突破"唯帝王将相"和"否帝王将相"两个极端的局限，注重于客观反映领袖人物的历史作用以及"厚生""民本"思想的弘扬；突破长期分裂历史的局限，注重阐述统一始终是主流，分裂无论有多严重，最终都会重新走向统一；突破中原文化中心论的局限，注重全面介绍中华文化形成的多元性和影响力；突破历朝官方（修史）文献的局限，注重正、野史兼用，神话传说等口述历史与文物文献并行；突破单一文字表述的局限，注重图文并茂，以考古文物图表佐证历史。

“细讲中国历史丛书”的编纂重在创新、面向大众和通俗化。李先生认为这一美好的愿望和构想，要付诸实施并非容易的事。他特别强调要组织专业队伍来撰写，并提出“让历史走向民众是史家们义不容辞的责任”。令我欣喜的是，精心撰写这部“丛书”的作者本身就是教师。他们中有的是学殖精深、卓有建树的史学名家，有的是常年立足于三尺讲台的传道、授业、解惑者，有的还是以“滔滔以言”享誉学界的优秀教育工作者，其中多为年轻的历史学博士。由这样一个教师团队来担当编写中国历史读物的重任，当得起，也信得过。

我们把编纂的原则性方案统一后，在同作者商议时遇上了某些疑虑：一是认为这类图书没有多大市场，二是认为通俗作品是小儿科，进不了学术专著之殿堂。经过一番调查分析后，我们取得了共识，一致认为，昨天的历史是创造明天的向导，从中可以汲取最好的营养，好的历史通俗读物是很有市场的，因为青年读者中普遍存在一种历史饥饿感。本套“丛书”的作者深感，编写中国历史通俗读物，历史工作者最有得天独厚的条件和义不容辞的责任。旅外学者得悉我们在编纂这套“丛书”，认为这是很有价值的，也很及时。美国纽约州立大学历史学博士张德文参加撰写并专门来信期待我们早日推出这套丛书。信中说：“在知识大众化、数字化的年代，历史学者不应游离在这个历史进程之外。个人电脑以及智能手机的普及，大大促进了微知识的渴求。在此背景下，历史学者的通俗表述为微知识的传播提供了必要的积淀和范本。”行文虽然不长，但一语中的，说清了普及历史知识的重要性。复旦大学历史地理研究中心邹逸麟教授、华东师大历史系王家范教授等读了“丛书”的文稿后还专门撰文评说，认为这既是一套通俗的、面向大众的历史读物，又是一套严谨而富于科学精神的史著，对于广大读者学习和发扬中华民族的爱国传统、学习和发扬中华民族的奋斗精神，为推动中华民族复兴的中国梦早日实现很有作用。

这一切，让我们得到莫大的鼓舞。作者在通俗方面作了极大的努力，他们中的不少人在写作中进行了刻苦再学习。从史实的查证，到篇章的构架，再到文字的通俗易懂以及图片的遴选，都花费了他们大量的时间和心血。丛书采用章节结构的叙史形式，目的在于从目录中就一目了然书中的大概内容。中国历史悠久，史料浩如烟海，读史者历来有“一部二十四史，不知从何读起”之叹，讲史时“以时间为纲”，即可以从纷繁中理出头绪来，再辅之以“专题为目”，这样在史料取舍上就更加突出主题、把握中心。细讲中注重故事取胜，以真实的历史故事吸引人、感动人、启迪人。图文并茂也是本丛书通俗化的一途。中国历来重视“右文左图”，以文注图，以图佐文。

通俗而雅，也是这套丛书的一大特色。雅者，正也。通俗不是低俗，亦不是庸俗，它是建立在科学和学术的基础上而展开的。把应该让读者知道的历史现象和历史观念用最浅显明白的方式告诉读者，这就是我们所需要并强调的通俗。本套丛书的学者们在撰写时一是力求在语言上的通俗，二是着力于情节中的通俗，继承和发展了太史公司马迁那种“以训诂代经文”的传统，把诘屈聱牙的古文经典用活了。所以说，深入浅出的通俗化工作更是一种学术活动。

为了增加生动性、可读性，作者尽量选择对某些有意义的人和事加以细讲，如对某些重大的出土文物的介绍评说，对悬而未解的疑问加以释惑，对后人误传误解的问题予以纠正，对某些典故加以分析，对某些神话传说进行诠释。在图表上尽量做到随文佐证。在每册图书之后增加附录，旨在增强学术性和通俗性：附录“大事记”，旨在对本段重大历史事件有个大致了解；附录“帝王世系表”，意在对本朝创业、守业和虚位之王的传承有所知晓；附录“历史地图”，在于对本段历史地理形势方位有个立体印象；附录“主要参考书目”，目的在于提供进一步学习本段历史的索引。

意愿和努力是如此，最终的结果如何？诚望读者鉴定。

郭志坤

2014年8月19日

目录

导语

经过三百年的分裂，中国在公元589年再次南北统一，开启了中国历史上的隋唐时代。这个时代往往被视为中国文明的黄金时代。从制度创新上说，它开启的权力制衡的三省六部制、文官考试制度等，在世界文明史上也具有领先性，不但长期影响到中国历史的走向，更被周边国家所学习。从国力强盛上说，经过八十多年的战争，它奠定了东亚长期的政治格局。唐朝先后攻灭东、西突厥，并把中国的影响力拓展到中亚腹地。从宗教信仰上来说，当时东方世界中思想最为复杂繁密的佛教，已经逐步与中国文明不可分割，唐朝已经逐渐成为整个佛教世界的中心，沿着丝绸之路而来的高僧，其奔波而来的目的地往往是东方的佛教中心长安，如日本把佛教引入本国，各大宗派都视长安的某个寺院为自己的祖庭。从文学艺术上说，唐诗令人赞叹；跟佛教有关的俗讲推动了民间文学的发展；不论音乐、绘画、雕塑还是舞蹈，由于各种文明元素的融合，均达到了前所未有的高度。从精神气质上说，盛唐包容、自由、浪漫、积极乐观的态度，展示出一个大国的气质。

佛教的传入，给中国文明带来了许多新的文化元素。不但绘画、雕塑、音乐、科技等各个领域都受到佛教的影响，而且佛教作为政治意识形态也影响了隋唐的政治活动。在传统的儒家天命学说之外，佛教有关理想君主、弥勒下生等理论和观念，给中国君主提供了可以选择的理论体系。隋文帝、武则天等隋唐君主，就在政治理念等方面，采用了佛教的一些元素，作为论证自己统治合法性的工具。比如隋文帝模仿阿育王分舍利建塔，而武则天更为自己加上了“金轮圣神皇帝”的头衔。

唐朝历史的转折点，是突然爆发的安史之乱。这场边防军人的叛乱，不但对当时社会的政治、经济造成了沉重的打击，更对宗教、思想界产生了深远的影响。随着河陇军等西北边防军的撤退，不但把苦心经营的西域放弃，更把首都长安直接暴露在吐蕃的战刀之下。此后唐朝一直在平定藩镇和对抗吐蕃、回纥、南诏等外敌中疲于奔命。安史之乱或明或暗地跟异族认同联系在一起，引起了唐朝思想界的转向。唐中期以后，要求回到中国古典文明的呼声日高，佛教也被视为外来文明因素，韩愈、柳宗元等倡导的文学、思想运动，以及唐武宗以行政暴力迫害佛教的举动，彻底瓦解了唐朝的佛教僧团体系，更将佛教从主流的意识形态和学术体系中清除出去。思想世界的变迁，改变了中国士人的价值观，连带文学格调、社会观念也发生了重要变化。

唐朝政治的一个重要层面，是贵族政治干预皇位继承。唐代前期的皇位继承，几乎都是以宫廷革命的形式完成。贵族大臣通过投机各个阵营谋取政治利益。玄宗即位之后，彻底改革了政治体制，尤其是裁抑了太子、亲王的势力，让他们成为宦官监视下居住的囚犯。唐代后期的君主即位，几乎由宦官决定，在带有人文主义色彩的科举士大夫阶层崛起之前，宦官作为皇权的延伸，在唐代中后期的政治中扮演了重要角色。另外，唐代是一个女性昂扬的时代，涌现了一大批积极参与政治的女政治家，包括武则天、太平公主、上官婉儿等。这跟唐代女性地位普遍较高，而且具有很大的社会自由有直接的关系。唐代的女性不知缠足为何物，甚至结社，这与后来受到理学压制的女性有重要的区别。如果考虑到有一半的人都从身体到心灵受到压制和毒害，那么这种区别可以视为唐宋时代发生的最为重大的事件之一。

富庶和安定是大唐盛世的又一大景观。大诗人杜甫是亲历了唐的全盛期的。他在一首题为《忆昔》的诗中写道："忆昔开元全盛日，小邑犹藏万家室。稻米流脂粟米白，公私仓廪俱丰实。九州道路无豺虎，远行不劳吉日出。齐纨鲁缟车班班，男耕女桑不相失。"这种富足现象，一方面与发展生产的种种措施有关，也与各族间的和睦相处有关。唐代一直都十分注重善处各兄弟民族之间的关系。唐中宗时把宗室女金城公主嫁给吐蕃赞普为妻。唐玄宗时期，在边境设立互市，加强唐与突厥等少数民族之间的经济交往。唐玄宗还将两个宗室女嫁给奚和契丹的酋长，实现了"和亲"。原先归附的一些少数民族也进一步巩固了关系。

唐代的强盛在于它是一个开放的社会。唐代有许多国际化的大都会，而作为当时世界上唯一拥有百万居民的都城长安堪称"万国都会"，城中居住着数以十万计的外国使节、商人、留学生、僧侣。当时，与唐建立使节往来关系的至少有七十多国，其中包括日本、新罗、大食、罗马、印度、林邑等。一些外国人来到长安等大都会后，不愿回国，在中国购买田宅，娶妻生子，落地生根了。新罗的崔致远、波斯的李密医、大食的李彦升，还在唐王朝中当了高官呢！有时一年单是来华的使节就有万人以上，其中不只有亚洲人，还有欧洲人、非洲人。在长安出土了一尊孩童陶俑，头发高度卷曲，嘴唇十分厚实，专家认定是来自非洲的黑种人。唐朝人是大气而开放的，也是崇尚新奇的。可以说，外来物品渗透到了唐朝社会的各个阶层和日常生活的方方面面，胡服、胡食、胡乐、胡屋，到处可见，真是"胡风"劲吹。唐代著名诗人白居易在长安城中有着一套舒适的豪宅，他在自己的后院中盖了一间"胡"式的帐篷，为了显示时髦，他老人家还把写作的桌椅也搬进了帐篷呢！连唐太宗的儿子承乾太子也背着父亲把自己打扮成突厥可汗的样子，坐在帐篷的狼头纛下抓食羊肉呢！

唐人认可了世界，世界也认同了唐人。在外国人世代相传的记忆里，在这块东方古土上居住和生息着的永远是唐人，于是，直到现今，世人将海外华人聚居的地方称之为"唐人街"，唐人成了中国人的一个代名词。读隋唐五代史，尤其是读唐史，会得到许多的启示和振奋。

01 帝国的统一和隋朝的兴衰

隋唐时代可以说是中国历史上的第二个帝国时期。第一个长期统一的帝国是秦汉，经过三百年的分裂、战乱以及种族和信仰的冲击融合，引塞外野蛮精悍之血，注入中原文明，中华文明又实现了第二次政治上的统一。中国文明之所以能够经久不衰，生生不息，最重要的原因在于中国文明的开放性和创造性。就开放性而言，中国文明展开双臂拥抱外来文化元素，比如佛教，将其变成自身传统的一部分；就创造性而言，在隋唐时代呈现得非常明显，制度创造上，中国的三省六部权力制衡的政治体制、文官考试制度等，为周边民族和国家效仿；中国博大开放的文明吸引了日本、朝鲜等国家的高僧、士人、贵族子弟。这一时期之所以常常被形容为黄金时代，最重要的原因就在于中国文明此时的开放和国际化。而这一黄金时代的开启，在于隋朝的建立和国家的重新统一。

隋文帝的上台及改革

316年，匈奴兵攻入长安，俘虏了晋愍帝，西晋至此灭亡。中国的许多精英逃到南方，并在那里重组，而北方则陷入各民族的长期混战。匈奴、鲜卑、羯、氐、羌以及留存在北方的汉族先后建立了许多大大小小的政权。386年以后，鲜卑族建立的北魏较长时间地统一了北方。北魏政权试图从自己的部落方式走向一个农业官僚帝国。即便在当时，这通常也被认为是一种汉化的倾向。到了魏孝文帝时期(471—499)，这种政策得到了有力的推行。魏孝文帝将首都从平城迁到了传统的中国文化中心洛阳，并且废除鲜卑族的原始迷信，代之以儒家的信仰和习俗，鼓励与汉人通婚，采用中原的文官选拔制度，甚至引入汉人的姓氏，种种这类改革，引发了激烈的反应。留在北方的鲜卑武士集团因为在改革后地位下降而发动了六镇之乱——其参与主体是流放在长城一带的戍卒和鲜卑武士家族。在鲜卑民族主义

梁武帝萧衍修陵石雕。梁武帝曾非常接近于统一天下，但最终统一中国的使命落在了隋文帝杨坚的身上。

的推动下，这场爆发于523年的叛乱彻底将北魏政权摧毁。北魏于534年分裂为东魏和西魏，分别以邺城和长安为中心。很快，东魏和西魏又被高氏北齐和宇文氏北周取代。577年，北周击败北齐，统一了北方。

长期的分裂和民族的融合，到了隋唐帝国成立之后，仍受到深刻的影响。北周征服北齐，树立了关陇军事贵族在政治体制中长期的优势地位。直到唐代，关陇、代北的军事贵族仍能讲多种语言，其妇女也比传统中国社会的妇女享有更多的独立和更高的社会地位，其实后来的武则天也常常把自己的出身认定为关陇贵族。北周执行了较有民族歧视的鲜卑主义政策，尽管其皇室仅仅是鲜卑化的汉人。在几百年中，留在北方的汉人贵族竭力保持其汉文化继承人的地位，甚至拒绝与外族通婚。这种态度到了唐代引发了中央政府的一系列打击。

更大的裂痕是北方和南方的分裂。这一分裂长达三百年。在北方汉人南渡之后，跟南方本土居民混合。最初被称为侨民的北方精英们念念不忘北伐收复故土，但是随着时间推移，逐渐发展出不同于北方的文化和生活传统。南方政权和统治阶层始终认为自己是中国的合法继承人，在文化上高于北方。南方对北方的习俗、文学、学术都不屑一顾，甚至认为北方人的文学作品是驴鸣犬吠。在北方陷入混战的时候，尤其是六世纪上半叶，南方政权相对稳定，政治、军事、信仰、学术等各个领域都取得了很大的成绩。到了梁武帝（502—549）时代，曾经无比接近于统一南北。东魏高欢在537年曾评论："江东复有一吴儿老翁萧衍（梁武帝）者，专事衣冠礼乐，中原士大夫望之以为正朔所在。"在对外战略中占据优势的梁国，却在一场突如其来的叛乱中彻底崩溃，将统一南北的使命交到了北方王朝手中。北方的叛将羯人侯景投降梁朝，但是很快在548年发动叛乱，这场叛乱四年后结束，但是将处于顶峰时代的梁朝摧毁殆尽。梁元帝在江陵重建政权，又遭到西魏军队的摧毁。到了557年，陈霸先建立陈朝。但是陈控制的领土已经大大缩水，而且中央集权也已经瓦解，很多地方豪强并不听从中央政府的号令。这一切，都让北方统一南方仅仅成为一个时间问题。

在这种背景下，杨坚（541—604）登场了。杨坚出身军事贵族，其父杨忠是帮助宇文泰开创北周基业的功臣，位至柱国、大司空，封随国公，被赐鲜卑姓“普六茹氏”。从北魏孝文帝改胡姓为汉姓，到宇文泰改汉姓为鲜卑姓，北周时期的汉族和鲜卑族关系远比北魏、北齐时期融洽。宇文泰模仿鲜卑旧制，将军队分为八部，各设“柱国大将军”，称为“八柱国”，分别为：宇文泰、元欣、李虎（唐高祖李渊祖父）、李弼（李密曾祖父）、赵贵、于谨、独孤信（杨坚岳父，李渊外祖父）、侯莫陈崇。由此形成了关陇军事贵族集团。此后北周、隋、唐的皇室和大贵族，很多出身于这一军事集团。西魏大统七年（541）六月十三日杨坚生于冯翊般若寺，后袭爵隋国公，在攻灭北齐

北齐徐显秀墓壁画（所绘很可能是墓主人之一，徐显秀是北齐重臣。）

北周安伽墓粟特石棺床。粟特人在北朝政治、经济、宗教、文化中扮演了重要的角色。

的战争中立有军功。如果北周武帝宇文邕健康的话，也许统一中国就轮不到杨坚了。不过578年夏，在攻灭北齐后不久，宇文邕就去世了。即位的是杨坚的女婿宇文赟。杨坚曾经对密友郭荣说过“吾仰观天象，俯察人事，周历已尽，我其代之”的话（《隋书》卷五〇《郭荣传》）。大象二年（580），北周宣帝宇文赟死了，八岁的儿子宇文阐做了皇帝。于是以杨坚为首的这个政治集团便乘机进行夺取政权的活动。在内史上大夫郑译等的策划下，矫诏引杨坚入总朝政，都督内外诸军事。同时，以赵王宇文招将嫁女于突厥为名，把北周在外的藩王都征召到京城来，防止他们反抗。这样，杨坚便以左大丞相的身份迅速掌握了北周的军政大权。

在平定了起兵反抗的相州总管尉迟迥、郧州总管司马消难、益州

骑马女陶俑（隋代，湖北武昌出土）

总管王谦等之后，杨坚以谋反的罪名，先后杀掉了北周宗室毕王宇文贤、赵王宇文招、越王宇文盛、陈王宇文纯、代王宇文达、滕王宇文等，清除了鲜卑族中的反对力量。581年，杨坚称帝，改国号隋，定都长安，是为文帝。

隋文帝在开始掌握北周政权的时候，就一反周宣帝所为，“大崇惠政，法令清简，躬履节俭，天下悦之”（《隋书》卷一《高祖本纪》）。他做了皇帝以后，更是“勤于为治，每临朝，或至日昃，五品以上，引坐论事，卫士传餐而食”（《资治通鉴》卷一九三）。在这样励精图治的情况下，为了整顿制度，开创规模，在政治、经济方面采取了许多革新措施，以巩固和发展新建立的隋政权。

在政治制度建设和创新上，隋文帝（以及后来的炀帝）建立了三省六部制的雏形，这一中央政府构造影响深远，并且影响到周边国家。开皇初，隋王朝就南北朝后期的制度加以整理，建立起一整套相当严密的统治机构。开皇元年，隋置尚书、门下、内史三省，作为最高政权机关。三省长官共同定令立法，参决军国大政，担任宰相的职务。在地方上，隋代把原先的州—郡—县三级结构，调整为更为合理的州—县二级结构（隋炀帝大业三年改为郡—县二级结构，仅仅是名号的变迁，实质不变）。在隋文帝改革之前，在三级结构的体制下，到了北周大象二年（580），即便已经废掉了很多州郡，全国还有二百十一州、五百零八郡、一千一百二十四县。地方行政机构的二级结构，不但节省国家开支，而且对中央政府政令下达和控制地方具有重要意义。这种结构在安史之乱后遭到破坏，之后三级结构成为中国地方行政机构的主要模式。三级结构的出现是伴随着藩镇割据的出现而出现的。这是中国历史上的一个重大变化。

笼冠陶俑（隋代，湖北武汉出土）。笼冠是由汉代以来武职人员所戴演变而来。隋朝皇帝的左右侍臣及武官都戴笼冠。

与官僚机构改革相配合，隋文帝又取消了地方长官自行征辟属官的权力。在开皇三年（583），隋文帝下令，九品以上的地方官，都由中央任命，每年

四神十二生肖纹铜镜（隋代，现藏陕西省博物馆）。内饰青龙白虎朱雀玄武四神像。外为十二生肖像。

由吏部考核。开皇十四年，又进一步规定，州县僚佐三年一换，不得重任。而且在选官过程中，尽量避免官员在本地当官。在此基础上，隋朝又取消了官吏任用的门第限制，也就废除了九品中正制，为中国历史上的一大制度创新——文官考试制度奠定了基础。这一举措结束了大族豪强地主通过担任州县佐官垄断地方实际权力的局面。隋朝于开皇七年，命各州每年送三人到中央参加秀才、明经两科考试，正式确立了每年举行的常规选拔考试制度。后来又增加了进士科。科举考试作为选拔官员较为先进的制度，在当时世界各个文明体中都是走在前列的。一直到明清时代，科举考试还是领先于欧洲的官员选拔制度。后来西方国家开始实行的文官考试制度，很多方面与中国实行千年的科举制度非常相似。科举制度之所以后来被诟病，不是因为考试制度本身，而是考试内容的僵化、样板化。

在经济上，隋文帝继续推行北魏、北周以来的均田制。农民一夫一妇授田若干亩。全体农户都获得国家分给的土地，并向国家上缴赋税。隋文帝又把北周岁役一月的十二番法，减为岁役二十日；服役年限由北周规定的十八岁至五十九岁，改为二十一岁至五十岁。为了增加国家控制的人口，隋王朝又令州、县官吏检查隐漏户口，“大索貌阅”。在此基础上，根据宰相高颎的建议，实行了输籍之法——中央确定划分户等的标准，叫作“输籍定样”，颁布到各州县，每年一月五日，由县令派人到乡村去，以三百家到五百家组为一团，依定样确定户等，写成定簿——这就叫“输籍之法”。输籍之法实行后，平民比较愿意离开豪强，做国家的编民，于是大量隐漏、逃亡的农民成为国家的编户。对魏、周以来施行的府兵制度，隋文帝也做了重要的改革。开皇十年（590），隋文帝下令：“凡是军人，可悉属州县，垦田籍帐，一与民同；军府统领，宜依旧式。”（《隋书》卷二《高祖本纪》）于是府兵寓之于农。这不仅使府兵制的民族意义完全消失，而且使大批的劳动力投入生产，对生产的发展起到了积极的作用。

唐代文官（唐李重润墓壁画）

三百年分裂后的重新统一

从晋室南渡之后，中国南北分裂长达三百年之久。不论是南朝的北伐还是北朝的南征，都没能将对方消灭而完成统一。这个历史的使命最后落在了隋文帝杨坚的身上。长达三百年的政治宣传，南方政权认为金陵为王气所在，黄旗紫盖，本出东南。从东吴时代孙权的即位诏书到孙皓的北伐，都是认为自己才是天命所在，所以在魏、蜀灭亡之后，孙皓居然不顾国力衰弱大举北伐。南北朝时期，南朝如梁武帝萧衍等统治阶层自认是汉文化的继承人，视北方为戎狄。随着侯景之乱，南方遭受重创，人们逐渐意识到，金陵王气将尽，紫盖黄旗，最终将归于洛阳（北方）。

隋文帝即位之初，并没有立刻发动对南方的攻势，而专注于巩固政权。但是并吞江南已经是隋朝君臣的既定战略。隋文帝任用贺若弼为吴州总管，镇广陵；韩擒虎为庐州总管，镇庐州，以伺察陈国的动静。又用杨素为信州总管，在永安大造战舰，以备水战之用。开皇二年（582），隋文帝命宇文恺设计修建新的都城——大兴城竣工，次

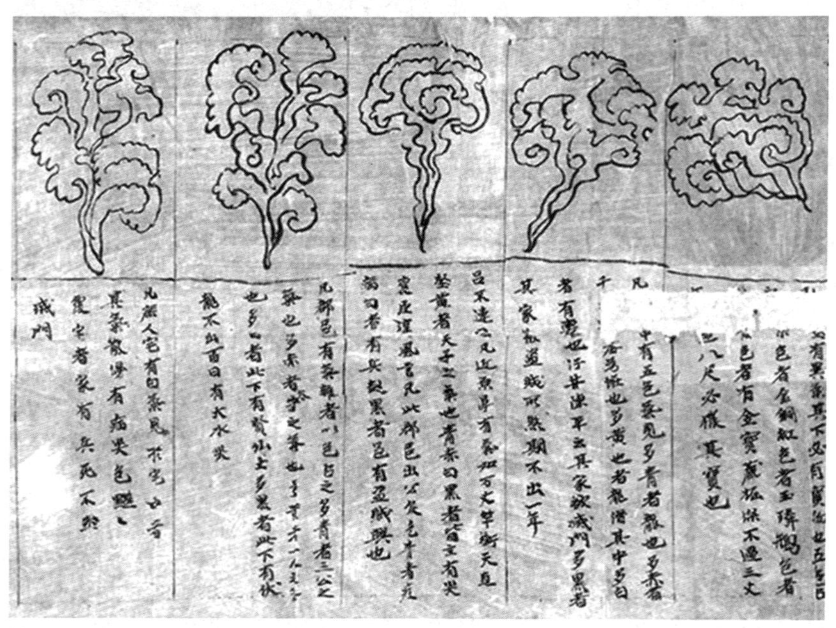

敦煌文书S.3326现存卷首的占辞："吕不韦说凡近原阜有气如万丈竿冲天直竖，黄者，天子之气也。"

年迁入新都，这就是后来隋唐时期的帝国中心长安城。在隋朝修建大兴城的时候，南北对立的局面还没有结束，陈朝依然存在，要到七年之后才被隋朝攻灭。因此，大兴城的修建，也渗透了对代表南方政权的东南之气的厌胜思想——集中体现在大兴城东南隅曲江池的开凿上。宇文恺设计修建的长安城，最大的一个特点，就是整齐划一。它的宫城、皇城居中，左右坊里、郭城的大小、形式，一般都呈对称分布。但是在南城部分，西南隅的永阳坊对应的东南隅，却不是坊里，而是一片湖泊，也就是曲江池。这样的安排或许有人会认为是地形地势使然，但是在思想意识上正是魇镇东南的体现。

陈后主像

开皇七年（587），隋文帝时萧琮入朝，后梁灭亡。梁宗室萧岩等奔陈。次年三月，隋文帝下诏伐陈，宣布陈后主的二十条罪状，引述天象灾异等现象，指出陈朝灭亡符合天意。这份诏书在南方分发了三十万份，瓦解南方的抵抗，可谓是早期心理战和宣传战的典型战例。十月，命晋王杨广、秦王杨俊及清河公杨素为行军元帅。于是杨广出六合，杨俊出襄阳，杨素出信州，刘仁恩出江陵，王世积出

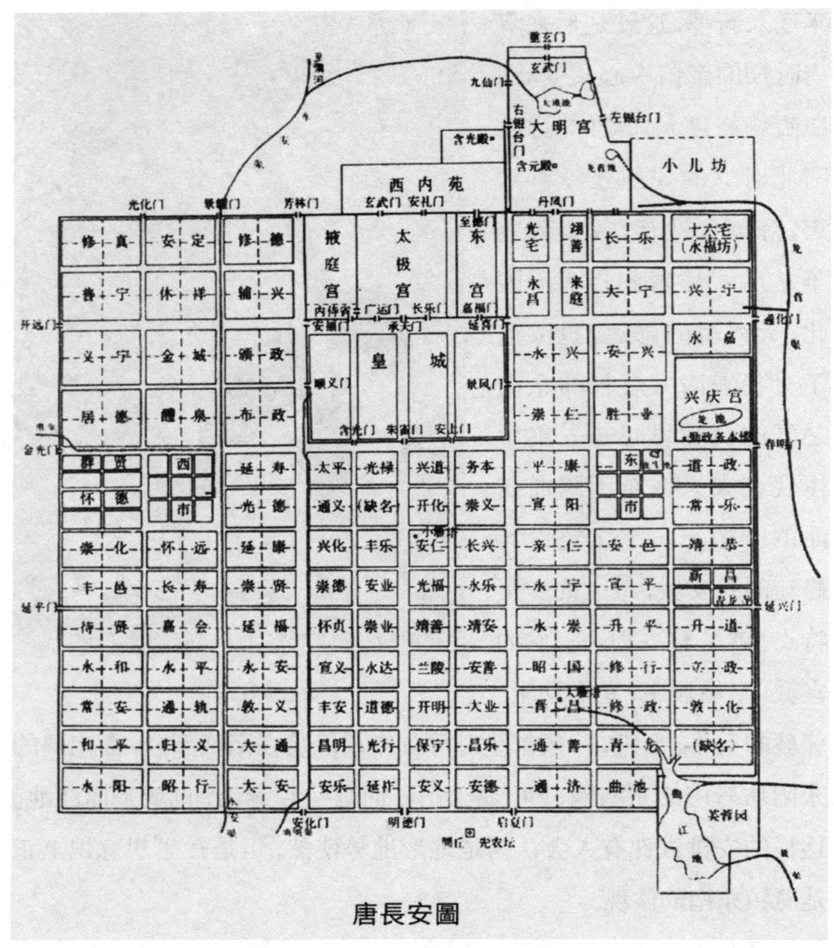

唐长安城平面图

蕲春，韩擒虎出庐江，贺若弼出吴州，燕荣出东海，合总管九十，兵五十一万八千，都受杨广节制。隋文帝亲自到定城誓师，以期必胜。

杨素指挥的隋朝水师，在陆军的配合下，在长江三峡袭击南陈船队。陈军在长江安置铁链，希望能够拦阻隋军，但是被隋军击败。之

隋大业四年(608)杨元贤造佛碑像。隋代是佛教蓬勃发展的一个时期。

后杨素指挥船队，沿江东进，直抵汉口。此时秦王杨俊指挥的隋朝军队从襄阳也挺进到汉水流域。两军因此会师。在长江下游，晋王杨广和高颎统率的隋军主力东移寿阳。开皇九年(589)正月，贺若弼自广陵渡江，攻下京口。韩擒虎自横江渡采石，进拔姑孰。贺、韩两军东西夹攻建康。陈将萧摩诃被俘，任忠出降。此时建康已经无险可守，而陈后主依然自信，认为“王气在此，齐兵三度来，周兵再度至，无不摧没，虏今来者必自败”(《南史》卷一〇《陈后主传》)。隋军攻入建康后，俘获了躲在井中的陈后主。建康被攻陷后，杨广使陈后主以手书招降上江诸将及岭南女首领冼氏，于是南方全部平定，隋共接管了三十个州、一百个郡和四百个县。

扬州出土隋炀帝墓，同时也出土了疑似萧皇后的遗骸。

经过三百年分裂，南方分离倾向根深蒂固，金陵王气的说法，依然有很大的市场。于是，隋朝将数百年累建起来的繁华的建康城彻底毁坏。在此之前，建康城作为宗教、文化的中心，积累了深厚的文明传统。建康城的城墙、宫殿、寺庙，乃至普通住宅全部被拆毁，土地恢复为农田。南方的贵族和知识精英被带到北方，许多人经历了惨痛的流离失所。南方精英虽然失去了地域的凭借，但是也有不少被刻意吸纳到隋唐的统治阶层中，比如唐代初期的宰相陈叔达和萧瑀，分别是陈朝和萧梁皇室的代表。到了唐代，金陵依然没有复原，唐朝诗人如李白等，创作了大量的金陵怀古的诗歌。金陵，也就是南京再次跃升到全国的政治中心，要等到八百年后朱元璋的时代。

隋朝灭亡南陈，使西晋末年以来二百七十多年的分裂局面，重新获得了统一。不过这种统一仍比较脆弱，隋朝最初在南方推行的强硬政策引发了反弹。灭陈以后，江南的地方官由隋王朝派出，大量的州刺史都是北方人。隋王朝又要把在北方实行的政治、经济措施向江南推行，江南豪族地主受到打击。特别是要依为州检责户籍，更直接威胁到他们的利益。经过三百年分裂，南北发展起来的文化差别极大，甚至语言都不能直接沟通。南方很快就发动叛乱，这场叛乱范围极广，隋朝经过军事镇压才稳住了在南方的统治。为了控制南方，江都被赋予了重要的地位。晋王杨广被派到江都担任扬州总管，负责整个东南的军政事务。杨广在南方十余年，围绕在他身边形成了一个南方士人参与的幕僚集团。杨广本人也亲近南方传统，他的夫人萧氏，正是来自萧梁家族。

从某种意义上说，杨广能够从晋王跻身为太子，最后取得皇位，与他在南方集聚的力量起到了重要作用不无关系。在隋朝瓦解初期，杨广并没有选择回到长安或者洛阳，而是选择去他长期担任总管的江都。最后他的被杀，也是由于到达江都的关陇武士希望回到关中引发的暴动。杨广在江都长期任职，与当地的佛教僧团建立了密切的关系——佛教僧团曾在南朝占据重要的社会地位。杨广本人广泛结交南方高僧，比如天台的智者大师，并且把许多高僧召到江都和首都大兴城。在大兴城杨广资助建立了慧日寺等寺院。晋王杨广逐渐成为南方僧团的重要支持者和施主。除了宗教人士，杨广也成功地得到了南方士人的支持。为了更好地交际拉拢江南人士，杨广效法东晋著名宰相王导，“言习吴语”，学会了一口流利的吴方言，并结交了会稽虞绰、吴郡潘徽、丹阳诸葛颖、江左王胄等江南才士。他大量收集、编纂图书典籍，对文化的发展作出了不少贡献。这一时期，“文选”逐渐发展起来，从南方的一种地方学问，最后成为全国性的知识。南方文人柳顾言、虞世基、裴蕴等成为他坚定的支持者，并在杨坚即位后担任了重要的职务。实际上，杨坚身边始终围绕着一个核心的南方士人集团。在谋夺储君之位的过程中，杨广定下的策略就是“若所谋事果，自可为皇太子，如其不谐，亦须据淮海，复梁、陈之旧”（《隋书》卷六一《郭衍传》）。也就是说，如果能当上太子就最好，如果不成功，就占据江淮，恢复南朝梁、陈的南方割据局面。

隋文帝的佛教意识形态

佛教在亚洲大陆的兴起与传播，是人类历史上的一件大事，它并非仅仅是宗教信仰的输入输出，而且还带来了新的政治意识形态。从佛教传入中国，到了隋文帝时代，已经渗透到中国社会生活、思想世界和政治活动的各个角落。不论是在首都还是地方，城市还是乡村，到处都可以看到寺院、佛堂、石窟、塑像。大兴城的天际线，被高高低低的佛塔所装饰。从皇帝、贵族到普通百姓，都普遍受到佛教信仰的影响。杨坚本人出生于一个佛教信仰浓厚的家族，他本人就出生在佛寺中，被一位他亲昵称为“阿阇梨”的尼姑抚养到十二岁，在这样的背景下，隋文帝进行政治宣传和统治的重要理论依据，或者说是意识形态，就混合了大量的佛教的概念和理论元素。

在佛教传入中国之前，中国传统政治合法性的论述，主要在天人感应、五德终始学说的框架下进行。统治人民的君主是“天子”，天授符命 (mandate) 于天子，天子顺天命统治人民。君主是否拥有统治人民的符命，有赖于图谶和祥瑞的解释；君主受命于天，统治有方，达到天下太平，则可以封禅泰山（或中岳），向上天报告。在这一体系之中，“天命”可以转移，若君主所作所为违背天道，则有灾异出现示警。若君主不思反省，则天命会被上天剥夺，转入异姓。阐明统治合法性更需要政治修辞和理论渲染，中古时期，在没有现代政治学说可以凭借的背景下，“太平”、“祥瑞”、“灾异”、“天命”等等，是主要的政治语言；而“龙图”、“凤纪”、“景云”、“河清”等，则是主要的政治符号。“天命”依然是主要的统治合法性来源，纬学思想依然扮演重要角色。

隋文帝杨坚像

佛教的传入，带来了新的意识形态。它改变了中国人对宇宙的看法，在新的世界（时间、空间）中，为世俗界的君主们提供了将自己统治神圣化的新理论，也为君主权力在世俗和神圣两界的扩张，提供了条件。而佛教王权观的核心内容是转轮王（Cakravartin），考察隋代到唐前期的历史可以发现，转轮王观念始终是僧俗理解世俗王权的主要理论。将君主描述为转轮王的传统，贯穿整个隋唐时期，而君主也顺应潮流，在中土本有的“天子”意涵之外，又给君主加上了佛教“转轮王”的内容，形成了我们可以称之为“双重天命”的政治论述。而这种“双重天命”，几乎贯穿隋唐时期。与之相关的“七宝”、“千轮”，成为描述中土帝王之新术语；“灌顶”、“受戒”，成为帝国仪式的重要内容；王衔之变迁、话语之演进、礼仪之革新、空间建筑之重置，新旧意识形态之冲突融合，实为当时一大事件。

北周武帝的时代，在境内对佛教进行了高压式的压制。这也或许是杨坚取代北周之后，一反前朝政策而扶持佛教的某种原因。但是杨坚自身的佛教信仰，以及当时整个的思想和信仰环境决定了隋文帝可以用佛教作为自己的政治意识形态的重要思想来源。由于持尊崇佛教的立场，对于杨坚护持佛法，民间佛教碑刻往往对其极尽歌颂之能事，并将其称为护持正法的转轮王。比如“值周并齐运，像法沈沦，旧塔崩颓，劣有□迹。大隋握图受命，出震君临，屏嚣尘而作轮王，救浊世而居天位”（《宝泰寺碑》）。隋皇室跟佛教关系极其密切，皇帝和太子受菩萨戒基本上是一个普遍的现象。不但隋代的文帝、炀帝都受过菩萨戒，而且炀帝的元德太子也接受过菩萨戒。除了君主，很多贵族大臣也是虔诚的佛教徒，比如宰相高颎的家族，就与三阶教这一独特

一佛二菩萨（隋代，现存于甘肃敦煌莫高窟427窟）

的佛教宗派关系密切，他们家族在长安的住宅跟化度寺比邻而居，家族成员也与该寺院保持了长达半个世纪的关系。

公元前一世纪左右的转轮王浮雕。从图中可清晰看到标志转轮王的七宝：马宝、象宝、珠宝、轮宝、女宝、主兵臣宝、三藏臣宝。

隋文帝模仿的转轮王是阿育王，为了仿效阿育王，隋文帝在统一南方后有三次分舍利的行为，并为藏舍利修建佛塔。根据传说，阿育王修建了八万四千座塔，杨坚则建塔百余座。他并点出转轮王的实质，在于全心全意护持佛教，弘扬佛法，同时又能一统天下，治国安民。隋文帝代周而立，拨乱反正，将佛教从灭佛的危险中拯救出来，在佛教徒眼中，是护持正法的君主，杨坚又统一天下，显然是转轮圣王的格局。隋文帝敕云："佛以正法付嘱国王，朕是人尊，受佛付嘱。""建轨制度一准育王"，所以在统一全国大功告成之后，并没有去泰山封禅，而是代之以全国大规模的分舍利建塔。不去封禅，并非担心浪费，实际上在全国分舍利建塔，可谓当时规模最大的礼制和宣传活动。封禅是天子所为，而分舍利建塔是转轮圣王的标志，这两种不同的现实政治行为对应的是两种不同的意识形态。文帝这一举措具有深刻的政治思想背景。

四分律比丘尼鈔卷中之上　終南山沙門釋　道宣　述
安居篇第十六
此篇大門有八一制意二結時三夏閏四對首五心
念六忘成七及界八移夏第一制意者此律通制三
時意存慜物又偏約夏月情在三過無事遊行妨修
道業二損傷物命違慈實深三所為既非招世譏謗
防茲三咎故制安居第二結時者此律雖云前中後
三時若據結文正自有二謂四月十六結者是前十
七日已去迄至五月十六日來皆稱於後唯一日為
前二十九日為後此律大僧不結前安居吉尼不結
前同吉不結後提不依大僧安居亦提明了論云無
五過處得安居一太遠聚落求須難得二太近城市
妨修道業三多有蟻蚊自他兩損四無可依人依人
須具五德一未聞令聞二已聞令清淨三能決疑網
四通達道俗無滯五除邪見得正見五無施主供給
藥食有此五過不可安居僧祇云若親里請尼者先
教請比丘不肯者不得受請見論云尼依比丘住處
半由旬得安居過者不得前夏檀越為尼請比丘來
而尼已安居竟乃至後夏初比丘有緣事不來當便
請餘比丘來若不得來應去路有難事者得安居若
初安居竟比丘有緣事去尼後方知已結安居者不
得移去得住無罪若夏竟不得無比丘處自恣應覓
作法僧祇云雖在一比丘處安居至半月時亦應請

《四分律比丘尼钞》书影

经过北周的灭佛运动，关中佛教受到沉重打击。隋文帝要推动佛教并利用佛教作为巩固统治的手段，首先要做的就是将新建的都城大兴城——也就是后来的长安城——打造成为帝国的佛教中心。除了关中本地的昙延僧团之外，隋文帝将被征服的北齐地区的六位高僧及其弟子召到大兴城，包括徐州昙迁（禅师）、洛阳慧远（法师）、魏郡慧藏（法师）、清河僧休（法师）、济阴宝镇（律师）、汲郡洪遵（律师）。这是佛教史上的一大事件，比如洪遵的到来改变了佛教戒律的基本面貌，在他的推动下，《四分律》逐渐取代了之前的戒律成为主流的佛教戒律。这些僧团共同构成了开皇时期长安城的主要佛教势力，构成了长安城寺院结构的基本格局。在此基础上，僧众不断分散组合，长安城的佛教寺院也随之兴衰起落。这些发展变化之所以发生，既有佛教自身发展的原因，也有权力和世俗供养干预和引导的原因。在隋唐长安这个中古都市里，佛教僧侣构成的神圣空间，不可能脱离世俗权力的渗透，神圣空间和世俗空间的彼此影响，构成了这座都市宗教和世俗日常生活乃至精神层面的独特风景。

把关东高僧召到大兴城居住，通过行政手段迅速将隋朝的首都变成了整个帝国的佛教中心，再利用这些地方高僧往新统一地区分舍利建塔，这既是巩固统一的举措，又是隋文帝树立自己佛教理想君主转轮王的必要手段。先将高僧召到京师，然后再由京师而至地方，这些佛教高僧充当了将帝国权威传播到各州去的使命，从这个逻辑看，召大德立众，和稍后的分舍利建塔，一个是把地方势力纳入中央，一个是把中央权威播种到地方，从目的上来说，有一定的一致性。南北虽然分裂超过三百年，但是都接受佛教作为主要的信仰体系。佛教实际上在巩固隋帝国的过程中扮演了重要角色。

隋文帝同时也使用传统的儒家伦理和统治理念，乃至道教的理念为自己的统治辩护，但是与其他时代的君主相比，他利用佛教元素的情形特别突出，佛教在巩固统治中的角色也特别重要。在隋文帝的示范效应下，晋王杨广及其兄弟，比如汉王杨谅，都纷纷充当了佛教僧团的赞助者角色，并且彼此之间还有竞争。

隋炀帝的急政及隋朝的衰亡

隋炀帝杨广是隋文帝几个野心勃勃的儿子中的一个。隋朝统一中国之后，鉴于巩固统一的考虑，将诸子用半分封的形式派遣到重要的地区担任总管，比如蜀王杨秀在蜀地统治长达十余年，汉王杨谅拥兵于山西河北，秦王杨俊曾镇守襄阳，晋王杨广则在江都担任扬州总管十余年，负责管理新近被纳入隋朝版图的南方领土。强大的地方势力集团又跟具有皇室血统的亲王连接在一起，彼此之间的倾轧，构成了隋朝政坛的重要面貌。最终胜出的是杨广。支持杨广的政治集团计划通过合法手段谋取太子位置，如果失败，就恢复南朝梁、陈的旧格局，在南方称王。

隋炀帝杨广像

因为各种原因，隋文帝和独孤皇后对太子杨勇逐渐产生嫌隙和忌惮。当时太子的东宫集团势力强大，冬至的时候，百官都去东宫庆贺。隋文帝为此大发雷霆，甚至在回到京师的时候，以亲信卫队保护自己，或许是怀疑太子的势力过大威胁到自己的安全。无论如何，当皇帝和太子之间的矛盾展现在大臣和诸王面前后，也就给大家释放了一个明显的信号。尽管杨勇抚军监国几近二十年，还是“汉书”学的重要资助人，但是他跟皇帝皇后的矛盾，最终引发了自己的倒台。相反，晋王杨广在江都的统治，大大提高了自己的声望，开皇二十年（600），西突厥达头可汗入侵，杨广又为行军元帅，督率杨素、史万岁等分道抗击，再次取得大胜，由此“声名籍甚，冠于诸王”。也正是在这一年，在大臣杨素、袁充等人的蛊惑下，文帝废黜杨勇，改立晋王杨广为太子。这一年的十一月，杨广携带家眷回到京师。跟他一起的，还有大批南方的核心幕僚。他在京师的东南方建造慧日寺，邀请高僧入住，其中很多是来自他传统势力范围的江淮地区。604年，文帝去世。官方史书暗示他是遭到了杨广和杨素等人的谋害。隋炀帝正式登上了历史舞台。不服气的汉王杨谅在原先的北齐地区举兵造反，但是最终被击败，隋朝进入了隋炀帝时期。

历史上真实的隋炀帝跟我们在书本上读到的隋炀帝实际上是两个人。他往往被描述成末代昏君，被描述为奢侈、昏庸、沉迷女

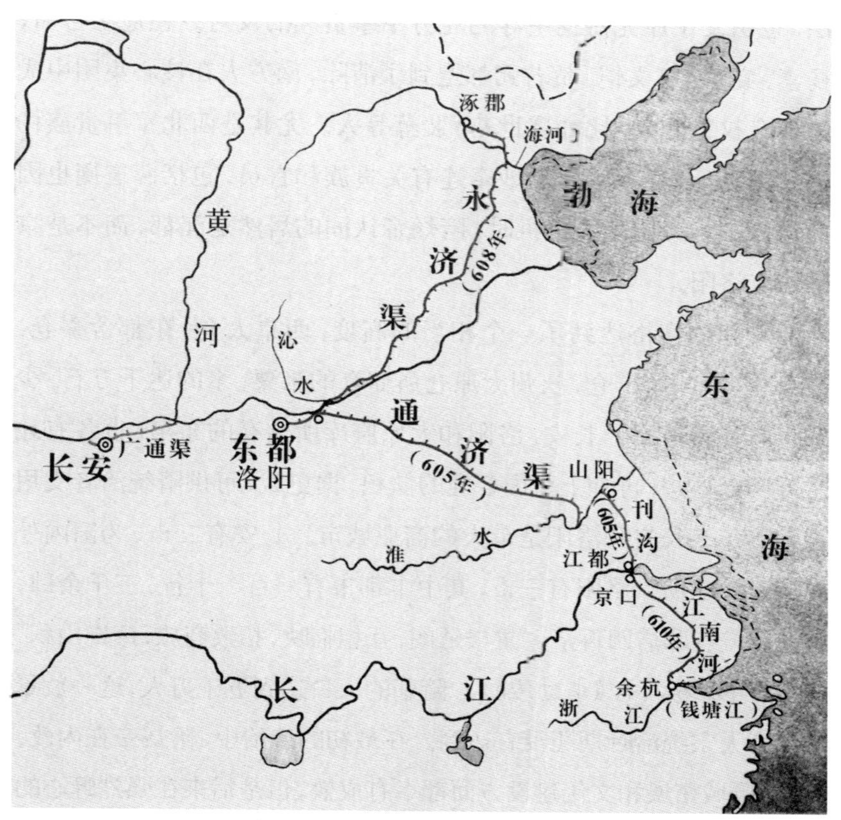

隋朝运河示意图

色、荒淫无道的形象。但是他的一系列做法，包括对高句丽的战争、修建运河系统、修建东都等等，实际上被证明是非常重要的举措，而且也被后来的唐王朝继承。他的皇后萧氏是个非常正面的形象，她从未被隋炀帝所抛弃。隋炀帝在文学、佛教等领域的造诣也颇高。隋炀帝的失败，并不能归结于他政策方向的错误，主要的原因在于他施政的节奏太过猛烈，太过热切地期望早日重现历史上汉帝国的光辉，最终将帝国陷入了疲惫不堪的地步。他推行的亲近南方的做法，也引发了原先占据主导的北方军事贵族的反对。在他上台后，杨素、高颎、宇文恺、贺若弼都遭到了清除，南方人在核心集团中成为最有权势的人，比如虞世基、裴蕴等人。尤其是西北军事贵族杨玄感叛乱后，裴蕴等残酷地牵连有关贵族和官员，包括薛道衡也因此送命。当帝国陷入危机时，隋炀帝认同的居然是江都，而不是京师或者洛阳。

隋朝的富裕达到了一个相当的高度，西京太仓，东都含嘉仓、洛口仓，华州永丰仓，陕州太原仓所储存的米粟，多的达千万石，少的也有数百万石。长安、洛阳和太原府库所储存的布帛，也各有几千万匹。这些，再加上全国各地的储积，据史载，可供隋统治者支用五六十年。长安和洛阳是最大的商业城市。长安有二市，为国内外商旅荟萃之所。洛阳有三市，其中丰都市有一百二十行、三千余肆，市的四壁有邸店四百余，“重楼延阁，互相临映，招致商旅，珍奇山积”（《旧唐书》卷六七《李勣传》）。隋朝的人口达到五千万人，这一数量即便唐太宗统治时期还没有达到。在最初的统治中，隋炀帝在内政、外交、疆域拓展和文化建设方面都卓有成效，但是后来在强烈野心的驱使下，他大规模推动一系列公共工程，并且不顾一切地连续对高句丽发动战争，使得天下疲惫不堪。在专制政权下，若君主欲望太过强烈，不顾现实条件推动他认为正确的事情，也会使百姓陷入悲惨的境地。而且君主的欲望越强烈，造成的祸害越大。

隋炀帝喜欢巡游，并且认为这是一个君主应该有的优点。但是实际上，这种看似深入民间的做法，给国家财政带来了巨大的压力。他往返于京师、洛阳、江都之间，每次都携带大量随从，沿途扰民无算。他还常去边境会见各国酋长、跟突厥谈判；发动大规模战争，企图恢复汉帝国的荣光。在这种情况下，隋炀帝对日常的行政运作就会严重忽视，行政运作效率也大为下降，从而为怀有野心的地方官员提供了千载难得的机会。

但是，这些大规模公共工程本身，并不是完全出于隋炀帝对个人私利的考虑，比如营建东都。在他上台后的第二年，隋炀帝就命宇文恺等营建东都洛阳，并且将富户迁入重建的洛阳城。洛阳在中国的思想、礼仪体系中地位重要，而且也是帝国控制关东广袤领土的桥头堡。关河悬远，兵不赴急，如果丢掉洛阳，整个帝国都会陷入被动。而且洛阳是水陆运输的自然中心，唐朝建立之后，唐太宗、高宗和武则天都先后大规模建设洛阳，他们的出发点跟隋炀帝并无二致。洛阳城建立之后，成为亚洲的一座伟大的城市。日本的京都实际上就是直接受到了洛阳城的影响而布局的。此后的两百年中，洛阳都是隋唐帝国在关东地区最重要的政治、经济、文化和宗教信仰的中心，创造了辉煌的文明。

大规模开凿运河，构建运河体系的原因往往被描述为隋炀帝为了去江都游玩，实际上绝非如此。帝国统一之后，通过运河系统将南北东西沟通起来，达到巩固统一的目的，是一个非常自然的选择。

洛阳的营建也是作为运河体系的枢纽工程。运河体系也支持隋炀帝对东北地区的战争。而且，修建运河并非出自隋炀帝的想法，从他的父亲隋文帝起就已经开始建造了。早在大兴城建成后，隋文帝就让宇文恺设计广通渠，沟通京师到潼关的水系。到了一百多年后，唐玄宗也基于同样的目的再次凿通关东到关内的运输渠道。隋炀帝把他父亲的工程扩展到了全国，试图构建全国性的水运体系。这一水运体系以洛阳为中心，往北抵达今天的北京，往南抵达今天的杭州，长达四五千里，是世界上伟大的工程之一。大运河是南北交通的大动脉。它适应南北经济交流的需要，加强了南北的联系，此后南北对峙的局面基本不能长久了。而且这一运河系统对于经济文化的发展也起到了重要作用，举例来说，运河大大促进了杭州的发展，使它从一个边境前哨地一跃而为繁荣的商业城市。大运河泽被后世，直到今天。

隋炀帝希望在自己统治期间就完成如此众多的政治、经济、军事目标的做法，把繁荣强盛的隋帝国陷入了万劫不复的地步。隋帝国的瓦解，可以说，是毁灭于急政。616年夏，隋炀帝看到北方已经陷入乱局，乘船抵达江都，将整个帝国抛弃在背后。两年后，大业十四年（唐武德元年，618），隋王朝的禁军将领宇文化及等利用关中士兵思归的情绪，杀掉隋炀帝，胁迫隋炀帝在江都招募的江淮军队和关中禁军一同北上，隋朝彻底灭亡了。不过隋朝的一系列政策、做法，为后续的唐帝国奠定了基础。之后的三百年，中国文明独领风骚于东亚世界，这一结构一直到十世纪才结束。

02 李唐兴起与帝国的巩固

就如秦汉帝国是先经过秦始皇统一六国，建立短暂的秦朝，之后又引起反复，最终由刘邦建立的汉朝完成帝国的最终巩固一样，隋唐帝国也经历了相似的历程：隋朝虽然结束了长达三百年的分裂，完成了中国的再次统一，但是最终，这个统一帝国的巩固，是由李唐皇室完成的。隋炀帝执行了过于富有野心的内外政策——实际上这些政策也为后来的李唐所延续——导致了刚刚统一的国家陷入内战之中。一般认为，内战的导火索是因为对高句丽旷日持久的战争，山东的王薄、左君行等首先起义于长白山，揭开了隋朝瓦解的序幕。不过内战中的群雄往往并不能简单地用农民起义领袖来概括，实际上很多人本就是统治集团的成员，比如瓦岗军的领袖李密和建立李唐的李渊，都是西北军事贵族家庭出身。唐朝建立之初，众多的文武大臣实际上也是杨隋的旧臣，从某种程度上说，李唐是对杨隋的延续和巩固，只不过皇室发生了变化。建立李唐的李渊和隋朝的亡国君主隋炀帝杨广，他们的母亲也是亲姐妹。隋朝大臣中率先造反的杨玄感，是隋朝宰相杨素的儿子，也是隋朝皇室的亲戚。

隋末群雄逐鹿的知识和信仰背景

逐鹿说与天命说是传统中国对统治权的两种主要的解释方式。在中古时代，天命说在塑造统治合法性当中占据主导的地位，对其构成挑战的，主要就是实力说——即“逐鹿”说。不过“逐鹿”说基本上是被统治阶级所排斥和打压的，被视为是乱臣贼子频出的根源。比如东汉时割据一方的隗嚣认为西汉的建立，是“昔秦失其鹿，刘季逐而掎之”。班彪写下了《王命论》，极力为刘氏的天命辩护，而否认“逐鹿”说，认为刘邦建汉是早有征祥，是天命所在，不是力所能致（《汉书》卷一〇〇《叙传》）。沈约撰《宋书》之所以立符瑞志，目的也是为了“欲使逐鹿弭谋，窥觊不作”（《宋书》卷一一）。隋朝李德林因为梁士彦及元谐等人频有逆意，抗衡隋朝，仿照班彪作《天命论》，极力攻击逐鹿之说（《隋书》卷四二《李德林传》）。这跟《旧唐书》描述隋末群雄的态度是一样的，《旧唐书》史臣曰：“有隋季年，皇图板荡，荒主燀燎原之焰，群盗发逐鹿之机，殄暴无厌，横流靡救。高祖审独夫之运去，知新主之勃兴，密运雄图，未伸龙跃。”（《旧唐书》卷一《高祖本纪》）

当然，《旧唐书》是后来编纂的，在描述隋末群雄时，自然极力否认李唐的统治权来自于群雄逐鹿，而是强调高祖的兴起是天命早著，不是光靠力争得到的。在天命说占据政治思想史主流的隋代和唐代中前期，尽管逐鹿中原的群雄以智谋、强力夺取政权，但是在论述自己统治合法性时，却自然而然地求助于天命学说，将自己说成是接受上天的天命来统治人民。隋末群雄中，不但李渊、李密如此，窦建德、萧铣也不例外。

陕西唐高祖李渊献陵石犀（现藏碑林博物馆）

隋朝崩溃来得非常迅速，而隋炀帝却选择了偏居东南的江都作为自己最后的据点，将西京大兴城和东都洛阳抛弃在群雄逐鹿的汪洋大海中，这不得不说是一个很大的失误。在隋炀帝退居江都后，群雄蜂起，主要的势力最后形成了李密、窦建德、王世充和李渊集团，隋朝彻底失去了对局势的控制。

在隋末群雄的竞逐中，有一个显著的现象，就是假天命而号令天下者李、刘二氏，李渊以“李氏将兴”为号召，认为自己就是谶谣中的“桃李子”；而发端窦建德集团的刘黑闼等，则打着“刘氏当王”的大旗，与李家的谶言相对抗。其实，“李氏将兴”和“刘氏当王”并非简单的谣谶，而是有着深厚的政治思想和宗教信仰的根基。唐朝之前，汉朝是唯一一个绵延数百年的统一王朝，谶纬之学从兴起就与今文经学结合在一起，宣扬刘氏才具有天命，比如《春秋演孔图》说：“卯金刀，名为‘刘’，赤帝后，次代周。”光武帝刘秀制造“刘氏复起，李氏为辅”，“刘秀发兵捕不道，卯金修德为天子”的谶语。王莽末年开始流传的“刘氏复起”的谶记，东汉王朝覆灭之后再度出现，成为“汉祚复兴”、刘氏“系（继）统先基”，爆发了张昌、刘尼、刘根、王弥，以及刘芒荡、刘黎、刘灵助的起义或起兵，甚至三国时期刘备建立蜀汉、匈奴贵族刘渊的反晋战争，同样是在“汉祚复兴”这个

唐老君像，原立于临潼骊山老君殿。雕像为圆雕，汉白玉材料，刻工细腻，线条简洁生动，造型饱满，神态逼真传神，是不可多得的唐代造像佳作。

谶记号召之下发动的。在这样的政治环境中，“卯金刀”就成了统治者敏感和警惕的符号。

刘秀起兵复兴东汉时，“宛人李通等以图谶说光武云‘刘氏复起，李氏为辅’”（《后汉书》卷一《光武帝本纪》）。从东汉末年起围绕着道教《太平经》的“太平世”历史观深深影响了魏晋南北朝的政治与社会，那时代社会上弥漫着“末世将至、大劫轮回之期已到”的观念。这与其说是政治家营造利用谶纬去迷惑民众，不如说是政治家顺从了当时普遍的“末世之劫、救世主下凡”的信仰。于是“刘氏”谶语就与道教的类弥赛亚信仰结合起来，宣扬“刘氏当复兴”。但是同时，“李弘”作为老君的化身出世拯救世人之说，越来越被大众所认知。“李弘”或者老君出世，是道教终末论和类弥赛亚信仰不断发展的产物，在中古政治和社会运动中扮演着非常重要的角色。李渊建立唐朝，就是在这样的思想和信仰的背景下完成的。李密宣扬的一套说辞，实际上跟李渊基本一样，他们都将自己视为拯救世人、建立新朝的救世主。

早在隋唐之前，以“李弘”、“刘举”为号召的政治事件就贯穿了整个魏晋南北朝。而这些政治蓝图往往跟宗教信仰紧密相关，道教的李弘、佛教的弥勒都被用来作政治性的解释。比如《太上洞渊神咒经》卷一《誓魔品》就讲：“至甲午之年，刘氏还住中国，长安开霸，秦川大乐。六夷宾服，悉居山薮，不在中川。道法盛矣。‘木子’、‘弓口’，当复起焉。”预言李弘会在刘氏“继统先基”之后“复起”。“木子”、“弓口”就是“李弘”，而李弘实际上就是道教塑造的理想君主，他于将来会来到世间，建立理想国度。从北魏到唐朝，很多的起兵造反都打着“李弘”和“刘举”的旗号。北魏寇谦之曾借老君之口，批评借助李弘、刘举起事的行为：“世间诈伪，攻错经道，惑乱愚民。但言老君当治，李弘应出，天下纵横返逆者众。称名李弘，岁岁有之，其中精感鬼神，白日人见，惑乱万民，称鬼神语，愚民信之，诳诈万端，称官设号，蚁聚人众，坏乱土地。称刘举者甚多，称李弘者亦复不少。”（《老君音诵诫经》，《正统道藏》第30册）史书中记载的“刘举”起兵很多，比如北魏时期，就有好几次。

隋大业六年（610）道教造像记拓片

这些救世主的宗教信仰和政治理想，对北朝到隋唐的政治产生了巨大的影响。隋朝建立之初，隋文帝面临的第一场严重的谋叛即与此有关。他诛杀了颇有野心的大臣刘昉，巩固了自己的权力。刘

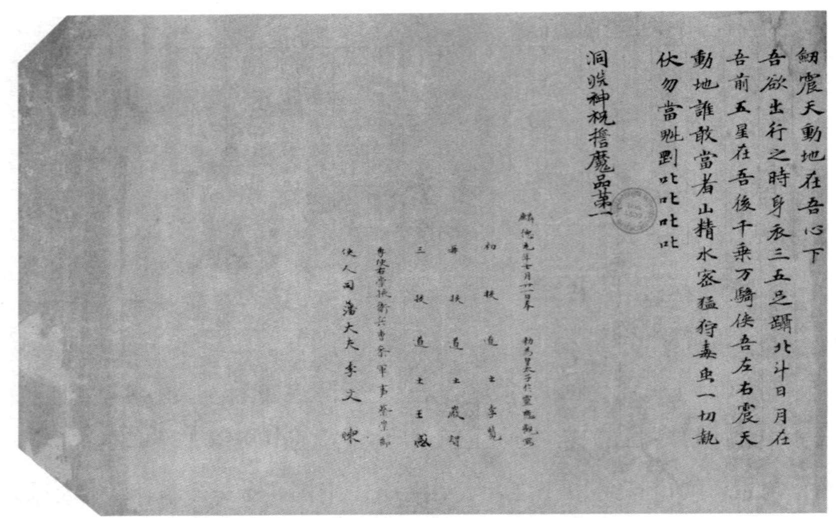

敦煌两件《洞渊神咒经》抄本P.3233，P.2444，末题“麟德元年七月廿一日奉敕为皇太子于灵应观写”。图示为P.3233。《洞渊神咒经》预测李弘出世，真君降临，其文多有刘氏复兴、李弘继立的政治性预言，比如“至甲午之年，刘氏还住中国，长安开霸，秦川大乐。六夷宾服，悉居山薮，不在中川。道法盛矣。‘木子’、‘弓口’，当复起焉”之类。敕写此经，可能正是为了表示李弘是应谶当王，合乎天意。

昉“常云姓是‘卯金刀’，名是‘一万日’，刘氏应王，为万日天子”。在诛杀刘昉的诏书中，隋文帝严厉驳斥所谓“刘氏应王”的谶言，强调天命在自己。

唐朝建立之后，刘姓大臣屡屡被猜忌贬斥，比如唐初的重要将领刘师立被人揭发“姓在符谶欲反”（《新唐书》卷八八《刘师立传》）；另一位将领刘兰成因为“刘将军当为天下主”的预言被杀（《新唐书》卷九四《刘兰成传》）；贞观十九年（645），又有刘道安蛊惑人心，煽动造反，等等。武则天时代，“刘氏当王”的观念也对政治产生了重要影响。万岁通天二年（697），刘思礼谋叛被杀，也跟此有关（《新唐书》卷八八《刘义节传》）。武则天上台之后，有“伐武者刘”的谶

唐洛州思顺坊老幼等造弥勒像碑

言，引发武则天的激烈反应（《资治通鉴》卷二〇五）。睿宗时代，长安有刘诫之谋反事件的发生。玄宗的开元年间，大量的造反都跟刘氏有关，比如开元十三年（725）的洛阳刘定高、开元二十三年（735）的洛阳刘普会、开元二十四年（736）的长安刘志诚等等。玄宗对“卯金刀”非常敏感，以至于他将杨钊的名字改为“杨国忠”，“国忠本名钊，以图谶有‘卯金刀’，当位御史中丞时，帝为改今名”（《新唐书》卷二〇六《杨国忠传》）。

李渊起兵，大力宣扬自己名符图谶，也要放在这种宗教信仰背景下才能得到理解。一直到唐高宗时代，高宗还给自己的儿子取名“李弘”。敦煌两件《洞渊神咒经》抄本P.3233及P.2444，末均题：“麟德元年七月廿一日奉敕为皇太子于灵应观写”。《洞渊神咒经》预测李弘出世，真君降临，其文多有刘氏复兴、李弘继立的政治性预言，可能就是李弘的父母（高宗和武则天）强调自己的儿子李弘是应谶当王，合乎天意。

从隋朝瓦解之后的情形看，诸雄逐鹿中原，绝大多数以“李”、“刘”为号召。天下不是姓“刘”，就是姓“李”，似乎已经成了各种政治势力的共识。当时有童谣云：“白杨树下一池水，决之则是刘（流），不决则为李（沥）。”意思就是隋杨灭亡之后，要么是刘姓、要么是李姓当皇帝。所以在唐朝建立之初，大臣李孝常和刘德裕就谋叛推翻唐朝建立新的刘姓王朝，刘德裕对这首童谣的解释是，“李在未决之前，刘居已决之后。明知李氏以后，天下当归我家。当决之，顺天之命耳”——意思是说，池水在决堤流（刘）出之前，必有水沥（李）入地下。但是最后还是要决堤流（刘）出。在这一新的解释中，李唐王朝变成了过渡政权，在李唐建立之后，会在将来被刘氏取代（《册府

李寿墓志龟形志盖（现藏陕西省博物馆碑林）。篆有“大唐故司空公上柱国淮安靖王墓志铭”十六个字。李寿即李神通，李渊之堂弟。

李寿墓志（现藏陕西省博物馆碑林）。墓志为楷书。隋官搜捕李渊的同族人，李神通与长安大侠史万宝、河东人裴勣、柳崇礼等人起兵响应李渊。

元龟》卷九二二《总录部·妖妄》）。

从北朝到唐朝，“李氏将兴”和“刘氏当王”的谶语，其背后的深厚的宗教信仰和知识背景，在很长的历史时期，对政治产生了重要的影响。李渊正是在这种背景下建立了唐朝，从某种意义上说，唐朝的建立，也是宣扬建立理想国度的救世主思想的产物。

李唐及其竞争对手

隋朝瓦解后，除了最主要的李密、窦建德和王世充外，还有众多的与李唐争夺天下的群雄，包括纵横江淮的杜伏威、辅公祏，以及在江陵重新树起萧梁大旗的萧铣等等。隋朝短暂的统一在困局中解体，帝国陷入四分五裂之中。不过，这次的分裂只是短暂的，一个统一而持久稳定的帝国即将到来。

李密（582—618），京兆长安人。父亲李宽为隋上柱国、蒲山公，“骁勇善战，干略过人”，号为名将。开皇中，李密袭父爵为蒲山公。大业初，以荫为左亲卫府大都督、东宫千牛备身。李密多筹算，才兼文武，志气雄远，常以济物为己任，与杨素的儿子杨玄感为刎颈之交。大业九年（613），隋炀帝再伐高句丽，征兵调粮，海内骚然，人心思乱。在黎阳督运军粮的杨玄感起兵反隋，以李密为谋主。密献三计，上策是挥师入蓟，截住隋炀帝的归路，可以不战而擒；中计是西入长安，据险自固，必克万全之势；下计是就近进攻东都，陈兵坚城之下，胜负未知。杨玄感却以李密的下计为上策，结果久攻东都不下。隋炀帝回师攻打杨玄感，杨玄感败死。李密在逃亡中被捕，在解送途中，用计逃脱。

河南灵宝新出土张须陀墓志盖。张须陀是隋朝对抗瓦岗寨的重要将领。

大业十二年（616）各地起义军有了很大的发展。韦城法曹翟让据有瓦岗寨，李密遂走投翟让。他为翟让画策，击败了隋朝大将张须陀。之后李密别立蒲山公营，又袭取兴洛仓，打开仓库，“恣人所取，老弱襁负，道路不绝，众至数十万”（《旧唐书》卷五三《李密传》）。兴洛仓为东都粮食取给之所，李密势力由此大振。李密手下更是汇聚了大批人才，这些人甚至到了唐朝，仍在政治、军事领域中扮演重要的角色，比如徐世勣（即李勣）、魏徵、秦叔宝、程知节、郭孝恪等等。

随着军事上的不断胜利，李密"为海内豪杰共推为盟主"（《资治通鉴》卷一八三）。各方豪杰包括孟让、郝孝德、王德仁、房献伯、王君廓、李士才、魏六儿、李德谦、张迁、李文相等，纷纷归附。时窦建德、朱粲等也遣使附密。甚至包括后来建立唐朝的李渊，也不得不"卑辞答李密之书"——实际上也如窦建德一样，恭维李密为盟主。不过唐朝建立之后，这一段不光彩的历史被遮蔽了起来。

大业十三年（617）二月庚子，李密在巩县南设坛即位，称魏公，仿照北周时期无年号纪年，只称元年，开始建立政权机构。其文书行下，称行军元帅魏公府，置三司、六卫，元帅府置长史以下官属。李密移檄四方，声讨隋炀帝十大罪状，试图取而代之。但是正因为李密的张扬，成为隋军攻击的主要对象。隋江都通守王世充率领江淮劲卒，增援东都，合军十余万，跟李密在东都坚城之下互击。在这种情况下，李密既不能攻克东都洛阳，又不能断然挥军入关中占领长安，时间一长，错失了战略机会，最终在群雄逐鹿的竞争中败下阵去，把江山送给了同出关陇军事贵族的李渊家族。

大业十三年（617），李密诛杀翟让，虽然稳住了内部局势，但是大将徐世勣等人都开始心怀疑惧——后来李密战败后不敢投奔徐世勣，只好西行入关投降李渊。大业十四年（618），隋右屯卫将军宇文化及在江都发动兵变，杀死隋炀帝，引兵十余万西进，因李密占据巩、洛，便取东郡，攻黎阳。李密只好率军与宇文化及作战。本来宇文化及是隋朝的敌人，其率军西进，最担心的是洛阳的隋军，结果最后

虞世南《孔子庙堂碑》(现藏陕西省博物馆碑林)。此碑书写于唐太宗贞观七年(633),毁后于武则天长安三年(703)重刻,后又被毁。现存碑为宋代王彦超摹刻。

接战的是李密。从战略上说，李密、东都王世充和江都来的宇文化及是三方对立的形势，任意两方对决，第三方都会坐收渔翁之利。东都越王侗势力通过封赏李密为太尉、尚书令、东南道大行台行军元帅、魏国公等虚衔，使李密讨伐宇文化及。结果李密虽然战胜宇文化及，但是自身军力也遭受重创。大战刚结束，东都的王世充已经夺取实权，率军攻击李密的疲惫之师，结果李密大败。李密之前诛杀翟让引发的后遗症此时显现出来。李密战败之时，守卫洛口仓的邴元真暗引王世充军入城，单雄信坐视不救，投降王世充。而李密又不敢投奔镇守黎阳的徐世勣，结果一败涂地，从最有希望争夺天下的地位迅速滑落，只好西行投奔李唐。降唐后李密试图再起，结果被杀，年仅三十七岁。《旧唐书》评论时说李密"心断机谋，身临敌阵，据巩、洛之口，号百万之师，窦建德辈皆效乐推，唐公给以欣戴，不亦伟哉！及偃师失律，犹存麾下数万众，苟去猜忌，疾趋黎阳，任世勣为将臣，信魏徵为谋主，成败之势，或未可知"。

窦建德（573—621）占据河北，大业十三年（617）建都乐寿，称长乐王。通过扩张势力，到了618年，窦建德改元五凤，并且改国号为夏。在李密击败宇文化及之后，宇文化及北上在今天河北大名附近称帝。窦建德打着为隋朝报仇的旗号进攻宇文化及，最后将其擒杀。窦建德其时人才济济，手下的文臣武将比如张玄素、裴矩、崔君肃、虞世南、欧阳询等在后来的唐朝仍然是重要的学者和大臣，崔君肃、虞世南等后来投靠秦王府，是秦王李世民的重要僚佐。消灭宇文化及之后，隋炀帝的萧皇后也落在窦建德手中，后被和亲突厥的隋义成公主接到了突厥。

在窦建德于河北扩张势力的同时，河南的王世充击败李密，最后篡夺了隋朝的皇权，建立郑国，称帝。在关内，李渊已经称帝，建立唐朝，并且击败了关内的薛举、李轨等势力，开始锐意经营关东。唐军取代李密军队成为围困和攻打洛阳的主要势力。武德三年（620），秦王李世民逐渐扫荡了河南郡县，将洛阳团团围住。窦建德采取坐山观虎斗的策略，不理睬王世充的求援。后来在谋士的建议下，亲率十余万大军救援王世充。李世民率军与其在虎牢关大战，由于李世民的突然袭击，窦建德被唐军所俘。王世充见援军无望，也弃城投降。不过，窦建德的失败太过突然，其在河北多有德政，在河北大名县有“窦王庙”，父老群祭，历久不衰，直到唐中后期仍然存在。河北地区也并未完全臣服李唐，之后窦建德部将刘黑闼再次造反，前后经过李世民和李建成两次讨伐才最终平定。作为与李唐争夺天下最大的竞争对手，李密、窦建德和王世充的败亡，最终为李唐统一天下、确立其三百年的统治奠定了基础。

唐高祖（566—635）李渊，出身北周系军事贵族。祖父李虎西魏时赐姓大野氏，拜柱国大将军，与宇文泰、独孤信等为著名的“八柱国家”——李密的祖上也是其中之一——北周时追封为唐国公。父李昺，北周安州总管、柱国大将军，袭唐国公爵。李渊母独孤氏与隋文帝的皇后独孤氏都是独孤信的女儿，从亲戚关系上说，李渊和隋炀帝是表兄弟，他们的母亲是亲姐妹。李渊妻子窦氏的母亲是北周武帝的姐姐襄阳长公主。隋初李渊为千牛备身，得到姨妈独孤皇后的关爱，累转谯、岐、陇三州刺史。李渊的祖上世系颇不清楚。尽管唐朝官方的说法是他们出自著名的陇西李氏，但这很可能是精心的编造。从其先祖中的两个人——李初古拔和李买得——的名字可以看出，这两个人要么就是袭用了汉族的李氏姓，要么就是被赐姓李，而他们的名则依然故我，也许是鲜卑族的。若从血统上论，唐高祖和唐太宗的皇后窦氏和长孙皇后都是汉化鲜卑人，唐朝后来的皇帝汉人血统的成分并不占据优势。不过唐代是一个开放的世界性的文明，文化之认同，比血缘之认同要重要得多。

大业十二年 (616)，当隋朝陷入动荡之际，李渊得到机会，任太原留守。李渊在太原留守任上，已经确立了反隋自立的野心。杨玄感兵变之后，隋炀帝越来越猜忌文武大臣，以郕国公李浑名应“李氏当为天子”的谶语，杀了他一家，因此使得人人自危。李渊为山西、河东抚慰使时，副使夏侯端就对他说：“天下方乱，能安之者，其在明公。”并且指出炀帝“切忌诸李，强者先诛，金才 (即李浑) 既死，明公岂非其次？若早为计，则应天福，不然者，则诛矣”(《旧唐书·夏侯端传》)。

李渊为人“素怀济世之略，有经纶天下之心。接待人伦，不限贵贱，一面相遇，十数年不忘。山川冲要，一览便忆”(《大唐创业起居注》卷一)。他是一个胸有成竹、老谋深算的政治家。李渊派刘文静出使突厥，自为手启，卑辞厚礼，对始毕可汗说：“欲举义兵，远迎主上，复与突厥和亲，如开皇之时。若能与我俱南，愿勿侵暴百姓；若但和亲，坐受宝货，亦惟可汗所择。”李渊力排他的顾问们的意见，用了下对上行文的“启”字，辞气甚恭。这表示，他和其余某些叛乱比如刘武周一样，在名义上成为突厥人的藩属。突厥可汗复书说，如李渊自为天子，愿以兵马相助。于是李渊于大业十三年 (617) 七月在太原起兵，向关中进发。李渊的军事行动得到了突厥的支持，始毕派人送马千匹，驻在楼烦的突厥阿史那大奈也率兵相助。

唐兵最初遇到隋军的强烈抵抗，并且在通向潼关要塞的汾河流域途中被夏季的大雨所阻，李渊下令他的军队暂停前进。此时他又接到已经雄霸关东的李密的书信，李渊为了拖住李密不干涉他进军关中，他写了一封卑辞的书信，假劝李密自己取天下："天生蒸民，必有司牧：当今司牧，非子而谁！"李密因此应允李渊向隋都进发而不加阻拦；但这个决定使李密后来为之后悔莫及（《资治通鉴》卷一八四）。李渊进军的同时，其在关中的亲属也纷纷起兵响应，到了十一月，就攻陷了大兴城，也就是后来的长安。

安伽墓出土石棺床上的披发突厥人形象

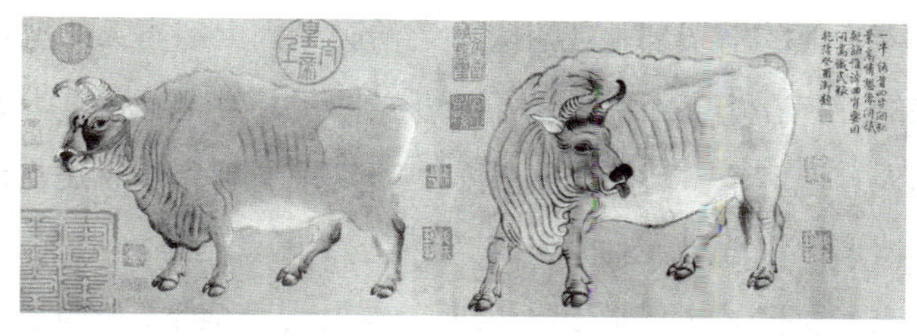

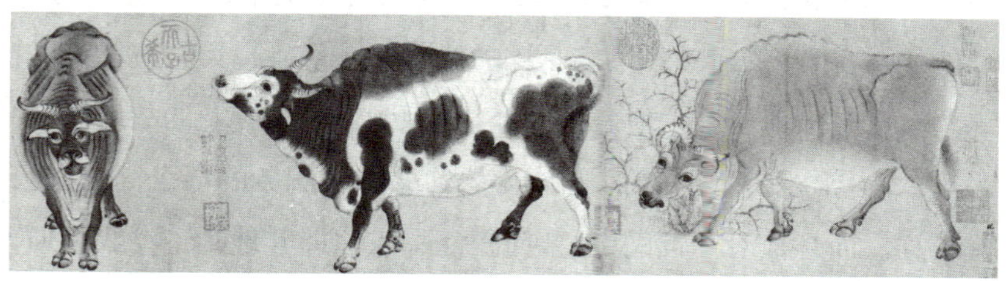

《五牛图》(唐代韩滉绘，北京故宫博物院藏)。韩滉以淳朴的画风和精湛的艺术技巧，描绘了五头不同形态的牛，表现了唐代画牛所达到的最高水平，被称为“中国十大传世名画”之一。

占领首都后，李渊遥尊在江都的隋炀帝为太上皇，改立年幼的代王杨侑为帝，改元义宁。到了第二年三月，隋炀帝在江都被杀。李渊于五月废黜杨侑，建立唐朝，改元武德。李渊从晋阳起兵到长安称帝，只用了一年的时间。李渊称帝时，群雄纷争，北方边境有李轨、薛举、梁师都、郭子和、刘武周、高开道；黄河流域有王世充、李密、窦建德、孟海公、徐圆朗；江淮之间，有杜伏威、李子通、陈稜；江南一带，有沈法兴、林士弘、萧铣。面对这一形势，李唐的战略方针是，首先巩固关中根据地，然后进军关东，逐步统一全国。到了武德七年(624)，李勣(即原来的徐世勣，被李渊赐姓李，后避李世民讳改名李勣)讨平徐圆朗，至此，唐朝基本消灭了割据的群雄，实现了全国的统一。

需要指出的是，官方史书将李渊描述为一个平庸的人，而将建立李唐的功劳大部分都归在李世民的名下，这也是一个精心编造的故事。很多重要的情节都是在唐太宗统治时期因太宗本人的坚持而编造出来的。好在唐高祖的幕僚温大雅的《大唐创业起居注》(其实是一本私人日记) 幸存了下来,让我们更真切地了解到李唐建立过程中的真实情形。根据温大雅的记载,策划起兵的就是李渊本人,也是李渊自己带领军队攻占了隋都大兴城。在温大雅笔下,李渊是一位勇敢的领袖、刚烈的对手和足智多谋的战略家。早在起兵之前,李渊就认为自己是天命所归。他是唐国公,被派到传说中唐尧的故地太原,当唐公李渊接受新任命时,他认为他的爵衔与职务的巧合简直是天降吉祥。而且他对李世民说:“唐固吾国,太原即其地焉。今我来斯,是为天与。与而不取,祸将斯及。”《大唐创业起居注》还提到民谣《桃李子歌》及关于“李氏将兴”的谶言,李渊的反应是:“吾当一举千里,以符冥谶!”(《大唐创业起居注》) 而李世民在《大唐创业起居注》的记载中,并没有特别突出的表现,甚至比起他的哥哥李建成来说,也并不突出。最先攻入大兴城的,是李建成的部队。

玄武门之变与权力传承

唐高祖的形象淹没在他的儿子太宗的光辉里。太宗历来被认为是明君的代表人物,而与他竞争皇位的李建成和李元吉则被描述为嫉贤妒能、道德败坏的平庸之辈,甚至官方史书还暗示他们跟自己父亲的妃嫔有不正当关系——实际上李世民自己在男女关系上反而更加恶劣,至少更加明显,比如他抢了自己弟弟的媳妇和族人的老婆。然而,从史料的蛛丝马迹来看,李建成绝非平庸之辈,至少很多围绕在他身边的人物,比如忠诚于他的魏徵、王珪等,后来成为贞观朝的重要大臣。如果李建成真的是个不堪的人物，就令人难以理解了。不管如何，武德九年（626）六月四日发生的政变，把李世民扶上了皇帝的宝座。这种通过竞争乃至宫廷革命的方式夺取皇位的做法，给太宗的子孙们留下了深刻的印象，从太宗到肃宗，长达一百多年，皇位几乎没有在和平之中传承过，几乎每一次的皇位继承，都伴随着竞争、阴谋和屠杀。在这种模式下，预立的储君无一能和平继承皇位，如隐太子建成、恒山王承乾、燕王忠、孝敬皇帝弘、懿德太子重润、节愍太子重俊，不是被废黜便是被杀害，真正继承皇位的，都是依靠"宫廷革命"上台的，如太宗、中宗、睿宗、玄宗、肃宗。

唐代前期的贵族制社会也给这种宫廷革命创造了条件。贵族大臣们通过政治投机，保持自己对政治的影响力，实际上是贵族政治的

《仪卫图》（局部，章怀太子墓墓道东壁画）

重要表象。传统皇位传承，以嫡长子继承为常态，非嫡长子继承为特例。而唐朝前期近一百年的皇位继承，不但不是嫡长子继承（继承皇位的没有一个嫡长子），等到武周代唐以后，连武、韦等具有特殊地位的贵族都能作为皇位继承人选。继承人之间互相竞争，大臣贵族各拥彼此，从内廷到外朝，由中央而地方，形成庞大的政治集团。以宫廷革命为夺权手段，以实力左右皇位传承。在李世民的夺权中已是如此。李世民在大业九年（613），就娶了实力显赫的长孙家族的女儿

尉迟恭墓志（陕西醴泉县出土）。尉迟恭是参加玄武门政变的重要人物。

彩绘武服陶俑（唐代，陕西礼泉郑仁墓出土）。墓主参加过唐高祖李渊的晋阳起兵和太宗李世民发动的玄武门之变，死后陪葬昭陵。这对俑分别身穿武官礼服及铠甲。

为妻，岳父是隋朝大将长孙晟，小舅子就是后来高宗的辅政大臣长孙无忌。长孙无忌在高祖时代并没有特别突出的表现，官位也不高，但是在太宗即位后，立即被擢升为宰相，凌烟阁图形也位列第一。他之所以被拔擢，不是因为他在内战中为李唐的建立立下过多少汗马功劳，而是因为他是李世民玄武门政变的主要支持者。他不是高祖的功臣，而是太宗的功臣。长孙氏和长孙无忌在玄武门之变中扮演了重要角色，长孙氏亲自鼓舞秦王府兵的士气，而长孙无忌不但出谋划策，而且亲临现场。长孙无忌和长孙氏从小被舅舅高士廉抚养长大。高士廉出身渤海大族，从北魏到隋都是高官，属于世家大族。高士廉也因此全力支持自己外甥女婿李世民的政变。在玄武门政变时，高士廉担任雍州治中，负责首都的司法事务，在政变当天，他释放囚徒，

隋灞桥遗址（这里曾是东西交通的要道）

发以兵器，伏于芳林门。芳林门（在玄武门之西）进可攻击玄武门之敌，退可守秦王府，再次可自此门退往洛阳，是李世民政变中的重要组成部分（《旧唐书》卷六五《高士廉传》）。

贵族政治干预皇位继承的模式，是贵族子弟参与皇位竞争者的幕府。隋代和唐朝前期，皇室子弟封王开府，有一套庞大的幕僚班子，而且亲王在经济上的实力也很强，这奠定了他们争夺皇位的基础。何况，李世民在唐朝建立过程中，尤其是对窦建德和王世充的战争中积累了巨大的名望，也从隋末群雄的各个阵营收编了大批的文人武将，这些人也攀龙附凤，希望自己的府主能够登上皇位。种种的条件，造成了李世民以武力夺取政权，并且奠定了一种通过宫廷革命完成权力传承的模式，对此后一百多年都有深远的影响。直到贵族政治渐渐衰微，加上玄宗上台后对东宫王府机构的大力改革，此后皇位继承的模式才发生了变化——从宫廷革命转换为宦官拥立。

从太原起兵开始，李世民、李建成、李元吉在军事斗争中逐渐形成了自己的一股势力。武德年间，他们都拥有自己的机构和组织，比如李世民的天策上将府、秦王府、左右护军府、左右亲事帐内府、陕东道大行台、文学馆；太子的东宫；齐王的齐王府、左右护军府、左右亲事帐内府等。他们的命令跟高祖的命令混杂在一起，都具有权威，“太子令，秦、齐王教与诏敕并行，有司莫知所从，唯据得之先后为定”（《资治通鉴》卷一九〇）。连政府机构都不知道该听谁的，以至于谁的命令先到，就按谁说的办。在地方上，他们也各自有自己的势力范围，李世民以洛阳为中心经营山东，陕东道大行台官员基本上听命于他。李建成则以河北幽州为势力范围，可以在东宫和幽州地方之间自由进行官吏流动，甚至密使右虞候率可达志从燕王李艺处发幽州突骑三百，置宫东诸坊，欲补东宫长上。玄武门之变后，幽州和燕王李艺很快便反，足以说明他们是拥护建成的。而率军猛攻玄武门者，就是从幽州调来的薛万彻。李元吉则一向担任并州地方长官。他们在用人上，也有各自的选择。李世民所选拔的洛阳官吏如屈突通、温大雅、张亮、淮阳王道玄等，后来证明都是李世民的私人。而李建成征刘黑闼后，以自己的亲信庐江王李瑗守幽州，而将亲信原幽州守将燕王李艺调入长安任左翊卫大将军，薛万彻调入东宫任副护军。他们各自有自己的私人军队，整个武德年间，可以说唐朝还没有最终完成军队国家化，李世民、李建成和李元吉都有自己的私人卫队和忠诚于自己的嫡系部队，比如李建成私自招募“四方骁勇，并募长安恶少

唐代墓道壁画中的兵士形象

年二千余人，畜为宫甲，分屯左、右长林门，号为长林兵”(《旧唐书》卷六四《隐太子建成传》)。李世民在玄武门政变中的主力也是他的秦王府勇士八百人。

玄武门政变之前，李世民实际上是处于下风，可以说是危在旦夕，这也是他不得不冒险一击的原因。李建成并无大过——很多是后来李世民编造的——而且为人宽厚有干才，辅助高祖处理政务，稳定后方，支援前线，起过重要的作用。他的谋臣太子中允王珪、洗马魏徵等很早就提醒他防备野心勃勃的弟弟李世民。李建成也在地方和中央深耕广播，势力雄厚。就首都长安的力量而言，东宫兵和齐王府兵的军力远远超过秦王府的兵力。如果不是李世民偷袭成功，后果很难预料。实际上即使李世民杀死李建成、李元吉后，闻讯赶到的东宫、齐王府兵也让秦王府的势力感到巨大的压力，其“兵锋甚盛”，击溃了屯守在玄武门外的屯营兵，杀死了屯营将军敬君弘和中郎将吕世衡，秦王府的兵将只好紧闭玄武门。在政变之

三彩釉陶胡人骑卧驼俑（唐代，陕西西安鲜于廉墓出土）。此俑为胡人骑于卧驼上牵缰起身状，据考，驼首高昂是唐代骆驼雕塑的典型特征。

前，李世民已经做好了最坏的打算——如果政变失败，就率领众人逃出长安，退守自己的大本营洛阳，在此之前，他已经派出大批人马去洛阳安置了。

李世民政变的主要武装力量，是秦王府勇士八百余，以及长孙王妃的舅舅高士廉的囚徒兵。他的主要目标是两个，一是挟持高祖，二是消灭另外两个继承人。此次政变成功的关键，在于李世民能同时实现两个目标。武德九年（626）六月四日凌晨，李世民带领秦王府兵将进入玄武门埋伏。他之所以能够做到这一点，是提前收买了当天值班的将领常何。常何本是太子李建成的亲信，结果被李世民所收买。这样一个小小的细节，可能改变了整个历史的走向。正因为是常何当天值班，所以李建成并不怀疑有什么问题。结果当李建成、李元吉进入玄武门后，就遭到了李世民率领的秦王府势力的狙击。李世民首先射死了太子，接着杀死了齐王。虽然东宫和齐王府兵也

三彩釉陶三花马（唐代，陕西西安鲜于廉墓出土）。将马鬃剪瓣是唐朝流行的一种饰马方式，据说这种做法还是受到突厥马饰的影响。三花不仅是装饰，还是良马的最高标志。

赶到了玄武门，但是无法进入。而此时，尉迟敬德带兵挟持了唐高祖，并且将太子、齐王的人头出示给东宫、齐王府的将领们看，示意此时再战无益，于是“宫、府兵遂溃”。控制局势的李世民派遣原李建成的旧属裴矩到东宫安抚，并用高祖的名义下令停止在长安城内各处的乱战，大势遂定。

太宗用残酷的手段对付自己的亲兄弟子弟，将李建成和李元吉的儿子全部诛杀。不过太宗通过自己的例子为以后的皇子们树立了一个典范，他们没有人指摘太宗得天下的手段毒辣，全都景仰太宗是对内对外的成功者。他们认为夺嫡不只是可通之路，而且是成功的必要手段。他们认为太宗是夺嫡成功最好的榜样，希望成为太宗第二。到了太宗的晚年，他将面对同样的局面，魏王泰完全仿效太宗秦王时的作风，企图挑战太子李承乾的地位，最终酿成贞观政局的巨大变动，最为强势的太子李承乾被杀、魏王李泰被废，皇位落入了本来毫无希望做皇帝的李治手中。李治自身的局限性，最终又将李唐的江山送到了武则天手中，李唐经过三代就中衰，皇位落入异姓之手。历史的连环性，通过活生生的人的表现，生动地呈现出来。

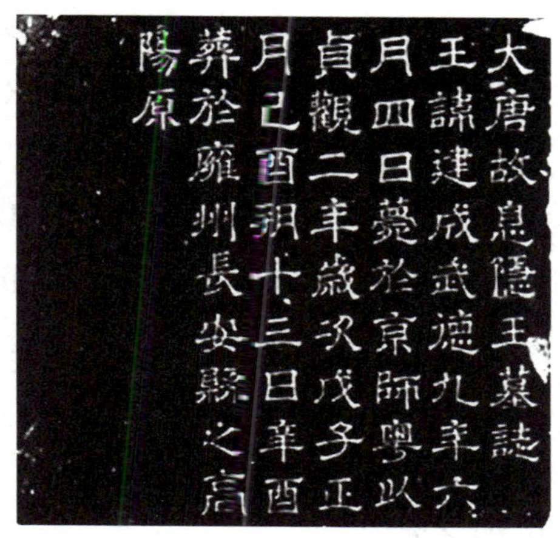

李建成墓志。唐太宗李世民经过一番内心挣扎、上下权衡之后最终将李建成谥号定为“隐”这个中谥，是向天下人做出一个政治姿态。谥法曰：“隐拂不成曰隐。明不治国曰隐。怀情不尽曰隐。赠太子建成。”

而对于高祖而言，在太宗政变之后，就退隐成为太

李世民誉长孙皇后为“嘉偶”、“良佐”，并立气势恢弘之墓以观望怀念。

上皇，除了偶尔参加宫廷礼仪活动，基本退出了历史舞台。关于此后高祖和太宗的关系如何，我们知之甚少。公元632年，监察御史马周上疏，指责太宗不去探望自己的父亲，而且年迈的高祖当时已经被迁到狭窄的大安宫居住，条件似乎不是很好。马周还指责太宗在炎热的夏天自己去避暑，却不带上高祖。高祖635年去世了。很有意思的是，太宗为父亲修建的陵墓，明显地小于他为自己和妻子长孙皇后修建的陵墓。

贞观之治

李世民的即位，揭开了历史上有名的贞观之治的序幕，一般认为，贞观时代奠定了李唐政权的基本格局。

中央体制方面，唐初沿用隋制，设立中书、门下、尚书三省，三省长官中书令、侍中、尚书令共议国政。因为太宗没当皇帝时曾担任尚书令，所以在他即位后不常设置，以左、右仆射为尚书省长官，与中书令、侍中号为宰相。不过，其他官员通过加“同中书门下三品”、“参知政事”、“平章军国重事”等头衔参与决策，也是当然的宰相。三省各有分工，中书出诏令，门下掌封驳，尚书管执行。实际的运作上，宰相常于门下省议事，谓之政事堂。太宗贞观年间，政事堂议事的模式已经成熟。政事堂本来在门下省，但是到了唐高宗永淳年间，权力较大的裴炎担任中书令，就把政事堂挪到了中书省。政事堂最终朝着政府机构的方向演变，在开元十一年（723），中书令张说奏改政事堂为中书门下，分列吏、枢机、兵、户、刑礼五房。从此，中书门下正式成为宰相的办事机构，依据习惯，仍然被称作“政事堂”。按惯例，仆射

贞观朝阎立本《步辇图》，描述了唐太宗接见吐蕃使者的情形。

为正宰相，制度上并未规定仆射必须加同三品才是宰相。中宗神龙初（705），豆卢钦望为仆射，不带同中书门下三品，由于他跟相王（中宗的弟弟）有复杂的关联，竟然不敢参议政事。政治事件对政治制度的反作用，在这件事上体现得非常明显。

地方制度上，分为州、县两级，设刺史和县令为州、县长官。这种健康的结构在安史之乱后被破坏，中国地方制度进入了三级结构，不但糜费行政资源，而且影响行政效率。安史之乱前的刺史备受重视，政治地位较高。很多大臣乃至宰相外放，也不过担任重要州的刺史。而且太宗非常重视刺史是否称职，认为自己委任的都督、刺史，是治乱的关键。他经常把都督、刺史的姓名写在屏风上，将他们治绩的好坏，分别列于名下，以便考察。因而使唐初吏治出现了“法平政成”的局面。

唐朝之前，地方政治体制主要是封建和郡县两种模式，都是二级结构。太宗即位后，希望国祚长久，对到底是实行封建还是郡县制，展开了一次大范围的讨论和征求意见。封建制的代表人物萧瑀认为应该恢复使夏、商、周三代国祚长久的封建制。虽然一开始这种意见就遭到了李百药、魏徵等人的强烈反对，但是太宗在631年还是出台了一个“世袭刺史”的规划，派遣皇室子弟和功臣勋贵到地理位置关键的州去担任世袭刺史。到了637年，太宗坚持实现了第一部分，将二十一个皇室子弟分封为世袭都督、刺史，主要位于关东被征服地区的形胜之地，作为中央的屏障。但是在推行十四位功臣勋贵担任世袭刺史时，遭到了激烈的反对，长孙无忌和房玄龄以辞职相威胁，最终使太宗放弃了世袭刺史制度。虽然太宗一直到去世都向往封建制，但最终没能够实际推行。

在法律方面，太宗命长孙无忌、房玄龄等，本着“意在宽平”的精神，重新制定了《贞观律》。这种与民休息的方针也体现在经济方面，太宗大力推行均田制，劝课农桑，建设水利，促进农业生产的恢复和发展。

唐鎏金双狐纹双桃形银盘。桃在我国向来被视为“五行之精”，具有压伏邪气的功用，白狐、玄狐在唐代为上瑞。双狐双桃有驱邪避祟、祈求平安的寓意。

教育方面，太宗尊崇儒学，祭祀孔子，兴办国子学、太学、四门学、书学、算学、律学等；命国子祭酒孔颖达撰定“五经”义疏，贞观十六年(642)书成，凡一百八十卷，名曰《五经正义》；史学在此时也得到极大的发展，不管

《便桥会盟图》(局部,元代陈及之绘)。图中绘初唐“便桥会盟”的故事:突厥可汗颉利原计划进犯长安,正遇见前来制止战争的秦王李世民(即后来的唐太宗),便跪在桥头求和。作者有感而发,劝谕当朝天子以和为贵。旧传为辽画,据考,画中的颉利及仆从系元代蒙古人服饰。

是官修还是私修,都有重要的作品完成,包括《晋书》、《周书》、《北齐书》、《梁书》、《陈书》、《隋书》、《北史》、《南史》等,不过在修撰唐朝本国国史时,太宗要求自己查看,破坏了国史编纂的客观性原则。

太宗在历史上以纳谏著称。魏徵(580—643)是重要的谏言者。魏徵曾在李密帐下担任记室参军,后李密战败,跟随入关投降李唐。他劝说据守黎阳的徐世勣投降了唐朝。但是不久窦建德攻陷黎阳,俘虏了魏徵,魏徵又在窦建德那里担任起居舍人。到武德四年(621),秦王李世民擒获窦建德,魏徵再次归顺唐朝,为太子李建成所信任,引其担任东宫的太子洗马,是李建成的核心幕僚。玄武门之变后,李世民赦免了魏徵,魏徵则承担了前往关东安抚李建成和李元吉旧部的重任。魏徵前后转换了五次阵营,为不同的雇主服务,但是并没有遭到当时舆论的谴责,没有人认为他不忠,这不是因为他个人的魅力,而是当时整个的思想氛围,并不强调为君主尽忠而死。唐初的文臣武将,大多都有多次

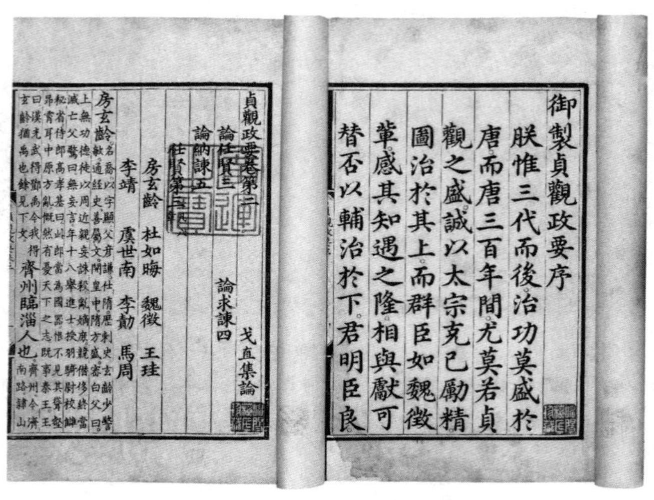

御製貞觀政要序

朕惟三代而後治功莫盛於唐而唐三百年間尤莫若貞觀之盛誠以太宗克己勵精圖治於其上而群臣如魏徵輩感其知遇之隆相與獻可替否以輔治於下君明臣良

貞觀政要卷第二　戈直集論

論任賢三　論求諫四

論納諫五

任賢第三

房玄齡　杜如晦　魏徵　王珪

李靖　虞世南　李勣　馬周

房玄齡名喬以字顯父彥謙仕隋歷刺史玄齡少警敏通經史善屬文開皇中隋方盛密白父曰上無功德徒以周近親妄誅殺嫡庶競侈終當滅亡父驚曰無妄言年十八舉進士授羽騎尉校讎秘省侍郎高孝基曰此郎當為國器恨不見其聳壑昇霄耳中原方亂慨然有憂天下之志既事秦王王曰漢光武得鄧禹今我得玄齡猶禹也餘見下文齊州臨淄人也齊州今濟南路肆山

《贞观政要》书影

转换阵营的经历。著名的军事统帅比如李勣等，也有全军覆没和被俘的经历，但是回来之后依然被任用，并继续担任军事统帅，这是大唐的风度所在。

魏徵以极言进谏的形象留存在《贞观政要》中。据《贞观政要》记载统计，魏徵向太宗面陈谏议有五十次，呈送太宗的奏疏十一件，一生的谏诤多达“数十余万言”（《新唐书》卷九七《魏徵传》）。魏徵对唐太宗常常是面折廷诤，有时弄得他面红耳赤，甚至下不了台。一次罢朝后，太宗曾余怒未息地说：“会须杀此田舍翁。”又说魏徵“每廷辱我”（《资治通鉴》卷一九四）。整体而言，魏徵的政治态度以静为本，与民休息，这正好符合了李唐刚刚建立初期的政治、经济形势，对国家的复苏起到了重要的作用。不过他极力反对唐朝发动对高句丽、高昌军事行动的意见，在后来随着唐朝国力的增长最终被放弃。

不过，晚年的魏徵卷入了储位之争，作为太子李承乾的老师，他生前极力维护太子的地位，他死后，李承乾谋叛，很多参与的人都是原先经过他推荐的，比如侯君集。结果太宗震怒，不但毁弃了将公主许给魏徵之子的诺言，而且派人将魏徵坟墓所立的石碑推倒。太宗征伐高句丽失败后，又想起魏徵的好处，派人祭祀，重建了墓碑。

整体而言，太宗统治的贞观年间，政治清明（太宗对腐败惩治较为严厉）、与民休息，经济得到恢复，官员队伍不大且比较有效率，治安也得到保障，文化教育事业也得到发展，经过长时期战乱的中国，进入了一个较好的时代，为李唐帝国的对外拓展和文明的发展奠定了基础。

03 东亚格局的起伏和文化融合

按照杜希德 (Denis Twitchett) 的说法，隋唐帝国带有“世界主义”(cosmopolitanism) 的色彩。这种“世界主义”代表着宽广的胸怀和容纳百川的气度，进而带来的是唐代宗教、文化、艺术、知识的绚烂和辉煌。以汉帝国继承者自居的隋唐帝国，通过战争和文化融合，树立了自己在东亚世界的中心地位。在隋唐帝国开启之前，高句丽通过干预中原王朝内地的统一战争，联络突厥、控制契丹等其他民族，对新兴的隋唐帝国构成挑战。隋唐时代，从隋文帝598年即发动了对高句丽的战争，再经过隋炀帝三次征伐高句丽、唐太宗讨伐高句丽，一直到唐高宗统治时期的公元668年，经过长达七十年的战争，最终将高句丽攻灭。这一年九月，唐朝年迈的老将李勣经过长达一个多月的围城，攻陷了高句丽的首都平壤。经过这场战争，唐帝国彻底树立了对东北亚政治、文化等领域的主导地位。由于日本的参战和惨败，也迫使日本国内发生了重要变革，并在此后一千年间，日本再没有作入侵亚洲大陆的尝试。

隋朝对高句丽的战争

因为隋炀帝三次征伐高句丽均以惨败而告终，并且直接导致了隋朝的瓦解，中国历史上一般都把隋炀帝对高句丽的征伐视为是其个人任性放纵的结果，认为正是因为隋炀帝的穷兵黩武，才导致了刚刚统一的帝国又陷入了内战。但是实际上，早在隋炀帝之前，其父隋文帝就开始发动对高句丽的战争，而且战争规模非常大。而在隋炀帝之后，唐太宗也连绵不绝地发动对高句丽的大规模战争，直到其去世为止。唐太宗的儿子高宗，更是继承了父亲的遗志，继续对高句丽作战，直到公元668年攻灭这一政权为止。如果说隋炀帝是昏庸之辈，那么唐太宗传统上被认为是英明的君主，他为什么也要固执地发动对高句丽的战争呢？

对高句丽的战争，并非仅仅是君主的个人行为，而是在相当长的历史时期中原王朝面临的重要考验。高句丽政权，早在南北朝后期就已经通过外交和军事行动，干涉中原王朝的统一大业。所以，隋炀帝对高句丽的战争，与其说是个人的穷兵黩武，还不如说是中原王朝既定的对外战略。

北朝后期，北周攻灭北齐。然而北齐宗室高保宁据守营州，拒绝投降。营州是北齐镇抚高句丽、契丹、库莫奚等的要地，战略地位十分重要。宣政元年（578），原先逃亡突厥的北齐范阳王高绍义引突厥军队南下，并企图依靠北齐遗臣占据范阳，遭到北周的反击未能得逞。大象二年（581），高绍义被北周使臣贺若谊执送回国，但是高保宁仍坚守营州对抗北周。在杨坚夺取北周皇权建立隋朝后，高保宁

狩猎图（高句丽墓壁画）

依然坚守营州直到开皇三年（583）被杀为止。高保宁对抗北周和隋朝的战争，得到了高句丽的大力支持。高句丽王亲自统帅军队，救援高保宁，大规模地卷入中原王朝内战。可以说，早在隋朝建立之初，高句丽西联突厥，控制契丹等东北诸族，保护高保宁，俨然已是隋朝的心腹大患。隋文帝在檄书里列数高句丽的罪愆，最重要的有两条，第一是未尽臣节，第二就是“驱逼靺鞨，固禁契丹”，也就是说高句丽对契丹、靺鞨有控制能力。在隋朝统一过程中，高句丽与突厥、南朝的陈联合起来，对抗隋朝。突厥文阙特勤碑的内容显示，突厥强盛时常常与高句丽结好及聘使往来。这一切，都让隋唐帝国的统治者感到芒刺在背。

隋唐帝国是继汉帝国之后重新统一的王朝，隋唐两代都强烈认同自己是汉朝的继承者。在讨论对外政策时，大臣们屡屡提到要恢复汉朝时代的疆域和领土。这种民族主义的雄心，使新成立的隋朝在建立之初，就开始了收复汉朝领土的计划。疆域的拓展在南方进行得比较顺利，隋文帝将中原王朝的势力拓展到今天的河内一带。隋朝在西方战胜了吐谷浑，但是在东北亚的拓展方面遭到了巨大的挫折。

七世纪初期，高句丽占据今天东北东部和朝鲜半岛的北部，首都就在现在的平壤。朝鲜半岛的南部，则分为百济和新罗，分别位于半岛的西南和东南部。开皇十八年（598），隋文帝命汉王杨谅为统帅，以三十万兵力对高句丽发动进攻，但是因为瘟疫流行等原因没有成功。虽然高句丽表面上表示了臣服，但是在此之后，高句丽联合东突厥，操纵靺鞨、契丹，渡过辽河不断骚扰。契丹在公元605年甚至入侵了河北，被击败后退回。这一切，都使中原王朝清晰地认识到高句丽将是刚刚统一的帝国的潜在威胁。尤其是河北地区

锻铁制轮图（高句丽墓壁画）

位于吉林省集安市的高句丽王城、王陵和贵族墓葬及墓室壁画，是已被历史长河湮没的边疆民族高句丽创造的文明经典。高句丽王城由平原城与山城相依附共为都城，包括国内城和丸都山城。

长期存在的分离情绪远未消失，而隋朝的中心却偏在西北。也正是在这种情况下，继承隋文帝皇位的隋炀帝，也继承了其父亲攻灭高句丽的事业。

大业三年(607)，隋炀帝会见东突厥启民可汗，居然在那里碰到了高句丽派到突厥的使者。高句丽和突厥的这种连谋针对大隋的举动激怒了隋炀帝。他警告高句丽使节，让其传话给高句丽统治者要求其臣服，并且拉拢启民可汗站在自己一方。无论如何，在突厥王庭见到高句丽使节的事件，显然坚定了隋炀帝对高句丽发动战争的决心。为了保证战争的顺利进行，隋炀帝首先将大运河往北延伸，将中国的心脏地区和幽州连接在一起，以方便物资的运输。到了609年，各种军事准备都已经展开。大军集结在今天北京地区的涿郡。但是一场发生在关东地区的水灾打乱了计划，真正的进攻在612年开始了。隋炀帝亲自率领大军从陆地进攻，水军则从海上进攻。隋炀帝发布讨伐的檄文，严厉指责高句丽勾结契丹、靺鞨侵犯隋的领土。著名的建筑家宇文恺顺利地在辽河上架起了桥梁，但是隋军在渡河之后遭到了辽河东岸诸城的顽强抵抗，迅速攻占高句丽首都的计划落空。到了夏末，大雨使得军事行动无法继续，8月份，隋炀帝撤军回到了洛阳。

613年正月，隋炀帝再次发动对高句丽的远征。对外的战争虽然打着维护帝国安全和恢复中华固有领土的旗号，但是因为负担的增加，国内的局势受到了影响，叛乱的次数显著增加了。这一次，内政和外交的连环性体现出来了。当隋炀帝的大军渡过辽河展开进攻的时候，隋朝的礼部尚书杨玄感（杨素之子）发动了叛乱。此时杨玄感在后方负责后勤供应，他的叛乱靠近帝国的东都洛阳，隋炀帝不得不派遣宇文述从东北战场返回镇压叛乱。杨玄感战败被杀，但是隋炀帝的第二次远征也宣告失败。杨玄感阵营中的骨干分子李密后来成

吹角仙人图（局部，高句丽壁画）

彩绘浮雕武士石刻（后梁，河北曲阳王处直墓出土）。墓主曾是唐朝任命的义武军节度使。

为反隋的重要领袖。杨玄感的叛乱，是内部关系高度紧张的反映，此时隋炀帝要做的应该是安抚国内各阶层，尤其是旧的关陇贵族，但是他依然固执地发动了第三次对高句丽的战争，最终将自己陷入万劫不复的境地。

我们不能简单说隋炀帝的政策是不对的，他开凿大运河，是基于连接分裂了三百年的南北中国的考虑；他营建的东都，在接下来的唐朝成为重要的政治中心，也是唐帝国控制关东地区的重要堡垒；他发动的对高句丽的战争，在隋朝灭亡之后被唐太宗和唐高宗继承，半个世纪之后终于消灭了高句丽这一政权。不过隋炀帝推行这些政策的节奏太急，似乎“一万年太久，只争朝夕”，老百姓的负担太重，而且统治阶级中的很多成员不满，尤其是隋炀帝偏向南方文化的做法，导致北周—隋系的旧贵族和大臣离心离德，最终将富强的大隋帝国在短暂的时间内葬送了。

614年，隋炀帝决意第三次征伐高句丽，完全不顾王朝已经露出溃败相的局势，也许他是希望通过对外战争的胜利重新树立自己的权威，进而达到安内的目的。从历法上说，隋炀帝是上元甲子年（604）即位，从上台之始就被赋予了特殊的政治意义。即便天下大乱，群雄并起，隋朝著名的术数家，同时也是隋炀帝重要政治顾问的太史令袁充依然极力为隋炀帝辩护，认为隋炀帝上符天命，其统治"永无所虑"（《隋书》卷六九《袁充传》）。在隋炀帝决议第三次讨伐高句丽后，大臣们没有敢提意见的。固执的炀帝为自己持续发动战争辩护，并且建立道场，为战死的兵将追福。这一次进展较为顺利，隋军没有再跟沿途的高句丽军队纠缠，直扑平壤，在这一年的下半年，高句丽王求降。隋军有将领要求直接攻破平壤，但是被隋炀帝拒绝，他希望高句丽王能主动到隋廷表示敬意。结果可想而知，高句丽王并未前来。当隋炀帝要发动第四次对高句丽的战争时，国内的局势彻底溃败了，他不得不放弃了恢复汉帝国光辉事业的愿望，将重心转移到国内，但是国内的政治局势急转直下，隋朝在数年后就灭亡了。

抛开有关战争性质的各说各话，隋炀帝对高句丽的战争，实际上是从公元598年到668年长达七十年的隋唐帝国对高句丽王国战争的一部分。隋炀帝的失败，除了国内并不稳固的统一之外，从战略战术上看，当时的东北亚，不论地形还是气候，都易守难攻，夏季有倾盆大雨，雨季一过严冬就降临，真正能作战的季节只有四月到七月雨季开始之前。而且当时的技术手段也限制了军事进攻的效率，高句丽沿着辽河河口的安市城往北连接坚固的城镇，只要坚持到严冬的降临，就会迫使隋朝大军撤退。实际上，一直到唐高宗时代唐军在朝鲜半岛后方登陆开辟第二战场之前，隋唐帝国的大军都在鸭绿江边望洋兴叹，并未取得决定性的胜利。

唐前期东北亚政局的嬗变

唐朝建立之后，高句丽本身也还没有从抵抗隋朝的战争中复原，唐朝的建立给高句丽改善与中原王朝的关系提供了契机。唐朝建立的第二年，高句丽就再度承认了中原王朝的宗主权并承担象征性的纳贡义务。为了改善关系，高句丽此后遣返了约一万名中原王朝战俘。不过显然高句丽并不敢大意，一面示好的同时，一面沿着辽河西岸花了大约十年的时间构建了一条坚固的防线，以防备唐朝的入侵。这条防线上有许多坚固的堡垒，在后来的战争中被证明是非常有效的防御工事。高句丽实际上也是以农耕定居为主的文明体，组织严密，并非如突厥一样不稳定，正因为如此，隋唐两朝对高句丽的战争持续了七十年，这场战争牵动着整个东亚的局势和历史的走向。

高句丽和唐朝相安无事一直持续到唐太宗的统治后期。到了641年，太宗已经下定决心对高句丽动武。就像太宗将大唐帝国的势力拓展到中亚腹地之前让玄奘撰写《大唐西域记》一样，太宗很可能在641年之前就开始为战争做准备。他派遣职方部郎中陈大德开始收集有关高句丽军事防御的情报，同时开始放言说高句丽在汉武帝时就是中国的一部分。到了第二年，高句丽的内乱为唐太宗发动战争提供了一个借口。这一年高句丽的大臣渊盖苏文（603—666）发动政变杀死了高句丽的荣留王，改立其弟侄宝藏王为高句丽君主，自己担任大莫离支，独揽大权。渊盖苏文对唐朝向来不友好，也正是他负责修建辽河防线防备唐军，很显然，他当权后高句丽和唐朝的关系

建于百济第三代王武王弥勒寺出土舍利壶

急转直下。此时隋朝对高句丽的战争过去没多久，唐朝也刚刚从长期的内战中恢复元气，但是战乱造成的经济破坏，使唐太宗不得不谨慎推行对高句丽作战的计划。

但是到了贞观十七年（643），不论外部因素还是出于内政的考虑，都迫使太宗决心效法隋朝，攻灭高句丽。在外部，高句丽联合百济在几条战线上攻击对唐朝友好的新罗，切断了新罗贡使前往长安的路线。当太宗试图用外交手段劝阻高句丽攻击新罗时，高句丽不予理睬，甚至拘押了唐朝的使节。就内部而言，唐朝刚刚经历了一场惊心动魄的宫廷政变，原先的太子李承乾因为造反的缘故被废黜（一说被杀），而其竞争者、野心勃勃而能力超群的魏王李泰也被逐出长安，太宗只好立晋王李治为太子。然而在太宗看来，李治并不如自己那么英武，担心他不能驾驭自己死后的局面，那么在自己生前剪除李唐帝国潜在的敌人就变成了一个看似理智的选择。

太宗的战争计划遭到了很多大臣的反对，其中包括长孙无忌和褚遂良，但是大将李勣坚决支持，主张用铁血手段对付帝国的敌人。

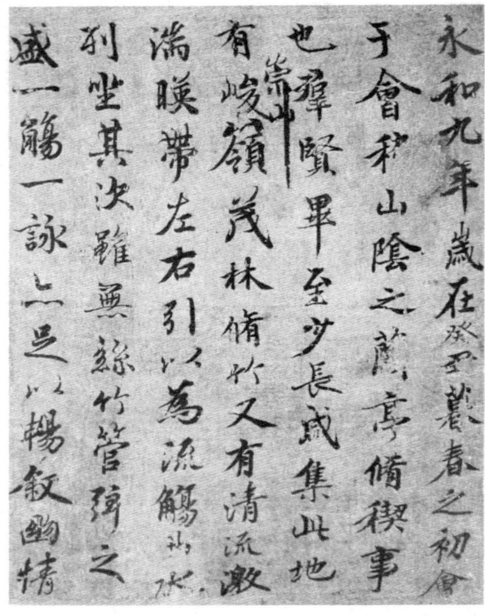

褚遂良《临兰亭序》(局部,现藏台北故宫博物院)

李勣同时也是新太子李治的头号僚佐，在李治做晋王的时候就担任晋王长史(幕僚长)。有了李勣的支持，太宗决定启动战争计划。第二年秋天，唐朝的大军开始往东北开拔，数百艘海船担任运送军粮的任务。稍后太宗自己也前往洛阳——洛阳比长安更适合指挥战争，隋炀帝和稍后的高宗，在对高句丽作战时都是把前往洛阳作为第一个步骤。洛阳作为帝国东部堡垒的战略意义极大，安史之乱之前唐帝国对洛阳的轻视造成的惨重后果，也佐证了唐帝国东西两京互为犄角的战略意义。在安史之乱前的数百年间，洛阳是帝国维护核心区域的军事堡垒。高句丽跟突厥等游牧民族不同，他们也是农耕民族，擅长以坚城防守，所以后勤供应对战争胜利与否非常关键。太宗对这一点有清晰的认识。在洛阳，太宗正式对高句丽宣战，宣战诏书将渊盖苏文作为主要攻击对象，将其描述为弑君者，其对新罗的侵略也被唐朝当作发动战争的理由。

太宗在645年春天抵达东北前线，这时进入了最好的进攻的季节，雨季没有来，而天气也变得温暖。唐军兵分两路，太宗和李勣率唐军主力直扑辽东，而另一唐军名将张亮则帅四万多唐军乘坐五百

洛阳发掘出的隋朝国家粮仓（面积相当于如今五十个标准足球场）

李承乾墓志铭并盖。根据墓志铭，李承乾政变失败后当年即被处死，与《旧唐书》等记载不同。

多艘船只从海路袭击高句丽的首都平壤。唐军比之前的隋朝军队取得了更大的进展，李勣攻下盖牟城（今辽宁抚顺），进攻辽东城（今辽宁辽阳）。张亮袭取卑沙城（今辽宁金县东），曜兵鸭绿江上。到了五月份，唐军修筑了一条横穿辽河沼泽的堤道，攻克了高句丽重镇辽东城。而之前隋军从未攻克该城。但是唐朝大军没有及时直扑平壤，而是纠结于辽阳西南的安市城，结果在坚城之下两个月毫无进展。虽然击败了高句丽大将萨延寿、高惠真率领的援军，迫使其投降，但是随着作战季节时间耗尽，唐军只好在严冬到来之前撤军。太宗的这次对高句丽的战争虽然在军事上取得了一些成果，包括攻占坚城，斩杀大量高句丽生力军，但是最终没有达到灭亡高句丽的战略目标。

唐朝撤军后，高句丽更加傲慢，重新入侵新罗，并拘留唐朝使节。百济也乘机袭取新罗二十余城，并且在其后数年，与唐中断往来。太宗则采取不断发动小规模进袭的办法，以图让高句丽疲于应对，耽误农时，削弱其经济基础。实际上太宗所采取的这种战术，是往常北亚游牧民族对付中原农耕民族的办法，高句丽也是组织严密的农耕社会。不过，这种不断骚扰的做法到底起到了什么作用，不得而知。647年和648年，太宗都派遣数万唐军侵扰高句丽，其中

《龙宫水府图》(元代朱玉绘)。取材于唐人小说《柳毅传书》的故事，元人又改编为传奇小说《女画传》。柳毅为搭救龙女，前往龙宫为其传递书信。

648年薛万彻带领的三万唐军乘坐战船进入鸭绿江，在今天辽宁丹东附近大败高句丽军。但是这些局部的军事胜利并不能改变整个局势。太宗生命的最后两年，依然将消灭高句丽作为自己最重要的任务。648年，太宗计划在次年以三十万大军彻底灭亡高句丽。但是随着太宗的突然去世，这一计划并未得到实施。高句丽问题要到高宗时代才最终解决。

高句丽、百济的灭亡和日本的战败

高宗夹在唐太宗和武则天两个光辉形象中间，而且在其死后李唐的政权落入他人之手，他的形象向来被史书描述为平庸懦弱的。不过，这显然不是事实的全部。不论如何低估高宗的统治，但是有一点无法否认，就是在他的统治之下，唐朝的外交和军事取得了辉煌的胜利，可以说超越了唐太宗时代，唐朝的领土扩张和军事征服达到了一个顶峰。中国的影响深入到中亚腹地，也正是在这一时期，唐帝国在东亚摧毁了强大的高句丽和它的盟友百济，并且彻底摧毁了日本干预大陆政治事务的野心。反而是在稍后的武则天统治时期，不但突厥复兴，唐朝在东北亚方向也遭到了惨重的失败，完全无法跟高宗时代的盛景相比。

百济金铜大香炉

高宗即位初年，唐朝国内政治局势需要稳定，所以对高句丽、百济不断联合靺鞨等攻击唐朝盟国新罗的行为采取绥靖政策，希望以外交手段调解。在调解无效的情况下，唐朝军队发动了对高句丽的攻击，企图围魏救赵，减缓新罗的压力。但是实际上这一策略并无效果。高句丽靠近亚洲大陆的部分易守难攻，隋文帝、炀帝、唐太宗屡屡发动攻击都没有达到效果。于是唐军采取了新的战略——从朝鲜半岛后方登陆。高宗劝谕百济国王扶余义慈的诏书中还声称“朕将发契丹诸国，度辽深入。王可思之，无后悔”。结果唐军并没有从辽东方向进攻，而是泛海偷袭。660年，唐高宗任命左武卫大将军苏定方为神丘道行军大总管，率领数万大军从山东半岛渡海，但是这次的打击目标不是高句丽，而是百济。这次攻击非常突然、有效，达到了闪击的效果，百济军队来不及狙击唐军的登陆，在熊津口遭到了惨败。在迅速消灭百济军主力之后，唐军直扑百济都城泗沘（今韩国大田西），不到十天，就将百济王国灭国，百济王扶余义慈父子以及百济豪酋五十八人，全部押送长安。可以说，唐军采用突然渡海闪击的方式，让百济猝不及防，一周多的时间就亡国，其三十七郡、三百城，都落入唐军和新罗之手。从立国到亡国，百济经历了将近七百年的时间，历经历史沧桑而不倒，居然十天之内就被唐军所灭。

百济亡国之后，唐朝在其旧地设置了熊津、马韩等五个都督府，择其酋长管治。唐朝为了纪念这次军事胜利，在现在的忠清南道扶余县南二里建立了一座纪功碑，五层花岗石塔结构，高三十五尺。铭文为《大唐平百济国碑铭》。之后，唐朝大军撤回大陆，仅留下刘仁愿以数千人镇守百济府城。百济王室和贵族被带到长安，百济的遗民大量在唐朝做官，包括黑齿常之等后来成为唐军的重要将领。扶余义慈病死后，唐廷施恩，赠卫尉卿，允许其旧臣临丧，后将其安葬在东吴孙皓和陈朝陈叔宝墓的旁边。

因为唐军攻灭百济的速度太快，百济很多部分尚未来得及反应，战争就结束了。但是这样也带来了隐患——征服并不稳固。在苏定

大唐平百济国碑铭

方大军撤退之后，百济王扶余义慈的堂弟扶余福信和僧人道琛率众据周留城复叛，并派遣使者前往日本，迎接在日本当人质的百济王子扶余丰回国即位。有了扶余丰作号召，百济西部纷纷响应，百济的叛军反而将刘仁愿的唐军团团围困在熊津府城内。唐军在百济被困之时，主力正在大将苏定方指挥下在辽东展开了对高句丽的大规模进攻，到七月份唐军已经攻至平壤城下，但是又一次久攻不下，只好撤军，但是检校带方州刺史刘仁轨自请留守。高宗此时有些担心战争旷日持久，会引发国内危机，他诏令刘仁轨，围困平壤的大军撤回后，“一城不可独固”，希望刘仁轨带领所部兵将撤退到新罗，如果新罗接纳则屯守当地，如果不接纳，就渡海回国。但是刘仁轨则指出，既然高宗陛下想吞灭高句丽，就要先诛百济，现在平壤大军回国，百济叛军又起，如果我们就此撤退，则百济不日就会复原，就要前功尽弃。于是刘仁轨带领所部唐军和新罗兵奔赴朝鲜半岛南部救援被围困的刘仁愿。而此时，一个新的力量出现在了朝鲜半岛角逐的战场，这就是日本。

百济与日本一直保持着良好的关系。中国的汉字、佛教、制陶技术和其他文化都通过百济传入日本。同时，百济得到了日本的物资和军事援助。大量的日本皇族和学者来到百济进行教育和文化交流。许多百济王族和贵族成员与日本皇族通婚也是被广泛承认的。日本一方面将百济王子扶余丰送回百济以领导对唐军的抵抗，一方面也在积极筹备，准备直接进行军事干预。齐明天皇在660年就跟太子中大兄从内地的飞鸟京来到沿海的难波城，次年一月，又将最高指挥部迁到九州西岸，在跟百济隔海相望的盘濑设置了行宫。七月份，齐明天皇去世，中大兄即位为天智天皇。八月份，天智天皇下令组成援助百济的远征军，九月，派遣五千日军护送百济王子扶余丰返国即王位。唐朝这边也密切留意形势的发展，除了刘仁轨和刘仁愿的军队外，唐朝在663年再次增派右威卫将军孙仁师率一支唐军增援。受困之中的唐军军心大振。

百济造弥勒像

之前唐军已经在围困之中攻克了真岘城，打通了跟新罗的粮道。而百济一方则发生了内讧，扶余丰猜忌福信并且杀了他，百济内部力量遭到削弱。663年6月，日军毛野稚子等部近三万人登陆并夺取了沙鼻歧、奴江二城，成功切断了唐军和新罗的联系。孙仁师部唐军抵达后，唐军确定了直接攻击百济抵抗势力中心周留城的战略计划。

刘仁愿和孙仁师以及新罗王金法敏率军从陆路进攻；刘仁轨、杜爽则率领唐水军并新罗水军由熊津江入白江口，溯江而上，从水上进攻。唐新联军将周留城外的军事据点一一拔除，百济和日军损失惨重。虽然三面被围，但是水路仍畅通，日军从海上沿着白江进行增援。八月二十七日，刘仁轨所部唐军与从海上抵达的日军在白江江口遭遇，双方兵力相差不大，日军万余人，唐军七千人，日军舰船数百艘，而唐军一百七十艘。但是唐朝军队专业化、技术化水平很高，武器装备远超日军。而且唐军每年都在作战，很多是老兵，非日军可比。战斗的结果也就可想而知。连续四战，日军损失了四百多艘战船，遭到大败，日军将领秦田来津等战死，百济王子扶余丰脱身逃往高句丽（《日本书记》卷二十七《天命开别天皇》）。

鎏金龟纹桃形银盘（唐代）。中国古代传说有四灵，即龙、凤、龟、麟。龙能变化，凤能治乱，龟兆凶吉，麟性仁厚。龟纹早在商周时期就已盛行。唐人受中国传统长生观念影响，日常器皿常以龟为纹饰，以祈祥瑞。唐人名字中也常用龟字，如李龟年、陆龟蒙。

白江口战役结束后，百济复国无望，周留城守军见大势已去，开城投降。日军为避免更大的损失，撤军回国，“相谓之曰：‘州柔（即周留）降矣，事无奈何。百济之名绝于今日，丘墓之所，岂可复往？’”（《日本书记》卷二十七《天命开别天皇》）唐朝军队专业化很强，而

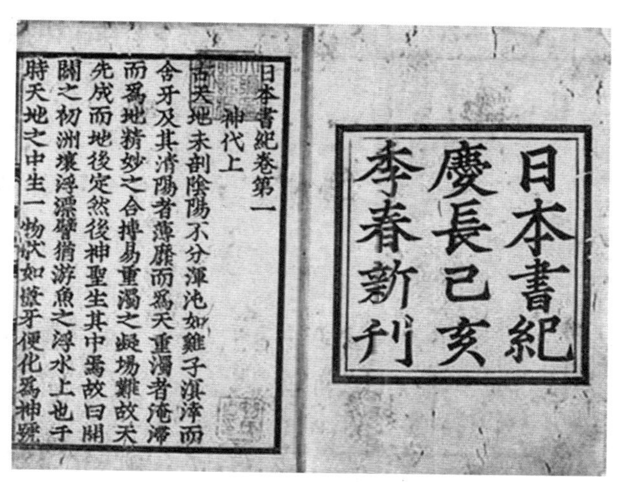
日本書紀
慶長己亥
季春新刊

日本書紀卷第一
神代上
古天地未剖陰陽不分渾沌如雞子溟涬而含牙及其清陽者薄靡而爲天重濁者淹滯而爲地精妙之合摶易重濁之凝竭難故天先成而地後定然後神聖生其中焉故曰開闢之初洲壤浮漂譬猶游魚之浮水上也于時天地之中生一物狀如葦牙便化爲神號

《日本书纪》书影

且军器、作战理论、后勤保障等方面都是日军不能相比的。这是中日第一次大规模的战争，战争结束之后，一直到明朝后期，大约一千年中，日本再没有尝试将势力扩展到亚洲大陆上来。这次战败也或多或少刺激了日本，对日本国内的改革以及跟中国更多的文化交流起到了促进作用。在此后两百年中，日本不断有高僧学者来到大陆学习唐朝文化。对唐朝而言，百济的灭亡，是为了最终灭亡高句丽所做的准备。百济灭亡之后，从战略上说，高句丽已经陷入了南北两线作战，而唐朝军队不必再穿过辽东的漫长的泥泞陆路，可以更加容易地发动进攻。

乾封元年（666），渊男生继为高句丽大莫离支（高句丽后期的官职，为权臣自设，具备了篡夺王位的实权），高句丽统治阶级内部发生争乱，渊男生逃往保国内城（今吉林集安），其子渊献诚向唐求援。唐王朝乘机以李勣为辽东行军大总管，率众出击高句丽，新罗的一支大军从南面配合进攻。总章元年（668），唐将薛仁贵攻下扶余城（在今

唐《泉男生墓志》

吉林怀德一带)。九月,唐朝的一系列胜利达到顶点。经过长达一个多月的围城,李勣攻陷高句丽首都平壤,带着二十万俘虏(其中包括高句丽国王)返回唐朝。唐在平壤设安东都护府,分高句丽为九都督府、四十二州。不过唐朝在朝鲜半岛的统治并没有持续太久,仪凤元年(676),唐被迫把安东都护府撤到辽东(今辽宁辽阳)。此时武则天正忙于政治斗争,无暇理会朝鲜局势,放任新罗逐渐吞食百济和高句丽的旧地。

遗民、遣唐使和文化交流

高句丽和百济灭亡之后,其遗民大量进入大唐,大唐以海纳百川的精神容纳了这些移民,并接纳他们中的精英在帝国的政治、军事、公共工程等领域担任重要的职务。出身高句丽、百济的唐朝名将就有泉献诚(原名"渊献诚",入唐后为避唐高祖李渊讳改现名)、高仙芝、黑齿常之等,其中高仙芝更是在玄宗时代领导了唐朝军队对中亚的远征,为捍卫大唐帝国的边疆做出了重要的贡献。高句丽移民高足酉在武则天上台后扮演了重要角色,参与了修建天枢的工程;百济移民沙吒忠义长期在唐朝军队担任重要职务,不但频繁参与了对外作战，而且也参与了707年太子李重俊发动的政变；在玄宗政变上台以及开元早期政局中地位显赫的王毛仲，也是高句丽人。另一方面，移民也给唐代文化增加了新的元素，给大唐气象增添了新的亮色。唐朝宰相杨再思以擅长高句丽舞著称，而李白更有赞美高句丽文化的诗歌。种族、文化的多样性，是大唐之所以成为当时世界上最伟大的文明体的重要原因。

高句丽、百济灭亡之后，新罗王金法敏逐渐统一了朝鲜半岛。新罗大体上跟唐朝保持良好的关系。新罗接受唐朝制度、文化极为广泛，其官制、都城建制都模仿唐朝，文化典籍、佛教、唐诗也成为新罗文化的一部分，白居易的诗歌在新罗流传很广，新罗国学里，以儒家经典作为考试的项目，因此号称君子之国。新罗贵族屡屡派遣子弟来唐朝留学，开成五年（840），新罗留学生和其他人员一次回国的就有一百零五人。有的新罗人在唐应科举，考试及第。其中如崔致远十二岁入唐，十八岁中进士，他的《桂苑笔耕集》，直到现在，还在中朝两国流传。唐朝时期中国的天文、历法和医书传入朝鲜半岛，朝鲜半岛的绘画、雕塑和音乐也受到中国的影响。现存韩国庆州石窟庵的石佛和菩萨像，与唐的石刻造像，风格十分相近。汉晋之间，佛教来自西域，月氏、于阗、龟兹为其时重镇。此后，多因中国僧人冒万苦西行求法，得佛教之真传，中土也逐渐为传法之中心。高句丽、日本遂常来求法，唐代最为兴盛。早在南北朝时，就有新罗僧人来华求法，比如圆光，先后经历南朝到隋朝，最后回到自己国家传法。隋代时有昙育等来到中土。虽然也有新罗僧人加入西行求法的队伍，比如义净记载的新罗僧人慧业、阿离耶跋摩、玄太、玄恪、慧轮等在印度学习，但是朝鲜半岛的佛法，主要仍传自中土。比如新罗僧人玄光，曾跟随南岳慧思学习；玄奘的弟子中众多新罗僧人，比如圆测、元晓、顺憬等；跟元晓一起来到长安的义湘，跟随智俨学习，深得华严学的精髓，另有慈藏在贞观十二年（638）来到唐朝，贞观十七年携藏经一部回国。（《三国遗事》卷三）到了唐代中后期，禅宗、密宗也逐渐传入朝鲜半岛。

九世纪中叶，朝鲜半岛居民在大唐沿海及内地经商。其商人所至，北起登州、莱州，南到江南沿岸，登州城有新罗馆，楚州、泗州有新罗坊。新罗坊是新罗侨民聚居的地方。侨居中国的朝鲜半岛居民有的经营水运，有的务农力作，他们对中国东部沿海的经济、文化发展，有所贡献。新罗商人的船只来往于今山东、江苏沿海之间，并常常航行到日本。唐朝后期，由于中国水手掌握了季候风的规律，中日之间的海上交通也日益发达。中国商船可以直航日本，新罗的船只也时时往来于中国、朝鲜半岛和日本之间。由于新罗与唐朝民间交往密切，甚至产生了像张保皋（790—846）这样的纵横东海的人物。张保皋出生于新罗清海镇（今韩国全罗南道莞岛），出身平民家庭，曾在唐朝徐州任“武宁军小将”，擅长战技。张保皋以兵力扫荡海盗，确保新罗的安全与制海权，而且也使清海镇成为新罗的贸易要地，被封为“清海镇大使”，打击贩卖新罗人口到大陆为奴的活动。张保皋还在今天的山东荣成修建了赤山法华院。日本高僧圆仁随遣唐使藤原常嗣等一行西渡求法时，于839年先后三次客居赤山法华院长达两年九个月，得当地官吏、居民和法华院僧侣之助，西去五台山、长安等地求法巡礼。（圆仁《入唐求法巡礼行记》卷一、卷二）随着势力的增长，张保皋试图干预新罗朝政，结果在内斗中死去。晚唐诗人杜牧写有《张保皋传》，赞扬张保皋的功绩。

中国佛法的传布，最为重要的是日本，至今佛法依然在日本非常昌盛。日本佛教最早或由百济传入，佛法在日本初兴，引起朝臣贵族的分裂，由于对西来宗教的态度不同，引发两党政争，以至于在公元585年敏达天皇下敕禁止佛教，两年后用明天皇又解禁。到了推古天皇元年（593），圣德太子摄政，奖励佛法，

鉴真和尚像

调和日本本土宗教、儒家和佛教三派，日本佛教由此奠定。推古天皇十五年，圣德太子遣小野妹子等人入隋，当时是隋炀帝在位。之后日本便有敕遣僧人入华学佛运动的展开。到了唐代，日本僧人来求法达到顶峰。从隋代到唐末，日本先后遣入华使十六次，加上数量更多的私人求法，使得日本佛教昌隆。举凡庙宇建筑、僧伽组织等，均取法于唐人。如日本国分寺之设立，就是模仿隋文帝分舍利建塔；日本东大寺之大佛，也是取法唐白马阪大像。奈良时代（710—794）的古京六宗，全是传自中土。齐明天皇时（655—662），日本僧人道昭入唐受教于玄奘，其后又有日本僧人智通、智达跟随玄奘、窥基学习；华严法藏的弟子中也有日本僧人审祥；更有唐朝僧人东渡日本传法，比如鉴真，前后七次东渡日本，跟随的僧人十余位，日人号之为东

扬州平山堂鉴真纪念碑

征和尚。(《唐大和尚东征记》)

平安朝入唐求法之风极盛，归国携去经典极多，为一特色。被称为入唐八大家的日本僧人，都带回了大量佛教典籍。比如最澄带回二百三十部四百六十卷，多系天台章疏；空海则带回二百十六部四百六十一卷，多系密宗典籍；其他如常晓、圆行、圆仁、惠运、圆珍、宗睿等都带回大量佛教典籍。桓武天皇迁都平安京，与旧京贵族势力和佛教宗派拉开距离，同时也大力资助僧人往中土求取新的佛法。在这种背景下，最澄于804年来到唐，回去之后提倡天台圆顿之旨，批评南都六宗。最澄在日本佛教史上地位非常重要，号传教大师。与最澄并称的，是著名的日本僧人空海。他与最澄一起来到唐朝，但是学习的方向不同。空海在长安青龙寺跟随慧果，授以金刚界、胎藏界两部大法，兼从天竺般若三藏学悉昙，回国之后大力宣扬密宗，在

日本唐招提寺（位于日本奈良，753年鉴真和尚第六次东渡日本获得成功后，亲自规划并兴建此寺）

高野山创金刚峰寺，至今都是日本真言宗最有名的道场。空海被称为弘法大师。自空海和最澄入唐求法之后，日本佛教的局面，发生了革命性的变化。空海更赋予了日本皇权新的意涵，在日本政治和思想上也扮演了重要的角色。

必须指出的是，佛法东传，一方面是日本积极的迎取，另一方面的原因是随着佛教在中国的衰落，佛教高僧有强烈的危机意识和末法精神，希望能够把佛光传播到新的土地上去。除了日本僧人前来学习，也包括中国僧人主动东渡传法。最有名的是鉴真（688—763），鉴真于天宝十三年（754）到达日本。这时他已双目失明，年近七旬了。鉴真把戒律传到日本，同时还把佛寺建筑、佛像雕塑的艺术介绍过去。日本现存的唐招提寺及卢舍那佛，就是鉴真及其弟子在天平

卢舍那佛（局部，唐高宗时期，佛像头部高四米，现存洛阳龙门石窟奉先寺）

反弹琵琶舞乐图（唐代中期，敦煌壁画）

罗汉（武周年间，洛阳龙门石窟看经寺北壁）

宝字三年（759）创建的。

除了佛教，日本的政治、思想、文化、建筑、历法等方面都受到了唐朝的影响和塑造。日本在相当长的时期内直接行用中国历法，如《元嘉历》、《麟德历》、《大衍历》和《宣明历》等。大量遣唐使来到唐朝，玄宗开元二十年（732）多治比广成一行竟多达五百九十四人。整个唐代，日本前后共派遣了十九次遣唐使，都挑选博通经史、娴习文艺和熟悉唐朝情况的人担任。遣唐使的随行人员中还有一些医师、阴阳师、乐师等，是为了进一步深造和求解疑难而被派来中国的。遣唐使、留学生、学问僧带来彩帛、香药、珍宝等，带回乐器、书籍、经卷、佛像等。日本著名的“大化改新”，就是在高向玄理等留学生的协助下进行的。所颁行的班田制、租庸调制简直就是受唐朝的直接影响，其后形成的从中央到地方的完整官制系统也大体依照唐制而成。武则天长安三年（703），日本朝臣真人（相当于唐朝户部尚书）粟田来唐，武则天宴于麟德殿。玄宗初年，粟田再次来唐，“尽市文籍，泛海而还”。其副使朝臣仲满，“慕中国之风，因留不去，改姓名为朝衡，仕历左补阙、仪王友”（《旧唐书》卷一九九《日本传》）。朝衡又作晁衡，本名阿倍仲麻吕，居唐朝京师数十年，与诗人王维、李白交往颇深，王维、李白都有诗作赠别晁衡。日本人还利用草体汉字表示声音，创造了平假名；利用楷体汉字偏旁表示声音，创造了片假名；这种字母一直沿用到今天。日本正仓院现存的文具、衣饰、屏风、乐

女供养人像（唐代晚期，敦煌壁画）

器等唐代文物，见证了唐代中国和日本的文化交流。在唐代，中国在日本的影响达到顶点。到了唐末，中国的影响已牢固和长期地把日本纳入其文化圈内。

大量的中国典籍、文物保留在日本，随着这些典籍在中国本土的散佚，日本保留的这些文化遗产，实际上对研究中国自身具有重要的价值。比如藏在日本的大量古代佛教写经，可以弥补很多中国佛教的记忆；中国古代的阴阳五行术数类的书籍，在本土遭到禁毁，但是其文本和某些条目、思想元素，也在日本保存下来，这些文化遗产不但是理解日本古代文化的珍贵资料，同时也对理解整个东亚世界有学术意义。毕竟，在整个唐代，整个东亚世界实际上是沐浴在同一个文明之中，虽然样式稍有不同，但是精神非常相类。

04 大唐帝国的拓展和文化自信

中国历史上的武功之盛，莫过于汉唐。唐朝时代，中国不但在疆域拓展上取得了长足的进展，而且在文化上也展现出高度的自信。中原农耕地区在与北亚草原部族的对抗中，经常处于被动之中。唐代在取得国家统一之后数年间，就攻灭曾经不可一世的东、西突厥，唐朝的皇帝被拥戴为“天可汗”；大唐帝国的势力沿着丝绸之路深入中亚腹地；在西南方向虽然受阻于刚刚兴起的吐蕃王朝，但是唐朝的使节借用吐蕃和泥婆罗的兵力，击败了中印度。佛教在亚洲大陆兴起后，印度因为是佛祖诞生地而被视为宇宙的中心和圣地，甚至在中国中古时代，中国的僧人比如法显都认为印度是中心，中国是边地。早期的佛教文献中的“中国”，也实际上指代的是印度。但是唐朝不但击败了印度的一个主要政权，并且在佛祖讲法的圣山勒石纪功为铭。唐朝的高僧如玄奘也宣称，中国的佛教已经不异于印度本地。在这一时期，唐朝展现了高度的对自身国力和文明的自信，心胸宽阔，夷夏之防也不是社会的主要关注点，反而能够容纳和融合其他文明的优秀元素，并改造自身文明，成就了煌煌盛世。

初虽效之，终能反之——破灭突厥

从北朝开始，中国北方开始分裂。在中土分裂之际，北方草原的突厥兴起，成为前所未有的庞大政权。北朝后期，北周和北齐互相攻击，但是都引突厥为援，突厥也在两边平衡，取得最大战略利益。当时的佗钵可汗曾经夸口说："但使我在南两儿常孝，何忧于贫！"所谓在南两儿，指的就是北周和北齐。隋朝瓦解之后，中原又陷入战乱之中，突厥获得了良好的战略空间和机遇。中原人为躲避战乱，又多投往突厥。突厥实力大增，势力凌驾中原之上。大量的割据政权包括薛举、窦建德、王世充、刘武周、梁师都、李轨、高开道，乃至李渊集团，都向其称臣。其势力东自契丹，西尽吐谷浑、高昌，控弦百万，戎狄之盛，前所未有。在宇文化及被窦建德击败后，窦建德也应突厥要求，将救获的隋炀帝萧皇后以及隋朝的合法继承人、隋炀帝的嫡孙杨政道送到突厥，安置在定襄，实际上是制造了一个潜在的分裂政权，可以给李唐皇室施加政治压力。从这个层面上说，唐朝击败突厥，才最终使中国成为东亚世界不可挑战的强大政权，这也是唐太宗最大的战略胜利，影响不可谓不大。

隋朝瓦解后，对于求助于己的群雄，东突厥都授予称号，大搞平衡战术。比如刘武周，突厥封其为定杨可汗（意为平定隋杨），"遗以狼头纛，因僭称皇帝，……建元为天兴"（《旧唐书》卷五五《刘武周传》）；梁师都，始毕可汗遗以狼头纛，封其为"大度毗伽可汗解事天子"（突厥语"大度"为"事"，"毗伽"为"解"），僭皇帝位，建元永隆（《新唐书》卷八七《梁师都传》）；突厥又封李子和为平杨天子，李子和对突厥称臣，派弟弟去做人质。一直到唐朝建立后的武德三年(620)，唐朝的并州总管李仲文还暗地里联络突厥，计划引突厥兵南下直入长安。李仲文娶陶氏之女，以应桃（陶）李之谶，突厥许诺立他为南面可汗。(《资治通鉴》卷一八八)

李渊起兵时，也如上述诸人一样，求援于突厥，并请求突厥约束刘武周，不要让他偷袭唐军的后方基地太原。突厥派遣康鞘利来。李渊起兵时用绛白旗，这是一种杂糅的符号。突厥是白旗，李渊不想完全使用白旗，于是杂糅了绛（红）色，实际上是表示一方面臣服于突厥，一方面又有自己的独立性。隋朝是火德，尚红，所以隋朝的朝会服装、旗帜都用红色。李渊起兵时仍宣布自己忠于隋朝，以隋朝的忠臣义士自居，所以旗帜也就变成了一半红一半白。(《资治通鉴》卷一八四)

高祖称臣于突厥，在后来的史书中颇忌讳，但是足见当时突厥之强盛。即便唐朝建立之后，突厥也屡屡入侵。武德七年（624）八月，颉利、突利二可汗举国入寇，秦王李世民之前与突利可汗有香火之盟，结为兄弟，利用这层关系离间颉利、突利，才使突厥军后撤。(《册府元龟》卷九八一《外臣部·盟誓门》）玄武门之变后，唐朝刚刚经过政局动荡，颉利可汗以为有机可乘，率领十余万精锐骑兵进逼长安。突厥大军取道泾州，泾州守将罗艺是刚刚被杀的太子李建成的亲信，他只作了象征性的抵抗就放突厥大军过去，突厥大军因而得以迅速抵达长安城外的渭河边。此时长安城内部空虚，诸州军马来不及赶到，长安市民能作战的不过几万人，可以说危在旦夕。按照官方史料的说法，是太宗亲自领兵渭水布阵，指斥颉利背信弃义，迫使颉利不敢轻进，最后两人在渭桥上杀白马盟誓，突厥最终撤军。不过，真实的情形恐怕没有如此浪漫，似乎太宗是把国库里的财宝送给颉利才最终躲过了这场仓促而至的战争。李靖当时建议太宗清空国库来满足突厥的要求，贿赂颉利避免战争，这也是为什么太宗一直视这一事件为“渭水之耻”。(《新唐书》卷九三)

太宗即位后，加强军事训练，提高士兵战斗力。每天引数百人在显德殿前教射，亲自临试，对射中的人赏以弓刀、布帛，由此“士卒皆为精锐”(《旧唐书》卷二《太宗纪》)。太宗又整顿府兵制度，改天下军府为折冲府。当时共有军府六百三十四，而关中置府二百六十一，“举关中之众以临四方”，足以克敌制胜。

突厥阙特勤碑。“阙”是人名，“特勤”是突厥贵族子弟的称号。十九世纪末俄国学者发现于今蒙古国呼舒柴达木湖畔。突厥文碑文记述后突厥汗国创立者骨咄禄可汗与其弟阙特勤的事迹。

太宗延续了隋代分化离间突厥部族的政策，在各个酋长之间搞势力平衡。而颉利可汗又纵欲逞暴，诛忠良，昵奸佞，引发了内部的纷争。颉利可汗严重地依赖粟特人和其他中亚人担任行政官员，随之便产生了突厥朝廷安土重迁的趋势。突厥中的保守分子把这看作是对传统游牧生活的威胁，群起反对。628年，突利未能镇压反叛的种族，颉利就把他囚禁并处以鞭笞。两个首领的分裂更进一步消耗了突厥的力量。加上塞北霜降，天公不作美，导致突厥粮食短缺，经济实力严重削弱。游牧经济跟农耕经济的一个显著区别，在于畜牧业的起伏相当大，是一个几何指数的增长。在风调雨顺、水草丰美的时节，牛马的繁衍非常迅速，数量呈几何指数增长，但是一旦碰到严寒干旱，牛马的数量又会迅速减少。这很可能是北亚草原霸权兴起很快，衰亡也很迅速的原因之一。这个时候，突厥似乎正遭遇到相当不利的气候变化，也为唐军一举攻灭东、西突厥提供了有利条件。628年阴历四月，突利为颉利所攻，太宗并不救援，却趁机将割据在河套一带的梁师都集团消灭。

唐朝军队经过长期战争，兵为老兵，将为宿将，作战经验丰富。从隋朝瓦解到唐朝建立，唐帝国几乎无时无刻不在作战，所以这个时期也正是名将辈出的时代。唐朝军队即便与向来强横的北亚草原骑兵相比，也毫不逊色，而其专业化更胜一筹。就是靠这样一支军队，唐帝国在此后半个世纪里，将自己的势力往四面八方拓展，往西深入中亚腹地，往东攻灭高句丽、百济，从政治和军事角度讲，可谓达到了一个鼎盛阶段。

突厥毗伽可汗陵出土的鬼面瓦当

唐太宗本身就是名将，他抓住突厥内乱、天气又削弱突厥实力的良机，于贞观三年

(629) 冬，突然对以前骄横无比的东突厥发动全面战争。要知道，就在短短两年多前，突厥大军还曾兵临长安城，给新成立的唐帝国造成巨大的恐慌。太宗以兵部尚书李靖为定襄道行军总管，行并州都督李勣为通汉道行军总管，华州刺史柴绍为金河道行军总管，灵州大都督薛万　为畅武道行军总管，统军十余万众，分道出击，发动对突厥的全面战争。突然的军事袭击取得了巨大的战果，颉利可汗被打得措手不及。

贞观四年 (630) 一月，唐军李靖部从山西北部出发，突袭定襄，直接攻击颉利可汗本部，将其击溃。被突厥扶持的隋炀帝孙子杨政道和萧皇后被俘，颉利可汗仓促北走碛口，途经今天的呼和浩特西北，又遭到了唐军李勣部的伏击，损失惨重。李靖和李勣两军联手，切断了颉利可汗北逃大漠的道路，最后将其擒获，东突厥汗国灭亡。东突厥各部看到不可一世的颉利可汗这么快就被唐军掳获，纷纷投诚。太宗初闻李靖破颉利，大悦，对侍臣说："朕闻'主忧臣辱，主辱臣死'。往者国家草创，太上皇 (高祖) 以百姓之故，称臣于突厥，朕未尝不痛心疾首，志灭匈奴，坐不安席，食不甘味，今者暂动偏师，无往不捷，单于款塞，耻其雪乎。"(《旧唐书》卷六七《李靖传》)

此后在北亚虽然不断有些政治起伏，比如薛延陀在贞观二十年 (646) 的入侵等，但都被唐朝平定。贞观四年 (630) 春，西北各部族首领到长安朝见，请求太宗接受"天可汗"的称号；贞观二十一年 (647)，根据各部酋长的请求，在回纥以南，突厥以北，开了一条"参天可汗道"，置六十八驿，以供往来使者的食宿。唐朝皇帝"天可汗"的头衔一直保持到后期。相对于"皇帝"，"天可汗"是唐朝君主面对游牧世界时的身份，其在皇帝之上，增加了新的一层含义。唐太宗视

突厥毗伽可汗金冠（有五个叶片，每片分别镶嵌一至三颗红宝石，总数在十二颗以上）

四夷为一家，在处理民族关系时展现出高度的自信。（《资治通鉴》卷一九七）击败突厥并彻底消灭他们的军事力量，是唐太宗最大的军事成就，这场战争改变了北亚的整个局势达半个世纪之久，具有深远的意义。

东突厥灭亡后，关于如何处理东突厥灭亡后的遗民的政策，朝廷出现了一场经久而热烈的辩论。颜师古、魏徵、李百药等儒家学者，都反对把突厥人引进内地，特别是反对把他们安置在京师附近的地区；不过最后太宗采取了中书令温彦博的建议，将突厥降众安置内地，让他们保持原有的生产和生活习惯，仍以其酋长担任都督等职，统治原有的部众。突厥首领在长安被任为五品以上将军、中郎将的官员有一百多人，"殆与朝士相半"（《通典》卷一九七《突厥》上）。定居长安的突厥人将近一万家之多。在唐朝政治军事方面扮演重要角色的突厥人很多，比如左骁卫大将军阿史那社尔、左领军将军执失思力、右领军将军契苾何力、左屯卫将军阿史那忠、右卫大将军李思

突厥金器

摩(即阿史那思摩)等。突厥的遗民在唐朝政治中扮演了重要角色。在贞观后期太子李承乾和魏王李泰的皇位争夺中,李承乾引进不少突厥贵族子弟。突厥的生活方式也对唐朝产生了不小的影响,李承乾就非常喜欢穿突厥的衣服,而且会说流利的突厥语。

消灭东突厥之后,太宗又利用西突厥内部的纷争,击败了西突厥。当东突厥在隋代和唐初屡次威胁中原王朝的时候,西突厥正专心经营西方:它和拜占庭帝国联合,压迫波斯。到了太宗时期,统叶护可汗统治下的西突厥统辖有东自今甘肃省长城西端的玉门关,西至萨珊王朝的波斯,南至克什米尔,北至阿尔泰山的广大地区。但是此后西突厥帝国突然崩溃,分裂为东、西两个联盟。虽然641年乙毗咄陆可汗又短暂统一了西突厥,但是很快就失去了大部分部落的支持,被迫逃入吐火罗国。受到唐朝册封的乙毗射匮可汗以相当于五个塔里木盆地大小的绿洲为聘礼向唐朝请婚,以保持跟唐朝的友好关系。

经营西域和安抚吐蕃

东、西突厥的灭亡和衰落，为唐朝势力进入中亚腹地奠定了良好的外部环境。塔里木盆地的绿洲王国有些是印欧语民族，这里是文明和宗教交汇的十字路口，受到伊朗、印度、阿富汗等文明的影响。丝绸之路经过这些绿洲，中亚、波斯、东罗马等地的商队、使节、僧侣经过这里到达唐朝，一方面促进商品和物质文明的交换，一方面输入输出宗教信仰和文化财富。这条路就像一条脐带，给辉煌的大唐文明注入新的营养，因此，对这条路的控制是唐帝国政策的一个重要目标。贞观九年（635），唐帝国把目光转向西部，锐意打通丝绸之路。这一年，太宗命李靖为西海道行军大总管，统率侯君集、李道宗、李大亮诸军进击吐谷浑。李道宗在库山击溃了吐谷浑精锐。吐谷浑王伏允逃入沙碛。唐军深入追击，经行了上千里的沙碛，一直到吐谷浑王伏允被杀，其子慕容顺投降为止。吐谷浑灭亡之后，唐朝解除了来自河西走廊南部的威胁。影响唐朝经营西域的，就剩下了横亘在吐鲁

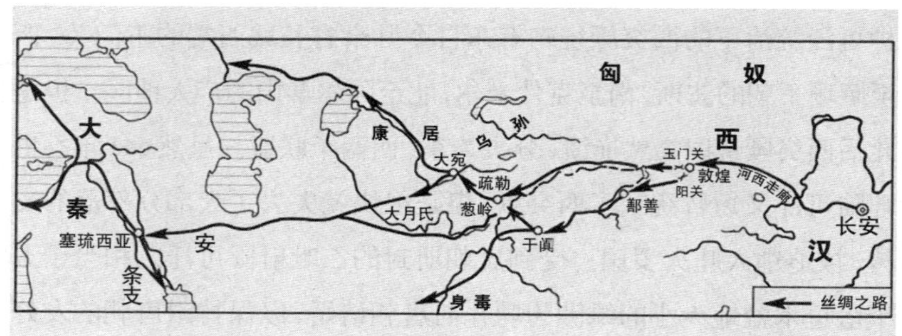

丝绸之路路线示意图

高昌故城遗址东南角上的一处佛塔

番地区的高昌国。

高昌是通向天山南北的要道，从498年开始，高昌国就由麴氏王朝统治，到七世纪初期它已高度中国化了。630年，高昌王麴文泰和他的王后一同到唐朝，受到盛情接待。但是此后在西突厥都陆可汗的时代，高昌王时常依附西突厥，阻绝中亚诸国跟唐朝的通商，高昌以西各国的贡礼也被截留。638年太宗准许高昌西南的另一个绿洲小国焉耆另开一条横越沙漠到唐朝边境的南路。麴文泰于是联合西突厥攻击焉耆和另一个绿洲小国伊吾，后者位于高昌之东，为通往长安的必经之路。在灭亡吐谷浑之后，贞观十三年（639），唐朝大军在侯君集率领下，长途奔袭，跨过长达二千多里的沙碛，突然兵临高昌城下。高昌王麴智盛被迫出降。唐军取得了高昌三州五县二十二城的地方，以其地为西州，置安西都护府。有了立足点后，贞观十八年（644），郭孝恪率唐军攻陷焉耆，三年后，唐军攻下龟兹。焉耆和龟兹都是深受印欧文化影响的绿洲王国，焉耆和龟兹的征服对中亚的印欧文化和文明是一个致命的打击，从此它再也没有恢复。649年初期，安西都护府的治所从高昌西移到龟兹，建立了归它节制的龟兹、疏勒、于阗和焉耆四镇，至此，四镇成为唐朝经营中亚的基地。从整个历史脉络来看，唐朝这一系列在西域的拓展，是中国在经过三百多年的国力收缩后，再次将势力深入到中亚腹地。

太宗时代，虽然征伐高句丽没有取得既定的目标，但是唐朝在亚洲的影响力仍在持续上升。四方诸国纷纷进贡。643年，太宗接见拂菻（拜占庭帝国的叙利亚省）王的使臣，据说这是东罗马帝国皇帝君士坦丁二世派往中国的使臣。唐朝的首都长安也逐渐成为国际都

骑骆驼胡人俑（陕西西安韩森寨出土）。塑造了在丝绸之路上商贾稍事休息的生活情景。

骑马胡人俑（陕西乾县永泰公主墓出土，现藏陕西省博物馆）

市，来自亚洲各国、信仰不同宗教的人们在这里定居，舶来品在这里很受欢迎。外国货、外国娱乐、外国风俗和外国宗教也同时引进。甚至基督教聂斯脱里派的传教士阿罗本（可能是Reuben）也到达长安，并且受到宽容对待，太宗命令将其经典翻译为汉文。聂斯脱里派在中国被称为景教，一度广泛流行。

太宗死后，西突厥阿史那贺鲁自立为可汗，反叛唐朝，于657年被苏定方的大军击败。唐帝国的版图一度向西延伸到波斯边境，甚至设立了波斯都督府。唐朝往中亚拓展的同时，西边的阿拉伯人也在往东方拓展。就在太宗的时代，波斯萨珊王朝被阿拉伯的入侵摧

白瓷胡人头像（西安东郊韩森寨段伯阳墓出土，现藏陕西省博物馆）

阿拉伯人俑

毁。波斯国王伊嗣俟三世在638年派遣卑路斯王子率使团到唐朝求援。高宗时成立了波斯人的流亡政府，并且准许卑路斯王子在长安建造了一座祆教寺庙。不过，波斯复国运动最终没有成功，虽然唐朝军队试图护送他回国，但是最终放弃了。卑路斯王子回到长安并死在那里，大批波斯人滞留在长安城。征服了波斯的阿拉伯人此时也跟唐朝建立了联系，阿拉伯使团在651年第一次到达唐朝宫廷贡献方物。

六世纪，西藏高原上，小邦林立，堡寨遍布，由于奴隶制的发展，各邦贵族间相互攻伐，强者兼并弱者。在互相争夺中，吐蕃、苏毗以及西部的羊同，先后发展成为西藏高原上三个最强的政权。大约619年，吐蕃攻灭苏毗。633年，弃宗弄赞，也就是松赞干布，迁都逻些（今西藏拉萨），吐蕃逐渐强大起来。

松赞干布和文成公主像

松赞干布消灭了苏毗残部，并在644年兼并了羊同，统一西藏高原，成为强大的政权。松赞干布于639年娶了泥婆罗（尼泊尔）国的尺尊公主，使吐蕃与泥婆罗的关系得到巩固。对新兴的吐蕃，唐太宗主要采取了安抚的政策，通过和亲与其保持良好的关系。

638年，弃宗弄赞率二十万大军进攻松州（今四川松潘），唐都督韩威领兵抵抗被打败。原已归顺的阔州、诺州的党项部落也叛唐归附吐蕃。八月，唐太宗任命吏部尚书侯君集为行军大总管，分四路出击吐蕃，大败吐蕃。弃宗弄赞回到逻些后，派大论禄东赞为使入唐谢罪，带着嵌有朱砂宝石的金甲作为礼物，表示求婚的诚意。弃宗弄赞准备了丰厚的聘礼，黄金五千两，珠宝珍玩数百件，命大论禄东赞到长安纳聘。贞观十四年（640）十月，禄东赞到达长安，朝见了唐太宗，向唐太宗述说弃宗弄赞仰慕大国，殷切请求结亲的愿望和诚意，得到了唐太宗的信任，下诏准其所请，决定以文成公主下嫁弃宗弄赞。

在文成公主入吐蕃以前，弃宗弄赞便大兴土木进行沼泽的平整，修筑逻些市街，建筑神殿。文成公主到逻些后，根据公主的心愿先后修建了小昭寺和十二座神殿，也为泥婆罗尺尊公主修筑了大昭寺。把文成公主带去的一尊觉阿佛像，供奉在小昭寺内。不过此时吐蕃主要的宗教仍是苯教，佛教还没有占据主导地位。即便佛教此时已经开始在吐蕃传播，但是终弃宗弄赞之世，吐蕃人没有出家的。

吐蕃兴起得非常迅速，很快就把触角深入到塔里木盆地，成为唐朝经营中亚的主要竞争对手。唐朝放任吐蕃攻击吐谷浑，使其占

阳关故址。阳关因居玉门关之南而得名。

领青海，吐蕃和唐朝之间再也没有缓冲地带。665年，吐蕃与疏勒国王联合进攻于阗，切断了通过塔里木盆地的南部通道。670年，在于阗国王的援助下，吐蕃向北进攻，占据了唐朝安西都护府所在地龟兹以及焉耆。唐朝军队因此被迫从吐鲁番以西的大部分塔里木盆地撤退，并放弃了安西都护府和控制着塔里木诸土邦的安西四镇。此后唐朝再次取得胜利，把吐蕃赶出塔里木盆地，再次设立安西四镇（龟兹、碎叶、于阗、疏勒）。不过，随着吐蕃的大肆扩张，唐朝再未能有特别积极的作为了。安史之乱前，局势似乎朝着对唐朝有利的方向发展，但是安史之乱后，唐朝军队从吐蕃边境和中亚的撤退，引发了一连串的溃败。安史之乱对中国历史，乃至亚洲历史的影响，远远不是用唐朝由盛转衰就可以概括的。

与印度关系的嬗变

中国本来的宇宙观在佛教传入后受到巨大的挑战，中国人认为自己处于世界的中心——而印度传来的新知识则认为印度处于中心而中国是边鄙之地，身处边缘带来的焦虑感在许多高僧的著作中均可看到。五印度中的“Madhyadesa”被译为“中国”，许多早期佛教文献所谓的“中国”并非中华之中国，而是Madhyadesa。后代之学者不了解其中的思想背景，就会犯下啼笑皆非的错误。比如清代四库馆臣对东晋《法显传》有关“中国”的记载进行了激烈的批评，认为“其书以天竺为中国，以中国为边地，盖释氏自尊其教，其诞谬不足与争”（《四库全书总目》卷七一）。晋僧慧严就认为中天竺才是世界的中心，中国不能叫“大夏”，只能称“东夏”（《释迦氏谱》，《大正藏》第50册）。三国吴月支优婆塞支谦译《佛说太子瑞应本起经》就已经把释迦牟尼的故乡迦毗罗（Kapilavastu）描述为天地的中央（支谦译《佛说太子瑞应本起经》，《大正藏》第3册）。这种观念一直到唐代梓州慧义寺沙门神清撰《北山录》时还被坚持，其将洛阳视为震旦的中心，而天地的中心是在印度（《北山录》卷一〇，《大正藏》第52册）。持本土立场的学者，比如李淳风，对佛教宇宙观大加批判，他极力论证华夏居天地之中，指责佛教对天地的论述“怪诞不可知”（杜佑《通典》卷一八五《边防一》）。

法显像

唐代及其以前，中国僧人不远万里，冒着生命危险去天竺求取佛经。法显、玄奘、义净等高僧无不对此作出贡献。但是同时，他们都在内心深处有某种焦虑，为自己生在边地而焦虑。玄奘到天竺之后，甚至为此气绝。法显他们到了印度之后，要千方百计去佛经里提到的圣地朝圣，比如佛祖讲经的耆阇崛山（Gdhrakūa）。耆阇崛山又名伊沙堀、揭梨驮罗鸠胝、姞栗陀罗矩吒，在中印度摩揭陀国王舍城之东北。法显、玄奘都曾到此山朝圣。耆阇崛山在唐代高僧心目中的地位非常高，有机会多去凭吊，高宗上元二年（675）至则天光宅元年（684）义净住那烂陀寺，十载求经。尝与无行同游鹫岭（即耆阇崛山），又在王舍城怀旧，赋诗述怀，写下了《杂言》、《一三五七九言》诗，其中《杂言》即作于耆阇崛山，其词有云，“观化祇山顶，流睇古

现存印度的蓝毗尼石柱，柱头已经消失，中央有龟裂三处，高7.2米，底部3.3米处有婆罗米文铭文。

敦煌壁画中的玄奘取经图

王城”，“七宝仙台亡旧迹，四彩天花绝雨声”。正是在这种背景下，当玄奘归国时，其在印度的师友就劝说他留下，最主要的理由就是印度是佛土，而中国处于边地。唐代及其以前的朝代，对印度充满了美好的想象，但是这一切，在一个大唐的使臣到达天竺之后发生了剧烈的变化，这种变化足以影响到了佛教在中国本土化的进程。

太宗贞观十五年（641），北印度摩伽陀国戒日王派遣使节到达唐廷。两年后，唐朝派遣李义表担任使节访问摩伽陀国。李义表的副手是王玄策，之前在今天广西地方担任县令。这是王玄策第一次出使天竺。王玄策此后数次出使印度，著有《西域行传》一书，今失传。部分内容见于道世的《法苑珠林》，如卷二四引《西域行传》记载尼泊尔著名的阿耆婆弥池，比玄奘《大唐西域记》卷七的记载详细。可见，《西域行传》的价值当不低于《大唐西域记》。同年十二月李义表和王玄策到达摩伽陀国，贞观十九年正月二十七日抵达王舍城，王玄策等人登上耆阇崛山，于是勒石为铭，其辞有云：“大唐出震，膺图龙飞。光宅率土，恩覃四夷。化高三五，德迈轩羲。高悬玉镜，垂拱无为。”（《法苑珠林》卷二九）在

那烂陀寺遗址

佛祖讲法处勒石纪念，言辞却用“出震”、“龙飞”、“光宅”等带有中国本土天人感应思想的字眼，这一历史场面背后的思想内容之丰富，自不待言。

到了贞观二十一年（647），此时已经升任右卫率府长史的王玄策担任使节再次出使摩伽陀国，其副手是蒋师仁。这次他们选择穿越吐蕃和泥婆罗进入印度——吐蕃的松赞干布已经跟唐朝结亲，交通也打开了。但是在王玄策使团抵达摩伽陀国时，戒日王去世了，大臣阿罗那顺篡位。不知出于何种考虑，阿罗那顺袭击了使团，王玄策和蒋师仁逃到吐蕃，向松赞干布求援，松赞干布此时也出于扩张势力的考虑，派出一千二百名吐蕃士兵，跟吐蕃关系良好的泥婆罗更靠近印度，所以派出了七千人的军队。王玄策带领这支军队大破天竺军，俘虏了阿罗那顺及王妃、子等。王玄策随后带领俘虏，于贞观二十二年

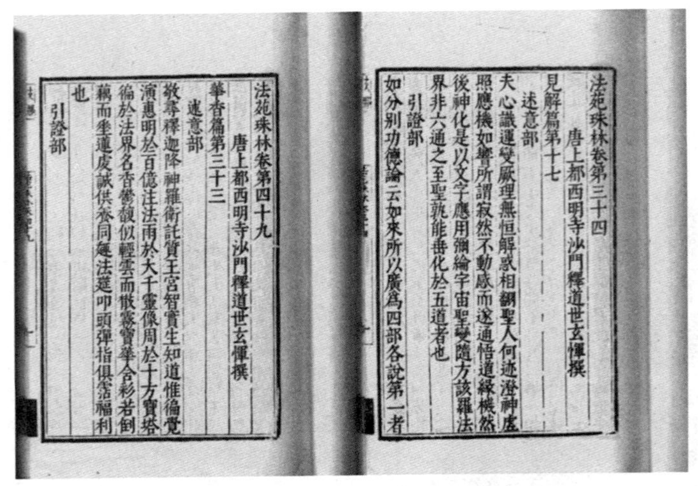
法苑珠林卷第三十四
唐上都西明寺沙門釋道世玄惲撰
見解篇第十七
述意部
夫心識運變厥理無恒解惑相翻聖人何迹澄神虛
照應機如響所謂寂然不動感而遂通悟道緣機然
後神化是以文字應用彌綸宇宙聖迹變隨方該羅法
界非六通之至聖孰能垂化於五道者也
引證部
如分別功德論云如來所以廣爲四部各說第一者

法苑珠林卷第四十九
唐上都西明寺沙門釋道世玄惲撰
華香篇第三十三
述意部
敬尋釋迦降神羅衛託質王宮智實生知道惟徧覺
演惠明於百億注法雨於大千靈像周於十方寶塔
徧於法界名香馥馥似輕雲而散寶華含彩若倒
藕而垂蓮虔誠供養同歸法蹤叩頭彈指俱霑福利
也
引證部

《法苑珠林》书影

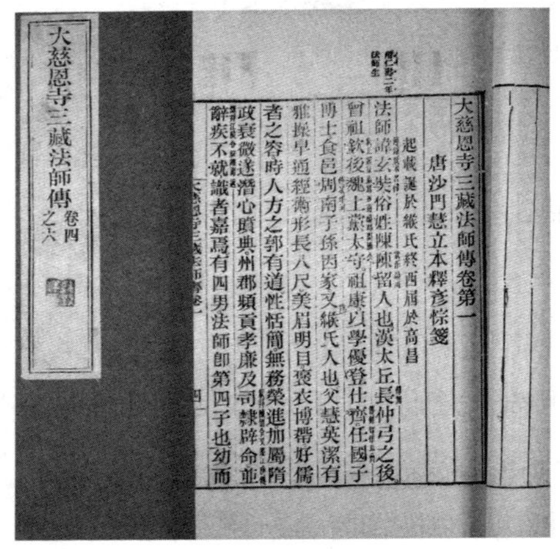
大慈恩寺三藏法師傳 卷四 之六

大慈恩寺三藏法師傳卷第一
唐沙門慧立本釋彥悰箋
起載誕於緱氏終西屆於高昌
法師諱玄奘俗姓陳陳留人也漢太丘長仲弓之後
曾祖欽後魏上黨太守祖康以學優登仕齊任國子
博士食邑周南子孫因家又緱氏人也父慧英潔有
雅操早通經術形長八尺美眉明目褒衣博帶好儒
者之容時人方之郭有道性恬簡無務榮進加屬隋
政衰微遂潛心墳典州郡頻貢孝廉及司隸辟命並
辭疾不就識者嘉焉有四男法師即第四子也幼而

《大慈恩寺三藏法师传》书影

(648) 回到长安，向太宗献俘。王玄策此次扬威域外，并没有给自己带来政治上的升迁，实际上王玄策的个人仕途并不顺利，始终也没有升迁到较高的位置上。此外，他从印度带回的号称两百岁的方士那罗迩娑婆寐，给太宗制造的延年药，最终却导致了太宗的死亡。

但是王玄策在佛土的军事胜利，增强了中国人的文化自信心。贞观二十二年 (648)，也就是在王玄策带领俘虏回到长安的这一年，玄奘翻译完成一百卷《瑜伽师地论》，唐太宗亲自撰写序文《大唐三藏圣教序》，玄奘因此上表感谢，在谢表中，玄奘毫不犹豫地将

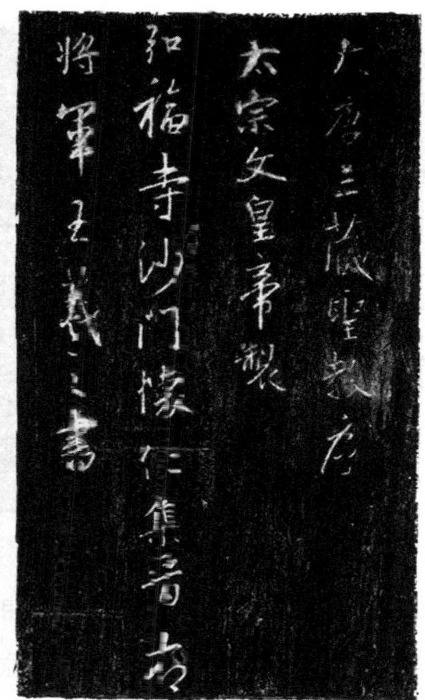

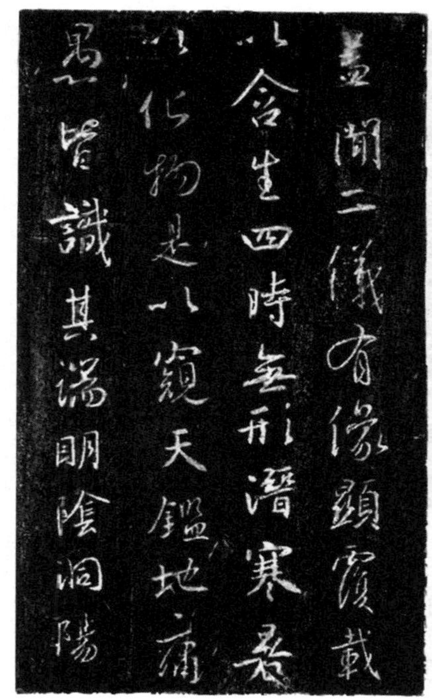

大唐三藏圣教序

太宗描述为佛教的理想君主转轮王，并且歌颂他“给园（Jetavana Vihara）精舍并入堤封，贝叶灵文咸归册府”。也就是说太宗居然把佛祖讲法之地都纳入统治范围，而且神圣的佛经也纳入到大唐的内府。玄奘又进一步回忆了自己“往因振锡，聊谒崛山，经途万里”的经历，歌颂太宗的伟大功德。（《大唐大慈恩寺三藏法师传》卷六）唐朝著名的学者吕才，也如玄奘一样，深受鼓舞，认为“三千法界，亦共沐于皇风”，大唐的雄风“故令五印度国，改荒服于藁街；十八韦陀，译梵文于秘府”。（《全唐文》卷一六〇吕才《因明注解立破义图序》）

王玄策墓志铭并盖

在玄奘回国之时，印度诸僧即以唐朝地处佛土边缘劝玄奘留下。永徽五年（654）春，法长（Dharmavardhana）返回印度，玄奘写信给中印度摩揭陀国三藏智光法师（Jñānaprabha），信中赞颂了唐朝皇帝的治国有方而又能推行佛教，有“轮王之慈”；而且唐朝佛教“亦不异室罗筏（Srāvasti，即舍卫国）誓多林（Jetavana，即祇树给孤独园，梵名，为佛陀说法处）之化”，也就是说，唐朝的佛教，跟印度的情形已无高下之别了（《大唐大慈恩寺三藏法师传》卷七）。

印度高僧、酋长、商人大量来到唐朝，在政治、文化、科技等领域促进了两个伟大文明的交融。武则天上台中，天竺僧人扮演了重要的角色，歌颂武则天的《大云经疏》和《宝雨经》，天竺僧人和贵族占了最大的比例。而且在医学和天文学上，印度移民也作出了重要贡献。最典型的如天文学，来自印度定居中国的瞿昙悉达，其一家四代在唐代从事过天文工作：其父瞿昙罗曾任太史令，其子瞿昙譔曾任司天监，其孙瞿昙晏曾任司天台冬官正。瞿昙悉达不仅主持过天文仪器的修复，编纂过《开元占经》，而且他还于开元六年（718）奉旨译成《九执历》。“九执”就是“九曜”。《九执历》是根据几部印度历法编译而成的一部历法，其引进了印度天文学中的一些先进的内容，如

黑人小立俑（唐大中四年，即850年，陕西长安嘉里村裴氏小娘子墓出土，现藏陕西省博物馆）

周天360度和60进位的圆弧度量方法，黄平象限等概念，以及太阳远地点位置、黄白交点运动周期等比汉历精确的数据。

太宗后期的权力角逐

太宗用自身的例子为儿子们树立了一个皇位可以力争得到的榜样。魏王李泰能力出众又野心勃勃，太子李承乾本人也不像官方史书描述的那么不堪。到了贞观中后期，围绕着皇位继承权，在李泰和李承乾的周围形成了两个政治阵营，互相倾轧。这构成了贞观后期政治的主线。

李承乾在官方史书中，被描述为亲近胡人，喜欢突厥衣服、语言和生活习惯，举止乖张的一个人。官方史书甚至暗示他是一个同性恋。不过这些记载都要打上问号。连最基本的细节，《旧唐书》都不一定靠得住。比如贞观十七年(643)李承乾政变失败后，按照《旧唐书》的说法，他被流放，到了贞观十九年才在流放地去世。但是后来出土的《李承乾墓志》明确记载李承乾在政变当年也就是贞观十七年就被处死了。《旧唐书》之所以将李承乾去世的时间往后推迟了两年，主要目的应该还是为了掩饰太宗杀子之恶。李承乾亲近突厥贵族，并没有什么奇怪。在太宗击败东、西突厥后，大量的突厥贵族家庭移居长安，数量达到一万户，数以百计的突厥贵族被授予五品以上的官职。在皇位争夺中取得突厥贵族的支持，对李承乾来说是非常重要的。甚至有突厥史学者认为，如果是李承乾继承皇位的话，可能就不会出现680年突厥发动叛乱建立第二帝国了，那么整个东亚和北亚的政治局势又将不同。

李承乾身边围绕了大量的学者，比如孔颖达，是李承乾的重要幕僚和宫臣，在李承乾资助下，孔颖达修撰了《孝经义疏》；同样的，颜师古也在李承乾支持下完成了《汉书》注，在唐代，关于《汉书》的研究，是非常重要的一门学问。作为与之对抗的手段，魏王李泰则资助了著名的《括地志》。《括地志》以《贞观十三年大簿》划分的政区为纲，全面叙述十道、三百六十个州(包括四十一个都督府)、一千五百五十七个县的建置沿革，以及山岳形胜、河流沟渠、风俗物产、往古遗迹和人物故实。李泰为了修撰完成这部著作，动用了大量的政治力量和人力资源。这里面除了真心推动学术的成分，也包含了李泰与太子李承乾在文化领域竞争的意图。这种太子诸王资助学术的模式，在唐代非常普遍，乃至成为知识和学术发展的重要途径。

比如章怀太子李贤资助的《后汉书》注，蒋王李晖资助的《兔园册府》等。

李承乾还跟佛教僧团保持密切的关系。他资助建立的普光寺，一度成为长安的佛教中心，大量的高僧被引进到该寺居住，普光寺在十余年中基本上处在他的垄断之下，从延揽高僧、任命僧职、主持辩论、安排僧丧，无一不管。因为跟政治的关系太过密切，在李承乾倒台之后，普光寺作为佛教中心的地位迅速下降。这也是政治影响信仰世界的一个典型例子。

在这一时期，唐朝前期诸王用度非常之大，魏王李泰的用度甚至超过太子李承乾。由于李泰在各方面表现优异，太宗一度想将李泰移居到太极宫的武德殿。惯例，除皇太子外，再尊崇的皇子也只能居住在宫外。在魏徵的坚决反对下，魏王泰没有获得这个殊荣。在当时的政治传统中，府主与僚佐比较容易紧密地结合在一起，对政治产生影响。魏王泰因为要夺取皇位，所以折节下士以求声誉。他的僚佐黄门侍郎韦挺、工部侍郎杜楚客都私底下为李泰连结大臣，希望能够扶持魏王泰上台。杜楚客就是贞观名相杜如晦的弟弟。李泰失败后，李泰魏王府的大批僚佐被流放到岭南，杜楚客也被废为庶人。

据史料记载，李承乾是跛足，不管如何，最后魏王泰越来越得到太宗的赏识，给李承乾造成了巨大的压力。特别是636年当诸王被封为世袭都督、刺史时，魏王泰却被太宗留在了长安，而且还给他成立了一个文学馆。这个文学馆，实际上就是模仿太宗没有当皇帝时在秦王府成立的文学馆。这种强烈的政治暗示，让很多大臣自然倾向于李泰，而李承乾则有了强烈的不安全感。李泰周围聚集起来的大臣和贵族子弟，比如房玄龄的儿子房遗爱、杜如晦的弟弟杜楚客等，而李承乾周围则有攻灭高昌的将军侯君集、杜如晦的儿子杜荷、太宗的弟弟汉王李元昌等。

在日益紧张的气氛中，李承乾决定效仿自己的父亲，也发动一场宫廷政变，来夺取皇位。但是不幸的是，他的一个亲信纥干承基被捕后供出了他的图谋。贞观十七年(643)，李承乾被迅速逮捕，支持他的大臣和贵族子弟被流放、处死。但是魏王泰也没有从中获取好处，在长孙无忌等元老大臣支持下，李泰也被赶出长安，十五岁的晋王李治被立为太子。太宗于是在643年阴历四月正式立李治为太子。虽然太宗对李治并不满意，但是也没有其他的选择。太宗死后，作为新皇帝舅舅的长孙无忌成为左右政权的重要人物。

05 崇佛的武则天

贞观二十三年（649）五月，太宗突然去世，根据史料判断，很可能是因服食丹药中毒而亡。在此前一年，王玄策借吐蕃兵大破中印度帝那伏国之后回到长安，其所携俘虏中有一个叫那罗迩娑婆寐（或叫那骡尔裟寐，Narayamavamin）的婆罗门僧，自称两百岁，可造长生药。于是太宗让他为自己造延年之药，吃过之后未见奇效，反而加剧了病情，最终病死。高宗时代，也请胡僧卢伽阿溢多合长年药，但是在高宗服食之前被宰相郝处俊阻止，郝处俊即援引太宗被长年药毒死之事劝诫高宗。太宗服食婆罗门僧所合之药而死，此系丑闻，所以唐廷也未追究。（《旧唐书·郝处俊传》）不过王玄策则因为推荐那罗迩娑婆寐导致皇帝的死亡而受到牵连，尽管他出使天竺建立了巨大的功勋，但是终其一生，仕途一直蹒跚不前。太宗、高宗等中土君主持续派人往天竺取长生药，构成了古代中印文明交流的一道独特风景。高僧玄照西行求法路上，在北印度就撞见唐朝使臣引印度术士前往唐朝。（义净《西域求法高僧传》）所谓“卢伽阿溢多”，是路伽耶陀（Lokayata）的异译，应该是顺世论的信徒，跟密宗有密切关系，后来密宗流行中国，其来有自。

唐太宗去世后，高宗即位，复杂的政治斗争，最终却将一位女人推上了皇位，占据了政治舞台的中心位置，这就是武则天。

武周政权的登场

中古时代，天文星占是一门重要的学问，它主要并不是为农业生产服务，而是为了预测国家命脉和军国大事的起伏。一事（天象）一占（占卜）一验（现实中发生的事件），是史书解释历史的一种重要模式。武则天的上台，在官方史书比如《旧唐书》中，就是遵照这样的模式加以描述的。648年，金星多次白天出现，加上当时流传的谶言“当有女武王者”，太宗为此诛杀了左武卫将军李君羡。但是最终也并未阻止日后武则天的上台。

武则天是武士彟的女儿，武士彟出身山西地方豪族，在李唐建立的过程中很早就投身其中，在攻占隋朝都城的过程中发挥过重要作用，后担任过工部尚书的职务。武士彟的第二位妻子来自隋朝的皇室杨氏家族，武则天就是这位妻子的女儿，因此武则天从血缘上跟隋杨相连。武则天也并不像很多研究者认为的那样，是代表山东地区的利益，实际上她强烈地认同自己跟西北贵族尤其是隋杨皇室的出身。武则天大约出生在627年，十几岁就进宫，为李世民的才人。传统史书一般暗示她跟高宗在太宗健在的时候已经私通。太宗死后(649)，武则天短暂出家为尼，之后很快就回到宫廷——她的第一个儿子是652年出生的，而司马光认为她654年才回到宫廷。武则天最初是被王皇后作为抵消萧淑妃恩宠的工具，她卑辞屈体以事王皇后，不久就拜为昭仪，位列九嫔之首，仅次于正一品的淑妃、德妃、贤妃。

武则天和高宗合葬墓乾陵前面的无字碑

武则天显然深受比她小四岁的高宗的喜爱，高宗的十二个子女，有四男二女都是武则天所生。

武则天能够掌握大权，要放在高宗初期的政治权力结构中来理解。太宗去世之前，将后事正式托付给了长孙无忌和褚遂良。太宗晚年，健在的开国元勋已纷纷凋零，而长孙无忌以权臣和贵戚双重身份几乎垄断了朝政。高宗初年，长孙无忌又通过房遗爱谋反案，将唐太宗第三子深有威望的吴王李恪、江夏王李道宗等迫害而死。吴王李恪的家族最后在武则天上台后坚定地站在了武则天一边，他的儿子成王李千里是少数没有被武则天诛杀的皇室子弟。高宗在其亲舅长孙无忌等人的裹挟下，根本无法发挥自己的影响力和作为君主的权威，几乎所有的大事都要经过这些顾命大臣的同意。包括立谁为太子，也是长孙无忌等人“固请”高宗没有办法才接受的。

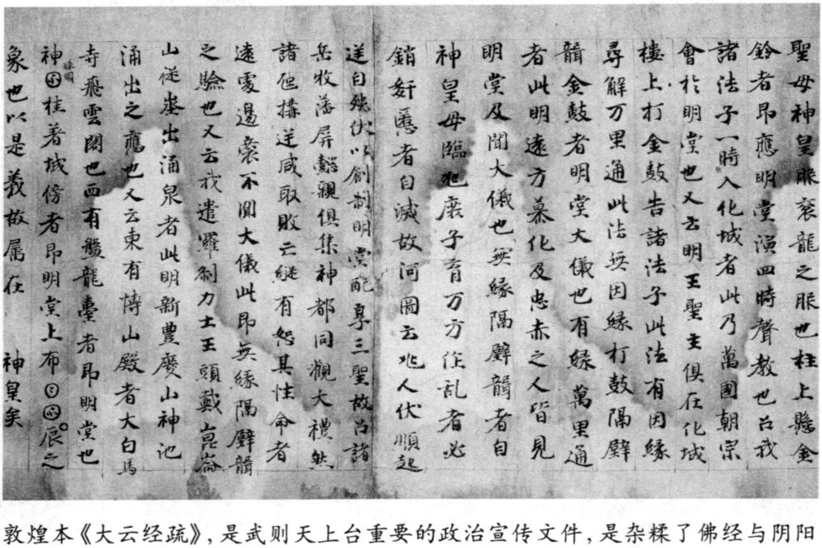
聖母神皇服衮龍之服也柱上懸金
鈴者即應明堂須四時聲教也言我
諸法子一時入化城者此乃萬國朝宗
會於明堂也又云明王聖主俱在化城
樓上打金鼓告諸法子此法有因緣
尋解万里通此法無因緣打鼓隔辟
龍金鼓者明堂大儀也有緣萬里通
者此明遠方慕化及忠赤之人皆見
明堂及閣大儀也無緣隔辟龍者自
神皇母臨兆庶子育万方作亂者必
銷鑠凶悪者自滅故河圖云兆人伏順起
送自殊伏以創制明堂配享三聖故言諸
岳收藩屏懿親俱集神都同觀大禮然
諸但播送感取敗亡縱有怨其性命者
遠處遏褒不聞大儀此即無緣隔辟龍
之驗也又云我遣羅剎力士王頭戴崑崙
山從崖出涌泉者此明新豐慶山神池
涌出之應也又云東有博山殿者大白馬
寺飛雲閣也西有盤龍臺者即明堂也
神宮桂著城傍者即明堂上布日月辰之
象也以是義故属在神皇矣

敦煌本《大云经疏》，是武则天上台重要的政治宣传文件，是杂糅了佛经与阴阳谶纬的产物。

在这种情形下，高宗能够依赖的，只有自己做晋王和太子时的旧僚佐们。他们基本上都坚定地拥护高宗的决定。而武则天的崛起，正好为这两大政治势力决战提供了一个契机。以往的研究往往把长孙无忌等人视为所谓“关陇集团”的代表，而与之对立的李勣则被描述为所谓“山东豪杰”。但是实际上，李勣最重要的身份是唐高宗没当皇帝时的僚佐长。他不但是晋王李治的王府长史，在李治当上太子之后更担任太子詹事兼左卫率的职务，是李治的头号家臣，在任命时太宗对他说：“我儿新登储位，卿旧长史，今以宫事相委，故有此授。”（《旧唐书》卷六七《李勣传》）除了李勣，反对长孙无忌的李义府也是李治的晋王府和东宫旧部。李义府在李治为晋王时就侍奉其左右，在李治当太子之后，立刻擢升为太子舍人加崇贤馆直学士。与其说他们反对长孙无忌、支持武则天，不如说他们实际上是支持自己的府主李治。

武则天的崛起，正是在这样的政治背景下发生的。高宗想封自己喜欢而又有才干的武则天为皇后，但是这类大事没有长孙无忌的同意无法做成。为了讨好长孙无忌，高宗甚至携武则天亲自登门拜访，寻求支持，但是都遭到了拒绝。武则天的母亲、隋杨宗室的杨氏登门拜访也没能打动同为西北军事贵族的长孙无忌。永徽六年(655) 九月的一次争执，令高宗和顾命大臣长孙无忌、褚遂良、韩瑗等人的矛盾激化了。在这种情况下，其旧部、深具威望的李勣对高宗说：“此陛下家事，何必更问外人！”在李勣等旧部支持下，李治强硬地立武则天为皇后，并且将褚遂良贬逐。永徽六年随着武则天被树立为皇后，历史的走向发生了巨大的转折。

王皇后被废，武则天的儿子李弘被立为皇太子。李治的旧部李

罗汉（武周年间，洛阳龙门石窟看经寺北壁）

义府等人被任命为宰相。而长孙无忌等权臣集团被排斥出政治统治集团。此后，武则天的地位不断膨胀，尤其是随着高宗失去工作能力，她渐次夺取了唐帝国的最高权力。高宗唯一一次试图罢黜武则天发生在麟德元年（664），获得了其旧僚佐、当时的宰相上官仪的支持，不过最终失败。上官仪的支持和李勣的支持实际上并无不同，他们都是高宗的旧臣，是高宗最为信任的人，所以两次废后虽然对象不同，其秉持的理念都是一样的。上官仪成为替罪羊后，其孙女上官婉儿被没入宫中，凭借自己的才能，在此后的政治生活中，尤其是后武则天时代的中宗时代，扮演了重要的角色。

其后，高宗深受痛风之苦，百官奏事时就让武则天裁决。而武则天性格明敏，涉猎文史，处事都让高宗满意，于是在显庆五年开始，高宗分权给她，使武则天的权力达到几乎与君主权威相等的高度。麟德元年（664）以后，高宗每次会见大臣讨论政事，武则天就垂帘于后，政无大小，都能参与。天下大权，悉归中宫，黜置生杀，决于一人之口，高宗只是拱手而已，中外谓之二圣。上元元年（674），高宗和武皇后称“天皇”和“天后”，进入了二圣并治阶段。第二年，皇太子李弘突然死于洛州合璧宫。章怀太子李贤成为新的储君。李贤是当时《汉书》学和《文选》学的主要赞助者，对学术的发展起到了重要作用。但是到了调露二年（680），李贤也被废黜，新的太子是他的弟弟李哲（显）。高宗死后，李显即位，但是不到两个月，武则天就在李显弟弟相王李旦的僚佐王德真、刘祎之等人支持下废黜了中宗，将李旦扶上皇位，之后她再诛除了李旦的王府旧臣们，王、刘等人都被流放处死。在借口杀刘祎之时，后者说出了“不经凤阁鸾台，何名为敕”的话，被很多学者用来描述唐代前期三省六部制的有效性。

武则天进行了一系列改制，包括改东都为神都、改三省及诸司官称等，在先后镇压了徐敬业和李唐诸王的起事之后，她已经基本上扫除了通向皇位的障碍。在武则天上台过程中，她的政治宣传令人眼花缭乱，借助了许多政治理论和宗教信仰的符号、概念。比如她大量

菩萨与天王（唐高宗时期，洛阳龙门石窟潜溪寺北壁）

制造祥瑞，利用天人感应的祥瑞思想为自己上台制造证据。垂拱四年（688），武则天的侄子武承嗣指使一个叫唐同泰的人献上刻有"圣母临人，永昌帝业"的瑞石，号称得自于洛水——这是中国传统的河图洛书的政治传统——于是武则天将这块瑞石命名为"宝图"，并亲拜洛水，加尊号"圣母神皇"，跨出了登基称帝的重要一步。在其登上皇位的过程中及其以后，还不断制造祥瑞巩固自己的统治，敦煌文献《沙洲都督府图经》中就记载了不少当地向武周中央政府上报祥瑞的事件。

在巩固政权过程中，武则天难以避免地实行了恐怖的酷吏政治，来剪除忠于李唐的宗室和大臣。这些酷吏中的来俊臣甚至专门编写了一本《告密罗织经》。武则天登基之前在位的宰相，大部分都遭到了屠杀。永昌元年（689）十一月，武则天改用周历，以永昌元年十一月为载初元年正月、十二月为腊月、夏历正月为一月。同时，改造照、天、地、日、月、星、君、臣、人、载、年、正十二个新字。使用周正（以子月为岁首）取代唐朝的寅月为岁首，这就是改正朔，标志着天命从唐朝转移到了武则天的周朝。她建立的新朝也称"周"，是将自己视为周代政治遗产的继承人，相对应的，武则天采用的历法、官名等政治装饰，带有浓重的复古周代的色彩。

武则天上台，彰显了当时女性张扬的社会背景。唐代往往被称为中国古代的黄金时代，至少对女性而言，这是一个相对宽容的时代。游牧民族的传统渗透在李唐女子的血液中，她们积极地参与到社会活动中，甚至出现了女子结社的活动。男女地位相对也比较平等，从敦煌出土的一则《放妻书》（离婚协议）可见，在双方离婚之时，还祝愿彼此"解怨释结，更莫相憎。一别两宽，更生欢喜”。另一则《放妻书》中男方还提出“三年衣粮，便献柔仪，伏愿娘子千秋万岁”，离婚后还负担女方三年衣粮，而且是一次付清。唐代女子女扮男装也是常见的情景，甚至屡屡反映在唐代的壁画中。女子可以骑马驰骋，甚至参与政治和军事斗争。女性地位的高昂对唐代社会的健康发展有重要的意义，占人口一半的女性获得了更多的主动性，也增加了唐代作为辉煌帝国的成色。唐宋之际，就女性而言，最大的变化就是女性地位的下降。最明显的例子是唐代女子不缠足，而宋代开始，女子被局限于门户之内。从某种程度上讲，尽管缠足是一种审美观变化的产物，但是从实际上使得一个社会一半的人口退出了大部分的社会活动。

唐双环髻女俑（长武县博物馆藏）

武则天能够登上至高无上的皇帝宝座，除了这个时代女性地位的高扬之外，此时处于鼎盛时期的佛教也扮演了重要的角色。毕竟中国传统政治道德不允许女子干涉政治，更不用说当皇帝了。但是佛教为武则天提供了新的政治理论，化解了她面临的道德和理论困境。正因为佛教在这一时代处于鼎盛时代，不论贵族还是社会的边缘人群，其心灵都在佛教教义的影响之下。佛教因为武则天的提倡而繁荣，但是也因为跟政治太过密切而在武则天倒台后遭到抑制，最终从政治和学术的核心领域退却。无论如何，武则天将佛教作为当时社会的重要意识形态之一的做法，呈现了一幅五彩斑斓的历史画面。

佛教政治意识形态：冲突与融合

佛教的传入，带来了新的意识形态。它改变了中国人对宇宙的看法，在新的世界（时间、空间）中，为世俗界的君主们提供了将自己统治神圣化的新理论，也为君主权力在世俗和神圣两界的扩张，提供了条件。而佛教王权观的核心内容是转轮王（Cakravartin），考察隋代到唐前期的历史可以发现，转轮王观念始终是僧俗理解世俗王权的主要理论。将君主描述为转轮王的传统，贯穿整个隋唐时期，而君主也顺应潮流，在中土本有的“天子”意涵之外，又给君主加上了佛教“转轮王”的内容，形成了我们可以称之为“双重天命”的政治论述。而这种“双重天命”，几乎贯穿隋唐时期。与之相关的“七宝”、“千轮”，成为描述中土帝王之新术语；“灌顶”、“受戒”，成为帝国仪式的重要内容；王衔之变迁、话语之演进、礼仪之革新、空间建筑之重置、旧意识形态之冲突融合，实为当时一大事件。武则天的主要政治论述依然是转轮王，以金轮皇帝面目示人，这并非她的独创，而是当时佛教转轮王观念影响世俗王权演进过程中的一环，需

洛阳出土的摩羯鱼石雕（武周时期）

要在整个隋唐政治思想演进的背景下理解。

武则天是唯一一个将“转轮王”号加入自己的帝王号中的君主。长寿元年（692）秋九月，她加尊号“金轮圣神皇帝”，大赦天下，大酺七日；延载元年（694）五月，加尊号“越古金轮圣神皇帝”，大赦天下，大酺七日；证圣元年（695）春一月，加尊号“慈氏越古金轮圣神皇帝”，大赦天下，大酺七日；证圣元年（695）春二月，去“慈氏越古”尊号，保留“金轮圣神皇帝”号；证圣元年秋七月，加尊号“天册金轮圣神皇帝”，亲享南郊，合祭天地，大赦天下，大酺九日；久视元年（700）五月，停金轮等尊号，大赦天下，大酺五日。“金轮圣神皇帝”称号从692年到700年，前后使用了八年之久。中间虽然增加或者去除其他尊号，但“金轮圣神皇帝”始终未变。《旧唐书》卷四七

公元前一世纪—公元一世纪的转轮圣王像——很可能是阿育王。来自安得拉邦（Amaravati），现存于巴黎吉美博物馆。在这块浮雕中，转轮王的“七宝”都出现了——这是印证这一王者为转轮王的重要证据：轮宝、马宝、象宝、女宝、珠宝、主兵臣宝、主藏臣宝。

《经籍下》还著录有武则天撰《金轮集》十卷。可见武则天以金轮自称，对此尊号极为重视。武则天的这些尊号显然是杂糅了不同政治传统的产品。比如“慈氏越古金轮圣神皇帝”，“慈氏”指代弥勒（Maitreya），“金轮”指转轮王（Cakravartin），“皇帝”则是中原传统帝号。

不但在尊号上下功夫，武则天还在礼仪性建筑和礼器上做文章。比如她在自称“金轮圣神皇帝”之后，设置“七宝”，也就是金轮宝、白象宝、女宝、马宝、珠宝、主兵臣宝、主藏臣宝，在重要的政治集会时，就拿出来展示，“率大朝会则陈之”（《新唐书》卷七六《则天武皇后传》）。这七宝实际上就是佛教转轮王的标志。就像中国的皇帝有九鼎一样，佛教的转轮王有七宝作为自己的身份标识。七宝是佛教转轮王的标识的记载，广泛见诸佛教诸经，比如西晋月氏三藏竺法护译《佛说弥勒下生经》讲到弥勒下生时，会有转轮王蠰佉出现，成就七宝。“七宝”其实在武则天之前就已广泛地出现在中土的政治修辞中。一直到唐肃宗平安史之乱时，高僧不空还应肃宗要求，为他实行“七宝灌顶”的仪式，进而为肃宗加上佛教转轮王的位阶（宋·赞宁撰《宋高僧传·释不空传》，《大正藏》第50册）。

武则天在洛阳修建了明堂和天堂。明堂是传统的儒家礼仪建筑，但是武则天的明堂规制不同，号“万象神宫”。武周取代李唐的大典就是在明堂举行，这里不但是武周政权的政治中心，还是祭祀之所。691年正月，武则天亲祀明堂，合祭天地，以周文王及武氏先考、先妣配，百神从祀，并于坛位次第布席以祀之。学者富安敦（A. Forte）指出，武则天的明堂实际上是杂糅了中国传统政治礼仪与来自印度的佛教宗教仪式的产物。在这个明堂里，武则天举行了盛大

比丘法律陶造像（唐代，现藏西安文物研究中心）

的无遮法会，并且纵民人观看。开元二十六年（738），唐玄宗以其“体式乖宜，违经紊乱”为由，遣人往东都将明堂毁掉。而在明堂以北十七米处建立的天堂，则是明显的佛教建筑。天堂实际上是为了储放弥勒大像而建造的。这也体现了在武周政权之初，武则天宣扬弥勒下生思想的动机。但是随着明堂和天堂大火，武则天基本上放弃了弥勒主义，但是仍保留转轮王的意识形态，并有意识地往中土本来的政治传统复归。比如在明堂大火之后，武则天开始封禅，而封禅实际上是中国天子的政治传统。

武则天利用佛教论证自己统治的合法性，其理论根基最明显地

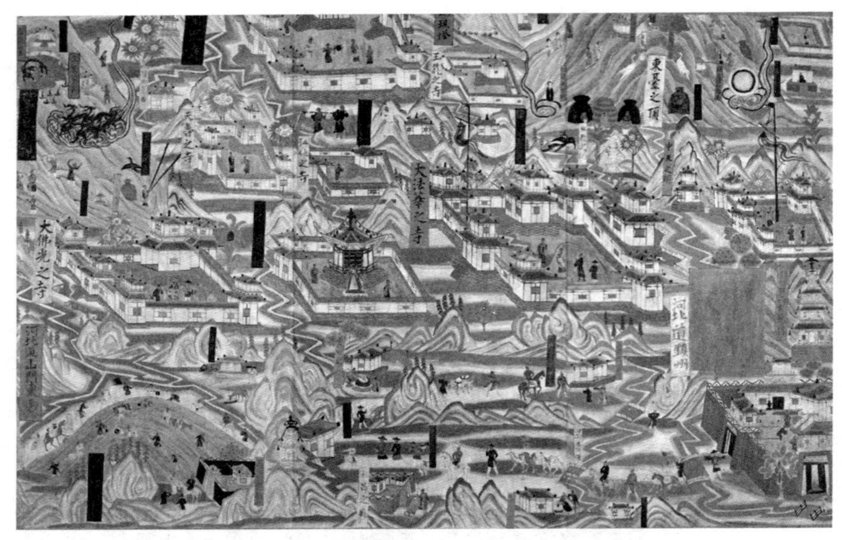

五台山图（局部，敦煌壁画）。盛唐时期，五台山佛教的发展出现了第二个高潮。

体现在《大云经疏》、新译《宝雨经》和《华严经》上。在其即位之前，就制造泗水瑞石，名为“广武铭”，其文曰：“三六年少唱唐唐，次第还唱武媚娘。……化佛从空来，摩顶为授记。光宅四天下，八表一时至。”已经开始用佛教融合祥瑞思想来进行政治宣传。在690年七月，沙门薛怀义、法朗等造《大云经疏》、陈符命，为武则天称帝寻找政治理论。《大云经疏》呈上不久武则天自立为皇帝。

《大云经疏》很难说是佛教著述，其中充斥着祥瑞之说、谶纬之言。而且更重要的是，它不是佛经，而是佛经的注疏，这就严重影响了其权威性。《大云经疏》所涉及女身当王的内容不过寥寥数语，含糊说净光天女当王阎浮提，实不足以单独作为武则天篡唐称帝的有力根据。《大云经》早译出，即《大方等无想经》。昙无谶《大方等无想经》云：“有一天女，名曰净光……以是因缘，今得天身。值我出世，复闻深义。舍是天形，即以女身当王国土，得转轮王。”但是，第一它并未提到武则天的名字，第二也没有提到何处为王。只是说该天女将来会作转轮王。薛怀义等撰《大云经疏》时，将经中“净光天女”解释为“今神皇王南阎浮提一天下”。根据这些注疏，垂拱四年五月，武则天加尊号“圣母神皇”。但是，这不是佛经里的内容，而是薛怀义等人的解释，可以说是于经无征，有点牵强。于是在693年武则天又使菩提流志重译《宝雨经》。《宝雨经》最大的贡献，第一在于它明确说明此女将在南瞻部洲东北方摩诃支那国为帝；第二，它并非注疏，而是佛经，从而解决了武周政权于经无征的问题。因为《宝雨经》的译出，武则天称帝得到了佛经经文的证实。可以说，《宝雨经》才是武则天为女主的直接理论来源。《大云经疏》和《宝雨经》都被颁行到各州，武则天甚至命令各州都建立大云寺，请僧人讲解，以求达到广泛宣传的效果。《大云经疏》、《宝雨经》等融合外来的佛教意识和本土的阴阳谶纬观念，进而服务于武周革命的政治宣传。这可视为是经丝绸之路传入的佛教文化又一次同中国传统文化的对抗和融合。

武则天时代，佛教受到特别的崇敬，正是佛教最为昌盛的时代，高僧辈出，名动一时。武则天以白马寺僧薛怀义为新平道行军总管，封沙门法朗等九人为县公，赐紫袈裟银龟袋。于是沙门封爵赐紫从此而始。中宗时代惠范授官封公；代宗时不空加开府仪同三司，封肃国公，食邑三千户。从此南朝慧远时代啸傲王侯、坚守所志的传统渐渐消失，僧徒人格渐至卑落。符瑞图谶的大量融入佛教，导致秘密神异之说盛行。其后密宗的兴起，与此思想变迁不无关系。到了开元时期，印度僧人善无畏、金刚智、不空三人相继来到长安，结坛灌顶，祈雨禳灾。密宗典籍先后传译，此后密宗一时成为佛教的新潮流，影响了唐代中后期的信仰、思想和日常生活。

武则天下诏，在国家礼仪和祭祀中，令僧尼排在道士女冠之前；她还下令天下断屠钓鱼八年，不允许宰杀牲畜和捕鱼；聚集财富铸造宏伟的佛像；在长安和洛阳组织译场翻译佛经，其中实叉难陀和菩提流志最为著名；义净法师留学天竺二十五年，证圣元年（695）抵达洛阳，武则天亲自到上东门迎接。神秀也被武则天迎入京城行道，促进了禅学的发展。但是佛教与政治的紧密关系，也产生了严重的副作用。首先就是国家财政的吃紧，大规模的修建佛寺、建造佛像等活动导致了僧侣数量膨胀，财政压力增加，用狄仁杰的话说，“今之伽蓝，制过宫阙，穷奢极侈”，因为佛教工程导致的政治和财政争论，贯穿了武则天晚期乃至玄宗时代，成为重要的政治话题。

天后的都市：洛阳的最后辉煌

洛阳在传统中国的儒家意识形态中，曾经处于极端重要的位置。而这种神圣的位置，在武则天时代达到了顶峰。作为武周政权的神都，洛阳跟武周政权紧密结合在一起，它不但取代了长安的首都地位，而且在真正意义上成为中国的政治、文化、经济和信仰的中心。这种崇高的地位乃至影响到日本，日本京都的设计和命名上，更多地受到了洛阳的影响，而不是长安。直到幕府时代，去京都还被称为“上洛”。京都也分为洛东、洛西等区域。但是武周政权垮台之后，洛阳作为政治中心的地位被彻底终结了。虽然之后玄宗也曾尝试巡幸洛阳，但是最终将洛阳放弃了。从此之后，洛阳再也没有回到中国历史舞台的中心来。

王者居“土中”或者天下之中的理念在三代时已经成熟，比如商人以五方观念将疆域划分为五，商王直接统治区域称为“中商”，甲骨文云：“大邑商居土中。”西周铜器《何尊》铭文记武王告天辞就有“余其宅兹中或(国)，自之辥民”的说法，这里的“中国”即洛邑。纬书《孝经援神契》云：“八方之广，周洛为中，于是遂筑新邑，营定九鼎，以为王之东都。”

《何尊》铭文

在浑天说中，则只有特殊的地点，才有这样的效果，这就是地中，用现在的话说，是夏至日中地中子午线。所有的测量必须在地中进行，不然数据就不可靠。地中测影，不但测量时间（冬至为阳气初生等）、空间（地面距离、宇宙长度），还事关国家命运，是一个极端神圣而重要的地点。而这个地点，就在洛阳，这里“夏至之日，立八尺之表，其影适与土圭等”。在这种观念影响下，一直到元代，郭守敬依然把告成作为天文测量的重要基地。登封既非元初经济文化中心，更非当时的政治中心，其原因就是，告成是古人心目中的“地中”，是他们进行各种天文测量的传统基地。

武周政权在意识形态上追宗周代，因此在国家礼仪和装饰之具方面，多利用跟周代有关的符号和思想元素。武则天迁都洛阳，也具有同样的思想背景。洛阳与周代的神圣性紧密相连，武则天迁都洛阳本身，就是以洛阳“土中”或者天下之中的地位否定长安政权的合法性。西周初期，周公为了营建东都洛邑，曾亲赴登封嵩山立圭测影，以求地中。洛阳为天下之中的观念因周公的实践和提倡而具有更高的神圣性。在周公的宇宙观念中，“中”是天下一个十分特殊的空间点。《周礼·地官司徒》说：“日至之景（影）尺有五寸，谓之地中。天地之所合也，四时之所交也，风雨之所会也，阴阳之所和也。然则百物阜安，乃建王国焉。”

对武则天迁都有各种各样的解释。首先是政治上的解释，有的学者认为是为了摆脱关陇贵族的影响。迁都洛阳象征着西北政治势力的全盛期已经过去。第二种解释纯粹是经济方面的。长安位于比较贫穷和生产不发达的地区，易遭受长期的严重干旱。从外地供应长安谷物既困难，费用又极大；供应洛阳的朝廷便容易得多。这两种解释都有一定道理。但是实际上，在朝廷迁往洛阳时期，长安地区有时是繁荣的，而新的东都有时却遭受饥荒灾害。也有的学者把迁都归结于武则天个人的感情因素——在她迫害死王皇后和萧淑妃以后，常看到她们的鬼魂作祟，所以才长期躲在洛阳。

事实上，长安与洛阳之争，几乎贯穿了唐代以前所有的时代。以洛阳否定长安，也是常用的政治手段。从西汉末期开始，洛阳被明显地赋予了儒家神圣性，定都长安常被描述为仅仅出于维护统治安全的权宜之计。比如西汉末年汉元帝改制，博士翼奉倡言迁都洛阳以“正本”。王莽夺取汉朝天下，也计划迁都“土中居雒阳之都”。始建国五年（13），长安民闻王莽欲迁都洛阳，不肯缮治室宅。王莽又制造瑞石谶言云：“玄龙石文曰‘定帝德，国雒阳’。符命著明，敢不钦奉！”不过王莽的迁都计划，最终因为新朝迅速崩溃而未能实现。刘秀以儒术治国，定都洛阳，带有强烈的拨乱反正、继承“周制”的色彩。围绕着长安与洛阳的优劣争论，辞赋家们创作了不少相关作品。班固《东都赋》、张衡《东京赋》、西晋左思《三都赋》都强调洛阳天下之中的地位及其与儒家礼法的关系，认为洛阳才是理想的首都。

武则天的政治宣传中，突出洛阳，贬抑长安，是一个重要的主题。比如她铸造九鼎，就体现了这一精神。九鼎按方位安放，代表豫州（洛阳为中心）的永昌鼎位于中央，其他八鼎（包括代表雍州的长安鼎）则依照各自的方位，环绕着永昌鼎。这从视觉结构上，就无可置疑地宣示了洛阳的伟大地位——其位于天下之中，就连李唐的

武则天明堂遗址

1985年出土于庆山寺地宫（位于西安临潼区新丰镇）的舍利宝帐，与武则天有密切关系。

旧都长安，也只能围绕着洛阳作为陪衬。永昌鼎高一丈八尺，容量一千八百石，从视觉上看，就比其他八鼎（一丈四尺、一千两百石）高大得多，彰显着神都的伟大地位。这种形象给帝国的臣民们，尤其是直接参加礼仪朝会的大臣们带来的视觉冲击，是相当深刻的。

684年，武则天就将东都改为神都，凌驾于长安之上，宫名则为“太初”。此后二十余年中，神都洛阳不但在名义上，也在实际上成为真正的帝国首都，长安则沦为前朝旧都和陪都。691年，武则天徙关内数十万户充实洛阳。由于武则天对长安的贬抑，及至其下台之后，甚至在官方记载中，长安和洛阳的关系依然混乱。在武则天的经营之下，洛阳也成为帝国的佛教中心，而且佛教社区和洛阳政权形成了密切的联系。证圣元年（695），已经六十岁的义净启程北上，也是于次年五月抵达洛阳。武则天对义净的到来给予了充分的重视，亲迎

都督夫人太原王氏供养像（盛唐，莫高窟第130窟壁画，复原，段文杰 临摹）

于上东门外，诸寺缁伍具幡盖歌乐前导，敕于佛授记寺安置。义净从回国之前到武周政权垮台，从始至终，都在武则天的政治宣传中扮演重要的角色，或释读铭文充当政治预言家的角色，或翻译理论著作为武周政权寻找理论依据，或参与修建武周的纪念碑性的建筑，可谓从始至终，一以贯之。

武则天下台之后，洛阳虽然依然保持繁荣，但是在政治、军事上的地位遭到了忽视。以至于安史之乱时，洛阳这个曾在七世纪初以易守难攻著称的军事堡垒，轻易就被叛军攻破了。大肆的杀戮和破坏，使这座中古时代伟大的都城几乎成为废墟，从此再也没有恢复昔日的繁华，其在帝国权力网络中的地位也一再降低。从某种程度上说，洛阳的衰落，几乎可以作为中国黄金时代结束的一面镜子。

武周政权的意义

武则天作为中国历史上唯一的女皇帝，被赋予了很大的历史意义。陈寅恪曾将她的上台视为一场社会革命，而不是简单的政治夺权。他认为武则天代表的是反对关陇集团的势力，所谓关陇集团就是发端于西北地区的军事贵族。在这样的一个架构中，反对武则天的人，比如长孙无忌、褚遂良、韩瑗和来济，就被视为关陇集团的成员。支持武则天的，则被视为山东集团的成员。而两个集团的区别，在于山东集团很多人是通过科举考试晋升的，促进了社会流动，改变了关陇集团垄断资源的局面，因此是一场革命。在这样的理论基础上，有的学者又发展出以经济基础决定上层建筑理论推演出来的新的解释。他们把武则天视为新兴地主阶级和商人，武则天的上台，是反对贵族的运动。然而，这样整齐划一的历史解释，往往经不起检验。实际上武则天自己非常骄傲于自己出身关陇集团的

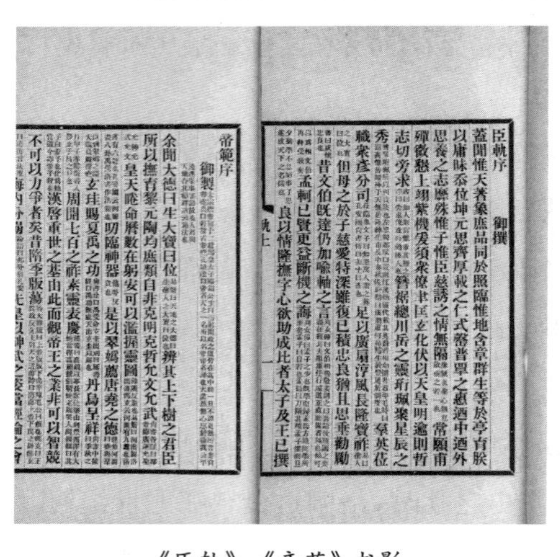

臣軌序 御撰
蓋聞惟天著象庶品同於照臨惟地含章群生等於亭育朕
以庸昧忝位坤元思齊厚載之仁式罄普覃之惠洒中洒外
思養之志靡殊惟子惟臣慈誘之情無隔常願甫
殫微懇上翊紫機爰須衆僚共匡玄化伏以天皇明遹則哲
志切旁求簪裾總川岳之靈珩珮聚星辰之
秀舉英莅
職衆彥分司足以廣扇淳風長隆寶祚
但母之於子慈愛特深雖復已積忠良猶且思垂勸勵
昔文伯既達仍加喻軸之言
孟軻已賢更益斷機之誨
良以情隆撫字心欲助成比者太子及王已撰

帝範序 御製
余聞大德曰生大寶曰位辨其上下樹之君臣
所以撫育黎元陶均庶類自非克明克哲允文允武
皇天眷命曆數在躬安可以濫握靈圖
叨臨神器是以翠嬀薦唐堯之德
玄珪賜夏禹之功丹烏呈祥
周開七百之祚素靈表慶
漢啓重世之基由此而觀帝王之業非可以智競
不可以力爭者矣昔隋季版蕩

《臣轨》、《帝范》书影

身份。而李勣这些支持武则天当皇后的大臣，最后证明其实不过是支持自己以前的旧主高宗李治。

693年，武则天用几年前自己编写的《臣轨》“经”以代替举子的必修课程《道德经》。这个文献以太宗的《帝范》为模式。它体现了武后的政治哲学，主要包括从儒家和道教经籍中精选的引语，分列于“至忠章”和“利人章”等标题之下。在高宗和武则天统治的五十五年中，每年录取的进士也不过二十人。武则天上台的确从某种程度上促进了社会流动，但是这种社会流动并非由科举制度推进，而是通过用政治力量打压既定的皇室和贵族来实现的。武则天重修的《姓氏录》将武氏列入第一等级。不过这并不新鲜，早在太宗时代，就通过《氏族志》拔高李唐皇族的

武则天在长安所造七宝台雕塑之一

地位。实际上，这种编制谱系的做法，打击的往往是山东的一些高门大族。比如659年，高宗下诏禁止这些高门大族内部通婚。而科举选拔的官员，只占到官员比例非常小的部分，难以改变原有的官员结构，并没有起到太大的作用。科举真正成为促进社会流动的重要机制，恐怕还要到唐中后期。武则天上台的重要支持者可能还包括文人和佛、道僧侣，以及胡人集团。

武则天时代的对外政策并不算特别成功，由于忙于内政，所以在她统治期间，在帝国的各个方向都出现了退却。尤其是突厥帝国又得以复兴，并成为唐朝的威胁。对契丹的战争也遭到了惨败。对内的恐怖统治在历史上留下了浓重的一笔。武则天还在洛阳修造明堂、天堂，铸造天枢，规模都极宏壮，她还到处大修佛寺、佛像，使百姓劳弊，财政出现问题。

从万岁通天二年（697）开始，武则天宠幸张易之、张昌宗兄弟，围绕在他们周围，形成了一个新的政治集团，这个集团的权威来自于武则天，但是跟武三思等武家势力、李旦等李家势力都有区别。武家的武承嗣、武三思急于获得太子地位，试图真正取代李唐皇室的神圣地位。但是这一企图在狄仁杰等人的反对下没能实现。皇位传承始终稳固在李唐子孙手中。武则天年事已高，不再信任李唐宗室和武家两大集团，试图建立一个直接对自己负责的小团体，这就是二张集团的权力来源。但是跟狄仁杰、姚崇等体制内官僚相比，二张等人没有政治根基和政治历练，无法应对复杂的政治局面。在武则天晚期，狄仁杰、姚崇等人经过精心安排，把忠于李唐皇室的官员，比如张柬之等，安排到关键位置上，为稍后的李唐复辟奠定了基础。

06 玄宗改革与中古贵族政治的终结

武则天上台，打断了李唐皇室的权力传承，也因此在政治意识形态、官员选拔标准、思想信仰政策方面都有自己鲜明的特色。比如她使用一套佛教政治理论、符号、修辞为自己的统治辩护，把自己打扮成佛教的理想君主转轮王——金轮神圣皇帝；又比如她将帝国的首都从长安迁到了洛阳，将洛阳作为统治的中心。但是在699年之后，她依然面临着权力传承问题，最后的决定，是“复子明辟”——也就是将权力交回给自己的儿子，那么权力也就会再次回到李唐家族手中。之后她放弃了武周原先的正朔——以子月也就是现在农历的十一月为一年之首；放弃了“金轮圣神皇帝”的头衔；并且比以前更频繁地回到长安。这一切，都为她下台之后的政治走向奠定了一个基调。

后武则天时代的政治格局

690年九月，武则天称帝建周，将原先李唐的皇帝睿宗李旦降封为皇嗣，改名“武轮”；同时拔擢武家子弟，武承嗣、武三思等纷纷跻身亲王行列。忠于李唐的势力，团结在皇嗣的旗帜下。李氏和武家

的冲突和对抗，基本刻画了此后十年间的政治史图景。李旦的王府旧僚，比如裴炎、王德真、刘祎之在此之前已被剪除，然而双方的对抗并没有停止。亲唐派大臣比如尚方监裴匪躬、左卫大将军阿史那元庆、白涧府果毅薛大信、右玉吟卫大将军张虔勖、监门卫大将军范云仙等都因私自拜谒皇嗣被杀。来俊臣等酷吏屡屡危及皇嗣，甚至后者要有赖于身边的乐人安金藏剖腹以证明皇嗣不反。武则天试图糅合李、武集团的努力到699年已经因为双方的剑拔弩张彻底破产，此时需要引进新的政治角色。

699年，被流放在房州十五年的中宗李显被召回洛阳，取代了李旦的储君位置。以前的史家对中宗和睿宗的矛盾估计过低，其实在相当长时间里，中央一直存在着一个庞大的相王集团。中宗，680

武则天除罪金简。1982年于登封嵩山峻极峰发现，现藏于河南省博物馆。正面镌刻双钩楷书铭文三行六十三字："上言：大周国主武曌好乐真道长生神仙，谨诣中岳嵩高山门，投金简一通，乞三官九府除武曌罪名。太岁庚子七月甲申朔七日甲寅，小使臣胡超稽首再拜谨奏。"此金简是久视元年（700），武则天为了乞三官九府除罪而制作的。这时武则天有向道教妥协的倾向。

年为太子，683年为帝，次年废，当年安置房州，698年返回京师，他作为储君和皇帝的时间仅有四年；而睿宗，684年为帝，690年降为皇嗣，698年降为王，前后作为皇帝和储君十五年，在相当长的时间里，南朝宰相和大臣们都是以在京的睿宗为旗帜对抗武氏的。武则天将中宗召回长安，不管主观上是如何考虑的，在实际上她成功地分化了李唐集团。李旦的相王府的政治势力经过长期的培植，非常强大。面临着强大的相王集团和与相王关系密切的宰相功臣集团的威胁，被长期流放的中宗在都城并没有多少政治力量可以依靠，为了加强自己的政治力量，中宗与自己的妻族韦氏和残存的武氏势力相结合，形成了一个韦武集团，和真正代表李唐皇室利益的相王集团相对抗。二十世纪五十年代，陈寅恪先生在《记唐代之李武韦杨婚姻集团》中首先提出，武则天已将李武两家组织"成为一牢固集团"，而"武后政治势力所以久而不衰之故，盖混合李武两家为一体，已令忠于李者亦甚难不忠于武矣"。二十世纪八十年代，黄永年先生又提出一个"李武政权"的概念，认为武则天已把"武、李两家融为一体，形成一个以李氏居虚名，武氏掌实权的李武政权"。与其说此时形成的是"李武政权"，倒不如说形成的是一个中宗牵头的"韦武集团"。

唐中宗很注意搞好与武姓家人的关系，希望通过裙带关系稳固确立自己的地位。尤其是在迫使武则天下台的政变之后，面临强大的相王及宰相功臣集团，只有残余的诸武势力和自己太太韦后的家族势力可以依靠。中宗便扶持武氏残余势力，同时提高皇后韦氏的地位，并促使韦武合流，组成忠于自己的政治集团。这一点从中宗女儿的婚姻就可以看得出来。中宗有八个女儿，其中有六人嫁给武家或者韦氏，包括新都公主嫁武延晖、定安公主嫁韦濯、永泰公主嫁武

西安临潼庆山寺遗址出土的金棺银椁

延基、安乐公主先嫁武崇训再嫁武延秀、成安公主嫁韦捷、永寿公主嫁韦鐬。跟中宗形成强烈对比的，是相王李旦的十一个女儿，没有一个是嫁给武家或者韦家的，而且在后来即位之初，就追削武三思、武崇训爵谥，斫棺暴尸，平其坟墓。

武则天晚年亲近张易之兄弟，后者导致了李重润、武延基、永泰公主等李武家族重要成员的死亡，因此被视为两个家族的敌人。神龙元年（705）正月，洛阳发生了政变，直接导致了武则天的下台和中宗的复辟。这次政变是李氏家族的一致行动，武家势力也平静地对待这一政治变动。一切进展顺利，北门禁军除了千骑部分全部参加了政变，护送中宗进入宫城，相王李旦则率兵控制了宰相办公的南衙。这一次政变针对的是在位的武则天和威胁储君安危的张易之兄弟，而不是诸武势力。

这次政变，使南朝宰相集团和李氏诸王公主（特别是相王和太平公主）的实力大增，并形成一个功臣宰相阶层，代表人物是张柬之、崔玄暐、桓彦范、敬晖、袁恕己、李多祚、王同皎、杨元琰等。这些使在外流放多年，而在朝廷并无根基的中宗心怀疑忌。中宗上台之后开始联合武家势力，形成支持自己的集团。以五王为代表的功臣集团被流放诛杀。相王李旦也多次涉险，屡屡遭到猜忌，甚至因为李旦诸子（李成器、李成义、李隆基、李隆范、李隆业）所居之地有龙气，中宗泛舟戏象以厌胜之（《旧唐书》卷八《玄宗本纪》）。

与依靠参与武家势力和拔擢韦氏家人并行的举措，是中宗继续延续武则天的崇佛政策。一般认为，中宗复辟之后似乎应该改变武则天的崇佛政策，但是实际上并非如此。唐中宗复辟后面临的政治形势对自己非常不利，他继续推行崇佛政策的重要动机，就是要利用佛教宣传自己上台的合法性。同时，唐中宗也有可以利用佛教的资本，他与佛教有相当的因缘。李显出生时，曾得到高僧玄奘法师的庇佑，高宗曾答应玄奘，李显出生后要出家为僧，并赐号“佛光王”，这些都为中宗复辟以后利用佛教宣扬自己提供了资本。长安开化坊荐福寺是唐朝重要的佛教寺院，它的前身就是李显在藩的宅第。中宗复辟以后，对荐福寺格外重视，大加修饰，重大的宗教活动、著名的大德高僧大都被安排在该寺。整个中宗朝，荐福寺实际上成为整个长安乃至唐帝国的佛教中心。中宗在流放房州的十余年间，潜心于佛典，以寻求精神的慰藉。同时由于房州与荆州距离很近，所以他对于荆州僧人团体比较熟悉，在复辟以后，中宗便邀请了大量荆州的僧人到京城，为自己的宗教活动服务。中宗也因此被认为是李唐最为崇佛的君主。

中宗时代，女人参政比武则天时代有过之而无不及。中宗皇后韦氏似乎有武则天一样的政治野心，至少从一些事实可以印证这一点，比如她制造为自己歌功颂德的符瑞、歌谣，建造纪念性的建筑，在中宗死后（官方史书认为是她和安乐公主下毒），她垂帘听政；中宗和睿宗的妹妹太平公主政治经历丰富，在其周围也围绕着一个政治集团，不过整个中宗时代，太平公主在政治立场上似乎是倾向睿宗的，也是她促成了睿宗取代中宗的幼子继承皇位；中宗的女儿安乐公主野心勃勃，甚至试图取代男性太子做皇太女，成为皇位的继承人；从武则天时代就参与政治决策的上官婉儿，此时也在政治舞台崛起，在较长的时间里掌握了诏敕的书写权。最初，上官婉儿往往亲近武韦势力而排斥压抑李唐子弟，后来出于政治投机转换门庭，开始倾向太平公主和相王一系。其他如长宁公主、韦后的妹妹郕国夫人、上官婉儿的母亲沛国夫人郑氏、尚宫柴氏及贺娄氏、女巫第五英儿、陇西夫人赵氏等等，都登上政治舞台。女性的政治热情高涨，一方面是武则天时代遗留下来的政治传统和文化氛围仍然具有号召力，另一方面也是贵族政治发展到某种极致程度的表现——女性背后往往是强大的家族势力。围绕皇位继承，最为强大的贵族家族比如李、武、韦等竞逐其间，同时，几乎所有处于政治中心的世家大族成员都难免“选边站”，这从北朝以来即是如此。

皇位从中宗系转入睿宗系

中宗时代的政治问题，除了皇权继承问题（包括亲王、公主权力集团势力尾大不掉）和迁都复辟等问题之外，讨论最多的，第一是官员人数膨胀的问题，第二是佛教的问题。唐代的官员人数，在武则天时代经过一轮膨胀，到了中宗时代，这个问题变得更加严重。中宗为了培植亲信，通过韦后和安乐公主，大量由非正式程序任命官员，即所谓“墨敕斜封官”（任命状是斜封的，“敕”字是用墨笔，与中书省黄纸朱笔正封有异，从侧门交付中书省办理），使得官员队伍急速扩大，其员外、同正、试、摄、检校、判、知官凡数千人，形成严重的财政和政治问题，甚至出现了办公地方坐不下人的局面。这一问题到了中宗下台之后的睿宗时代也依然是执政的姚崇、宋璟所要面对的重要难题。

西安仙游寺法王塔

中宗的佞佛既有信仰原因也有现实政治考虑。但是到了景龙二年（708）之后，要求彻底改变武周残留政治势力和消除武周政策、恢复太宗体制的呼声高涨起来，反佛的声音也越来越大。此时的重要政治僧人，深为中宗和韦后器重的圣善寺、中天寺、西明寺三寺寺主慧范（他同时还有银青光禄大夫、上庸公的头衔），也因为压力被削黜回家。慧范是主持中宗时代佛教工程的主要人物，这些工程让国家财政为之虚耗，因此遭到一些大臣的攻击。虽然中宗一再搁置要求停止营建佛寺的上疏（吕元泰、辛替否等），但是面对强大的压力也不得不做出让步。景龙三年（709），也就是在中宗去世之前的一年，兵部尚书同中书门下三品韦嗣立、中书令萧至忠上疏极力抨击将国家财政大量花在佛教上的做法。虽然中宗拒绝他们的建议，但是也不得不解散内道场，做出一些妥协。真正的佛教政策转向，将发生在皇权从中宗系转入睿宗系之后。

唐玄宗朝重要宦官杨思勖墓出土的侍从俑，携带大量武器装备。杨思勖虽是宦官，但也是玄宗时代的重要军事将领。

武则天下台之后的政治乱局，到了710年初步尘埃落定，中宗系出局，皇权转入睿宗系。这是唐代政治的一件大事，也是经过连续不断的政治流血达成的。通过极端的宫廷政变的形式，唐代政治核心的权力结构发生了逆转，以中宗、武三思、韦后为代表的势力，被相王(以及太平公主)势力所取代。首先是景龙元年(707)七月，因为安乐公主想当皇太女，视太子李重俊为眼中钉，而韦武势力飞扬跋扈，“每下制敕，多因事推尊武氏而排抑皇家”(《旧唐书》卷五一《上官昭容传》)，终于激起李重俊铤而走险。参加李重俊兵变的主要是李氏亲王和亲李氏将领，如成王左金吾大将军李千里及其子天水郡王李禧、左羽林大将军李多祚、将军李承况等。从人员构成看，是典型的皇权对韦武特殊贵族的一次进攻。李重俊是储君，李承况、李千里及其子天水郡王李禧都是宗室。李多祚是忠于李唐的功臣。此次政变虽然没能成功，但却是整个政局的转折点。武三思、武崇训等主要武氏成员被诛杀殆尽，形势开始朝不利于武韦贵族的方向发展。从性质上说，这是皇权和特殊贵族的斗争。

李重俊兵变之后，虽然中宗听信武韦集团大臣比如宗楚客的告发，认为相王涉嫌参与了李重俊的政变，但是因为宰相萧至忠(相王府僚佐子弟，其父萧安节为相王兵曹参军)的劝告，没有追查。但是双方的关系已经日趋紧张，贵族、大臣纷纷选边。经历了李重俊政变的冲击，原先追随武韦势力的上官婉儿，也临阵变卦，投向相王和

上官婉儿墓志铭

唐代礼服仍沿袭传统的高冠革履、宽袍大袖。唐代男子的便服吸收了胡服褊窄紧身和圆领等特点，穿圆领袍、裹头、系腰带、蹬长靴成为从皇帝到平民百姓的主要着装。据考，唐代妇女还以着男装、胡装为风尚，面部化妆亦繁复。

太平公主一边。第一，她力阻中宗和韦后立安乐公主为皇太女的做法；第二，在中宗死后，她草拟遗诏时写进了相王辅政的语句，为相王上台奠定了合法性基础。但是由于她投靠的主要是太平公主，所以在稍后相王之子李隆基主导的宫廷流血政变中，她依然被杀（《上官婉儿墓志铭》）。

景龙四年（710）春，中宗突然死去，韦后垂帘听政，拔擢韦氏子弟掌握禁兵。五月庚子，相王子李隆基联合刘幽求、葛福顺等，获得羽林军的支持，杀死韦氏将领，突入宫中。韦后逃入飞骑营后被杀。武、韦家族子弟包括武延秀大量被诛杀，"韦氏武氏宗族，无少长皆斩之"（《资治通鉴》卷二〇九"景云元年五月"条）。经过此次政变，半个世纪以来与李唐皇族并驾齐驱争夺皇权的贵族家族，作为一个政治集团，彻底退出了政治舞台。之后，李隆基和权势熏天的太平公主发生冲突。太平公主既是李氏的女儿，又是武氏的媳妇，她对皇权的觊觎便成为李氏恢复独尊地位的最后障碍，随着太平公主的被诛灭，李氏独尊地位恢复，唐朝的皇位继承模式也因此发生了改变。

玄宗的政治改革与贵族政治的终结

隋唐两代藩王纵横捭阖从而影响政局的情况在玄宗上台以后发生了逆转。玄宗在动荡激烈的政治局面下，起于藩邸之间，以非嫡长子的身份夺取皇位，深知强势诸王对皇权的威胁，于是有一系列改革出台。可以说，玄宗开元年间围绕亲王政策的变革，是终结贵族政治的重要转折点。唐玄宗在姚崇的帮助之下，进行了一系列关键的改革，从而大大限制了诸王的权力，世家大族成员无法再从投机不同继承人集团的做法中获得政治好处。唐中叶直到宋代，都受益于此次改革。马端临评价道："自（唐）中叶以来，皇子弟之封王者，不出阁；诸臣之封公侯者不世袭，封建之制，已尽废矣。"（《文献通考》卷二七六《封建》）

睿宗上台以后，景云二年（711）正月，姚崇、宋璟就提出：第一，

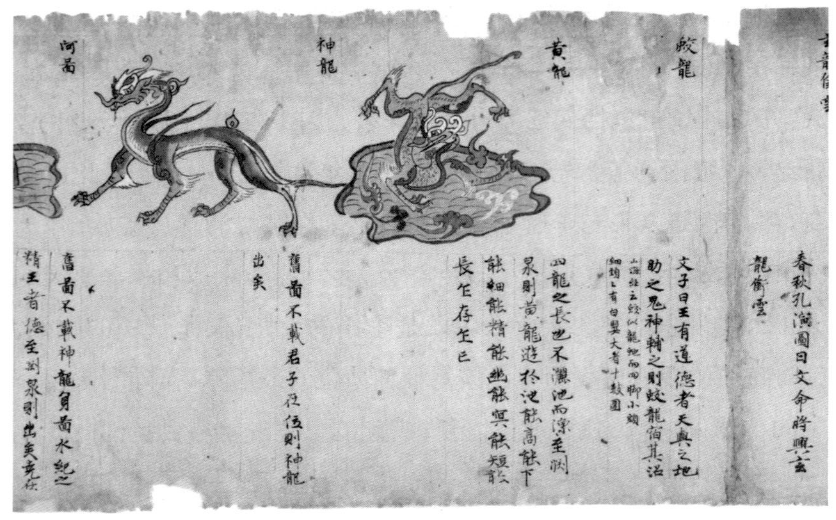

《瑞应图》(敦煌P.2683)描绘的黄龙。因为李唐以土德自命，黄龙出现被视为大瑞，政治宣传中多有黄龙出现，比如玄宗上台之前即以黄龙为自己的符瑞。在他担任潞州别驾时期，“州境有黄龙白日升天”。玄宗开元七年享太庙乐章第十六首《皇帝酌醴齐用文舞》一章的歌词就有对此的歌颂，所谓“黄龙蜿蟺，彩云蹁跹。五行气顺，八佾风宣。介此百禄，于皇万年”。

出宋王(睿宗嫡长子)、邠王(高宗长孙)皆为刺史；第二，罢岐王、薛王左右羽林，使为左右率，以事太子；第三，太平公主于东都安置。但是由于太平公主的干预，最后没能实行。所以改革要等到玄宗上台以后才得以进行。开元元年(713)，玄宗一举铲除太平公主集团，逼迫睿宗交出实权，从此正式执掌唐帝国的命运。玄宗面临的最重要的问题，此时就是稳定政治局面，其关键就是抑制诸王的影响。唐玄宗杀掉太平公主以后，立即起用姚崇作宰相，他们在稳定封建秩序方面，进行了一系列的工作。玄宗认为，协助他夺取皇位和压平太平公主叛乱的功臣郭元振、刘幽求、张说、王琚等人，是一些阴谋家，“可与履危，不可得志”(《旧唐书》卷一〇六《王琚传》)。因此，他利用种种借口，把他们相继贬逐到远方。

玄宗的改革措施在开元初期密集推出，是非常有系统的举措。

第一，皇室子弟外刺与亲王担任地方官职的改革。诸王出镇或者外刺，朝廷初衷是希望他们成为中央的屏藩；同时，专制国家中，首都自然是一切的中心，将诸王摈弃在中心之外，可以使他们无法影响皇权的稳定。唐玄宗采纳姚崇的建议，将有政治号召力的李成器等亲王都遣往地方担任刺史，而且并不负责具体管理，只挂虚名，并形成规矩。而且，为了防止诸王跟地方形成过分紧密的联系，诸王经常更换辖州，不使其在一个地方待的时间太长，比如豳王守礼在开元初，走马灯似地先后担任虢、陇、襄、晋、滑六州刺史，非奏事及大事，并上佐知州。亲王外刺从制度上不理州务，从这时开始。这些政策是针对已经成年的宗室子弟，对于皇子，比如鄫王嗣真等，都只是遥领节度使、大都护等，并不出阁。唐开元以后，除了玄宗的兄弟外，其他诸王都没有再外任地方官职的。后来的一个特例是永王李璘，借安禄山之变，拥兵西南，但不久败死。从整个制度来说，执行得是比较彻底的。到了开元九年（721），玄宗已经当了十年之久的皇帝，地位稳固，“是岁，诸王为都督、刺史者，悉召还京师”。这样，从制度上更加统一，诸王都不出外，玄宗兄弟的特例也被消灭了。自此以后，诸王不再出任地方官职，成为政治传统。亲王出镇外刺，至此完全结束。

第二，僚佐体制改革——疏离亲王公主与其僚佐系统。诸王在隋代和唐前期，对其王府僚佐的选拔和任用，有较大的自主权力，唐初秦、齐两王府，其僚佐大半是自己征辟的。自此以后，征辟制度逐渐消亡。起初，诸王还是可以对僚佐的人选施加影响，比如，直接向皇帝要求，这在开元以前比较普遍。但是玄宗上台以后，对这种形式严格地加以限制，从而堵住了府王与其僚佐结成集团之路。开元十年（722）春正月，玄宗取消了王公以下视品国官参佐及京三品以上官仗身职员。开元年间视品官被彻底取消，诸王不再有自辟署官的权力。既然诸僚佐的任命不由诸王，那么僚佐与其府王之间，交构成祸的可能性大大降低，从根本上限制了诸王对朝廷官员施加影响。

第三，经济体制改革——削弱诸王贵族的经济能量。唐朝前期诸王用度非常之大，太宗时期，魏王李泰的用度甚至超过太子李承乾。《周礼·天官冢宰》中多处规定太子的花费不受预算管理制度的约束。在唐代，这种惯例时常被引用，比如唐太宗《皇太子用库物勿限制诏》提到“储贰不会，自古常式”；与诸王相比，唐代太子没有封邑，所以虽说其用度理论上不受限制，但是在实际的操作上，太子的用度是受到各种限制的，即使皇帝、朝廷不加限制，但是为了在如履薄冰的政局中保住储君的位置，大多数太子也会尽量控制花费，树立自己的良好政治形象。在这种情况下，亲王的经济能量不会与太子相差太多，有时甚至超过太子，比如中宗时代的相王封万户，经济实力远超当时的太子李重俊。从开元年间起，玄宗的种种措施大大压缩了诸王的用度。

唐前期诸王的收入主要是封邑的收入。所以，对食实封制度的改革，是最关键的一步。食实封制度下，皇室成员的食封收益是直接分割国家预算内的课户及其租调额而来，而且不管水旱灾害，封户的租调也不能豁免。唐朝刚建立时，食封之家不过二三十家，亲王食封八百户，有至一千户。到了中宗时代，食封之家已经超过百家，其中

《中山出游图》(局部，宋末元初龚开绘)。图中描绘了被钟馗降服的小鬼们抬着他和他的妹妹走在又去打鬼的路上。传说唐玄宗遇到一个小鬼，大鬼前来相助，抓住了小鬼，挖了小鬼的眼睛并把他吃掉。唐玄宗问大鬼是谁？大鬼说他是钟馗。为了回报玄宗后来追赠他的荣誉，钟馗发誓灭掉世间所有的恶鬼。

皇室子弟的食封达到了三万多户，相王、太平公主、卫王、温王、长宁公主、安乐公主等封邑已经膨胀到惊人的地步，相王食封增加到七千户、安乐公主三千户、长宁公主两千五百户。加上其他权贵的封户，遍布全国五十四州物产丰饶的地区。亲王有自己的国官系统，直接向封户征收。中宗时代宰相韦嗣立调户部资料，发现食封之家庸调已经超过一百二十万匹，而唐朝国家每年庸调绢数，也不过百万。因此出现了“国家租赋，太半私门，私门则资用有余，国家则支计不足”(《旧唐书》卷八八《韦嗣立传》)的局面。巨大的经济实力，构成了唐代前期皇权屡屡遭到挑战的经济基础。诸王公主及围绕其周围的贵族子弟，在经济能量和政治权势的鼓舞下，使唐前期的皇位继承，深受政治集团斗争的影响，没有一个名义上的皇位继承人能够登上皇位。从这个意义上讲，玄宗的财政改革，具有重要的政治和经济意义。

玄宗登基以后，除了原来已封的皇兄弟外，皇子封王者，封户一律二千户，即使特殊恩遇，也尽量不超过三千户。更为重要的是，他改变了之前的征收方式。在改革之前，唐政府赐给食封家的封户就是均田制下的课户，他们有权像封建国家一样征收这部分课户的租庸调。州县与亲王国官共执文账，准其户数，收其租调，分为三份，其一入官（中央政府），其二入国（亲王公主封邑）。也就是说，诸王公主得到封户缴纳的三分之二，不但有租调，还有庸（《大唐六典》卷三《尚书户部》）。开元三年（715）五月，玄宗规定，食封家之封物，总合送入京师，一般不再许食封家派人直接到封户之州征取。这一精神在开元十一年得到加强，玄宗彻底取消了食封家直接收取封物的权力，改为国家征收后送到京城，然后由食封家领取，庸调也降到以三丁为限，食封家的收入也减少了。因为亲王不出阁，被玄宗集中起来，由宦官监视居住，实际上诸王食封在支付形式上已经变为俸给制，管理方案也完全纳入国家预算内支出计划。

第四，十六王宅的出现。十六王宅是唐中后期政治中的一个重要概念。宦官之所以能够当权，跟他们能够控制十六王宅，操纵皇位的继承很有关系。在玄宗以前，亲王有自己的王宅和王府，王府是办公机构，王宅是私人住所。从武则天后期开始，诸王开始呈现出集中居住的趋势。自睿宗从皇嗣降封为相王开始，相王旧宅被安置在太极宫和大明宫之间的长乐坊，就是为了便于控制。长乐坊与后来的十六王宅的共同之处，是位于太极宫和大明宫之间，而且北边与禁苑相邻。这很明显是一个限制居住的地方。相王诸子居住在兴庆坊，号五王子宅，也是十六王宅的预演。兴庆宫因为是玄宗旧宅，在其登基之后改为兴庆宫。兴庆宫成为玄宗时代重要的政治中心，同时，大

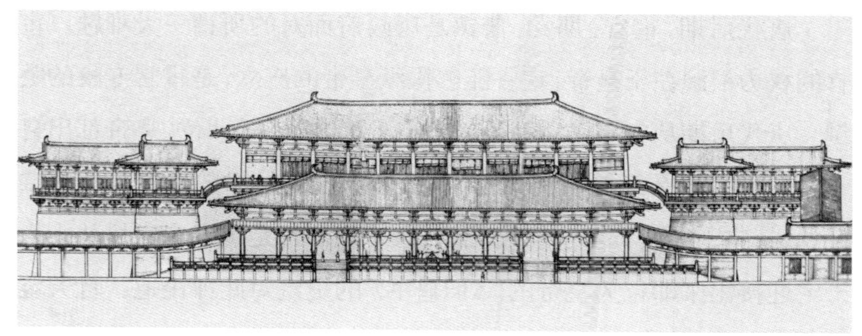

唐大明宫麟德殿遗址复原南立面图（杨鸿勋《建筑考古学论文集》）

明宫在政治生活中的角色也越来越重要，而原先的太极宫则逐渐演变成礼仪性的皇家空间。

开元中，玄宗就下诏附苑城为大宫，分院而处，号“十王宅”，将诸皇子都纳入其中居住，“中人押之”，也就是由宦官掌管这些皇室子弟的生活。在十六王宅中，宦官负责监控、太子家令负责饮食、侍读负责教育，诸王本有一大套僚佐班子，此时“府幕列于外坊，岁时通名起居”，基本上跟自己的府主隔绝开来了。唐前期一百年里飞扬跋扈的亲王从政治权势的角逐者，沦为了宦官控制下的囚犯。司马光对此评价道：“宦官押之，就夹城参起居，自是不复出阁。”（《资治通鉴》卷二一三“开元十五年五月”条）从范围上讲，十六王宅包括永福坊全部和兴宁坊一部分。从玄宗以后，唐代皇位的继承模式发生了重大变化，之前要想夺取皇位，主要依靠宫廷革命的方式进行；在此之后，则主要通过宦官从十六王宅挑选并控制继承人的方式进行。唐代中后期皇帝大多出自十六王宅，而宦官有管理的权力，这对于宦官所操纵皇帝的废立非常重要；同时，因为皇族子弟作为皇权补充的作用为宦官所取代，宦官成为皇帝权力的延伸。

唐代后期，宦官、朋党、藩镇是唐政府面对的所谓三大难题。宦官的权力根源在于皇帝，宦官能够操纵皇帝的废立，是宦官专权的关键。唐代后期从宣宗以后，没有真正意义上的太子即位，皇帝都出自十六王宅。那么能够控制十六王宅，即为控制储君的关键。从文宗开始，武宗、宣宗、懿宗、僖宗、昭宗、哀帝全部都是由宦官直接从十六王宅迎接出来即位为皇帝的。《旧唐书》的史臣对此评论道："自天宝已降，内官握禁旋，中闱纂继，皆出其心。故手才揽于万机，目已睨于六宅。"（《旧唐书》卷一七五《九宗诸子传》）这里的六宅，就是十六王宅的简称。

安史之乱后，宗室诸王曾经有几次复兴权力的势头，但是都没能改变政治格局。安史之乱时，玄宗曾一改过往政策，派遣诸王出镇，其中最重要的是永王璘充山南东道、岭南、黔中、江南西道节度都使。永王璘出镇，成为肃宗朝初年的一件大事，标志着玄宗从实行隔绝皇子与外界的联系的压制政策到以皇子代替边镇将领典兵的重要转折。不过永王璘因内讧而兵败。永王璘的起兵，是唐代中后期诸王复兴自己政治影响的一次尝试；他的失败，归根结底是诸王擅权已经失去了唐前期的政治土壤。李德裕曾建言废除十六王宅，希望能够压制宦官权势，但是最终也并未实行。到了唐昭宗时代，唐帝国已经进入风烛残年，作为皇权延伸的宦官也屡遭强藩的打击。景福二年（893），昭宗试图让宗室子弟掌握禁军，也很快就在强藩和宦官的挤压中失败了。当皇权所依赖的宦官势力被剪除以后，这时候唐王朝灭亡的命运也就到来了。在这个时候，唯一可以依赖的，只剩下宗室势力了，但是这时候的亲王势力长期受到压制，已经不可能承担起复兴唐王朝的使命，只不过成为唐王朝最后的挣扎。

唐前期，诸王、特殊贵族成员在政治生活中纵横捭阖，其他贵族官员投机其间，是一百多年中皇位继承由实力决定的基础。玄宗加强皇帝权威、压制其他潜在政治中心的措施，最终将各大家族和某些特定社会群体投机政治的道路堵住，使得唐代前后两期，政治面貌截然不同。而且就知识和信仰界而言，也产生了重要的影响。首先是佛教从政治中心舞台退出，再也没能像隋文帝或者武则天时代那样成为主导的政治意识形态之一。针对富户强丁多削发以避徭役的事实，开元二年（714），玄宗命令沙汰天下僧尼。这次以伪妄被勒令还俗的，有一万二千余人。玄宗又规定，自此以后，各地不得新建佛寺；旧寺颓坏了，也要报请官府查实，才许加以修葺。玄宗在开元年间，特别下诏，禁止百官家与僧尼、道士往来，甚至一度禁止民间铸佛、写经。另一方面，持术数、星相的术士也在打击之列，被禁止出入百官之家。在从贵族政治转向以皇帝为中心的官僚层级制的过程中，玄宗扮演了重要的角色。

玄宗改革的历史意义

不论中国还是西方，在政治制度演进上都存在过从封建君主制到专制君主制的演变过程，在社会性质上表现为贵族社会向平民社会的演进。在封建君主制下，皇帝既是皇族，又是贵族，与皇权并立的还有贵族权（西方还有表现为教士权的贵族权）；官员大多由门荫而不是选举（考试）决定；社会阶层是缺乏流动的。从封建君主制到专制君主制，存在着君主和贵族的矛盾和斗争，在东西方，这种斗争的结果，都是王权取得了胜利。

唐玄宗泰陵

王权与贵族权的斗争使得王权要引进新的政治力量，这种新的政治力量，必须是贵族阶层之外的力量。马克斯·韦伯(Max Weber)《学术与政治》在探讨职业政治家的来源时论述道：面对贵族等级，君主要从这个等级之外寻觅政治上可资利用的阶层，可以说，以往“职业政治家”是在同贵族等级的斗争中发展起来的，他们是为君主效力而存在的。这些阶层，首先可以列举出僧侣阶层，除了中世纪基督教地区以外，还存在于东印度、西印度、佛教影响下的中国、日本，僧侣在技术上可资利用，首先是他们能识文断字，具有行政处理能力，同时他们要恪守独身的原则，处于政治经济利益纷扰之外，不会出于私利或者子孙的利益被权力斗争所诱惑。第二种可资利用的阶层，是受过人文主义教育的文人。中国的士大夫一开始就和西方文艺复兴时期的人文主义者类似，他们具有行政处理能力，同时由于出身的原因，会自觉地站在贵族的对立面，所以也成为君主对抗贵族的重要力量。第三种是宫廷贵族。第四种是英国所独有的“绅士”阶层。第五种是大学里训练的法律专家。

韦伯关于职业政治家来源的讨论，更多地来自西方的政治土壤。在中古中国，除了韦伯所谈到的这些阶层以外，君主借以加强君权、对抗贵族的政治力量，还有其他的类型。其中一种力量就是君主的家奴，在东方经常表现为宦官。因为身体上的原因，加上宦官在身份上对君主的依赖性质，所以宦官不能作为一个独立的阶层威胁到君主的权力，所以经常被皇权利用为武器。这也正是中国历史上经常出现宦官专权的原因所在。其实这不是只有中国才有的情况，在奥斯曼土耳其帝国，也有类似的情况出现。

从封建君主制到专制君主制的演变过程，在整个中国专制君主政治的历史过程中，表现之一是一种从家族统治到个人统治的过程。周代的分封制，就是以姬姓为主体的贵族统治；秦始皇将皇帝以外的皇室成员置于庶人的地位，实行完全的郡县制，可能是一种急政，超越了当时的时代。从汉代到南北朝，虽然限制皇帝以外皇族权力的措施在不断加强，但是始终避免不了任用皇族担任政府重要官员。西汉和西晋实行亲王分封或者

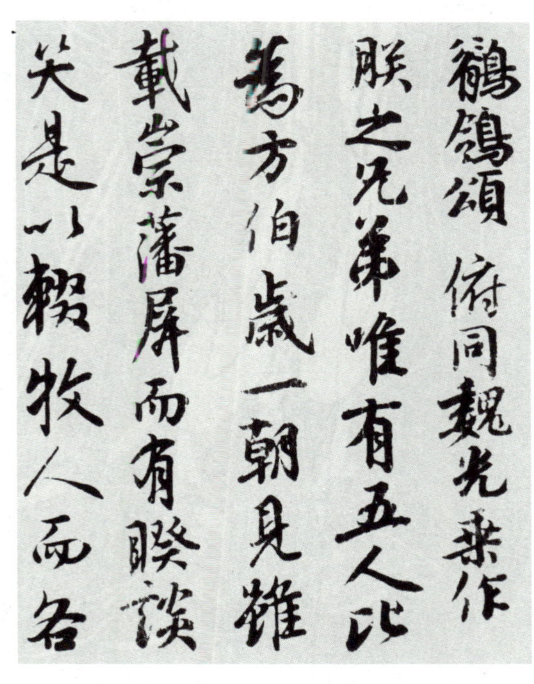

唐玄宗《鹡鸰颂》(局部，现藏台北故宫博物院)

先师孔子行教像。下方落款“唐吴道子笔”，并加盖一方印章。吴道子(约680—759)，为唐代宫廷画家，唐玄宗赐名道玄，世称“画圣”。长于道释人物、鸟兽、草木、台阁等。唐代敦煌莫高窟壁画，多受吴风影响。

出镇，南北朝时期不论南朝或者北朝，都给予皇室成员重要的权力。这种情况一直延续到了隋代和唐朝的前期，在政治上产生了重要的影响。产生这种情况的原因，一是政治制度的简单和不完善，需要皇族成员来补充；二是社会阶层的结构导致的，世家大族的存在，要求皇族在政治上也保持强大。

但是皇族作为皇权对抗贵族的政治力量，存在致命的弱点。因为皇族子弟既为皇族，又是贵族，皇族子弟对皇位的觊觎，很容易被其他贵族大臣所借用，从而对皇权构成威胁，所以皇族不是理想的可供皇权利用的力量。隋唐两代上承魏晋南北朝的士族政治，下启平民化时代的宋朝，是一个重要的历史时期。隋唐两代的王府，在其政治生活、社会生活中的地位以及作用，也就截然分为两期。不论南朝、北朝，王府的地位都非常重要，在这一点上，隋代继承了南北朝的政治传统，亲王权势更加强大。唐朝前期，李世民就是依靠其王府的力量登上皇位的。在整个唐玄宗以前的政治史中，王府势力都扮演着重要的角色，几乎贯穿于唐前期政治史的始终。王府不但作为一个政治力量出现，而且在宗教、文化、艺术等领域，都占据一席之地，通过搜集大量相关人才，发挥重要的影响。但是从唐玄宗开始，王府的地位日渐降低，在各方面的影响渐渐消失。这个过程反映了从贵族政治到平民化社会、从封建国家体制向中央集权的官僚制的转变。亲王权力的下降这个过程，由于蒙古的入侵而被打断，在明清产生了反复，这是后话。从王府的角度来看待唐代某些历史进程，会有一些新的启发。

唐玄宗采取措施控制亲王们的权力和影响，并加强皇帝个人的权威。可是，在没有皇族成员作为屏藩的情况下，宦官作为皇帝个人权力的延伸开始兴起，这导致了唐朝中后期的宦官专权。但宦官和皇权是相依相存的，宦官的消灭，成为唐朝灭亡的重要标志。

在宋朝以前，科举制始终还不能在政治中居于主导的地位，所以皇权便依靠了宦官阶层，来应付当时的政治局面。到了宋代，科举产生的读书人官僚在政治中占据了最重要的地位。这批人经过学习儒家经典具有深入骨髓的忠君爱国思想，而且具有行政处理能力。皇帝和士大夫共治，基本上成为中国政治的主流。从宋代开始一直到清朝结束的一千年中，再没有权臣贵族可以取代既有的皇室而上台，这与之前的一千年的情形非常不同。

07 宽容而灿烂的精神世界

唐代是一个佛光照耀的时代，但是除了佛教之外，其他宗教比如道教、祆教、景教、摩尼教、伊斯兰教等，都可以得到宽容的对待。各种宗教之间也并没有出现像世界其他地方那样的宗教战争，而是能够和谐地共同发展繁荣。在长安、洛阳、凉州、沙州等地的波斯和中亚商人建立了祆祠；景教也能够"法流十道"、"寺满百城"（《大秦景教流行中国碑》）；而摩尼教在唐中期一度非常昌盛。信仰的宽容，给知识创新创造了良好的条件。在各种文明的交汇融合下，唐代的物质文化、艺术创造、科技发明都取得了令人赞叹的成就。佛教的流行推动印刷术的发明与推广，雕塑、绘画、音乐、舞蹈更为绚烂的唐代文明增添了亮色。在一个有创造力和想象力的环境下，社会的进步往往呈现百花齐放的形态，并在各个领域表现出来。

西行求法运动和佛教的本土化

"观夫自古神州之地，轻生殉法之宾，显法师则创辟新途，奘法师乃中开王路"（《大唐西域求法高僧传》卷上），这是义净对法显、玄奘

携虎行脚僧幡（唐代绢画）。敦煌藏经洞流失文物，现藏法国吉美博物馆——表现从印度取经归来的僧人，与虎相伴而行。

功绩的评价。佛教从公元前二世纪左右传到我国的新疆地区，东汉时传入内地，此后数百年中，到中土传播佛教的僧人都是来自古印度和中亚各国，还没有内地僧人主动出国求取佛教经典。从三国时期的朱士行开始，汉地僧人或自发结伴，或受官方派遣西行求法取经，这就是中国僧侣的西行求法运动。西行求法运动绵延千年，是中国历史和亚洲历史上最为重要的事件之一。它不断给中国输入外来的知识、信仰和精神元素，而且也促进了东方世界不同文化的交流与融合。随着佛教在印度本地的衰落，中国逐渐成为佛教的中心，佛教成为中国传统的一部分。

西行求法运动的高潮在东晋时期，隋唐时代中国佛教日渐自信，但是西行求法依然是连接各处佛教的重要途径。而且唐朝诞生了玄奘、义净等西行求法的高僧，对文化交流和佛教发展作出了重要贡献。唐朝之后，佛教在印度和中亚彻底衰落，虽然仍有零星的求法僧人，但是已经对中国文明没有太大的影响。

攝大乘論序

沙門惠愷述

嚴之

夫至道弘曠無思不洽大悲平等誘進靡窮德被含生理非偏漏但迷塗易久淪惑難息若先談出世則疑性莫啓故設教立方各隨性欲唐虞之前圖諜簡少姬周以後經誥弘多雖復製禮作訓並導之以俗法而真假妙趣尚冥然未覩故迹隱葱嶺以西教秘滄海之外自漢室受命方稍東漸爰及晉朝斯風乃盛梁有天下彌具興隆歷千祀其將半涉七代而迄今法蘭導清源於前童壽振芳塵於後安叡騁壯思以發義端生肇擅玄言以釋幽致雖並策分鑣同瀾比泒而深淺競馳昭晦相雜自茲以降篤好愈廣莫不異軌同奔傳相祖習而去取隨情開抑殊軫慧愷志慚負橐勤愧聚螢謬得齒迹學徒禀承訓義遊寓講肆多歷年所名師勝友備得諮詢但綜涉疎淺鑽仰無術尋波討源多所未悟此蓋慮窮於文字思迷於弘旨明發興嗟負心非一每欲順風問道而未知厥路有三藏法師是優禪尼國婆羅門種姓頗羅憧名拘羅那他此土翻譯稱曰親依識鑒淵曠風表俊越天才高爽神辯閑縱道氣逸群德音邁俗少遊諸國歷事衆師先習外典洽通書奧苞

《摄大乘论》书影

玄奘(600—664)是河南缑氏人。贞观三年(629),他离开长安,踏上了西行求法之路。他的西行并未取得官方的批准,所以可以说是一次偷渡行为。最初他跟一群商人一起上路,到达凉州。凉州都督李大亮不同意他西去,最后在当地高僧的帮助下,他昼伏夜行,经过张掖抵达瓜洲。虽然朝廷命令玄奘返回的访牒已经抵达瓜洲,但是瓜州刺史为玄奘的精神所打动,放他西行。唐初西行之路出玉门关后分南北二路,北路由天山南麓过葱岭。南路由昆仑山北麓向西过葱岭,玄奘选择了北路。靠着驼马粪和骸骨的痕迹,他穿过了上无飞鸟、下无走兽的莫贺延碛。如果不是中途找到水源,也许玄奘也就葬身黄沙之下了。出了大沙漠,玄奘经过今天的哈密抵达高昌国,得到了高昌国王麴文泰的热情挽留。最后玄奘以绝食相要挟,才获得放行,玄奘许诺取经返回之后在高昌讲经三年。从高昌国经过大大小小二十多个国家，玄奘终于在离开长安一年之后到达北印度。

进入印度后，玄奘到处瞻仰佛教圣迹并随处求学。贞观五年(631)玄奘进入著名的佛教中心那烂陀寺学习。这座寺院是当时世界上最重要的佛教大学，在那里学习的僧徒经常在万人以上。主持者戒贤法师为玄奘的宗教精神所感动，破例为其讲授《瑜伽论》。玄奘的语言能力在这一时期也得到了极大的提高。数年后，玄奘的佛学造诣已经达到了很高的水平，可以在那烂陀寺为全体僧众讲授《摄大乘论》、《唯识决择论》等。虽然不断有师子光等高僧对玄奘的学问进行挑战，但是都没有挫败玄奘，反而使玄奘的声誉更加远播。根据玄奘自己的描述，他刻苦钻研佛教，受到了印度各界的尊敬和重视，甚至东印度的迦摩缕波国国王鸠摩罗遣使来邀请他去该国讲授佛经，被拒绝后甚至以武力相威胁。北印度羯若鞠阇国雄主戒日王也请玄奘去该国讲学。两国相持不下，最后决定在曲女城召开学术辩论大会，请玄奘主讲。根据玄奘自己的讲述，他在这次学术盛会上取得了极大的成功，其博学名声，折服了整个印度。

虽然玄奘在印度取得了极高的声誉，他还是选择回国。贞观十七年(643)，玄奘携带收集的佛经佛像，踏上归国之路。他的回国受到了戒日王和印度高僧的挽留，并指出印度是佛土，而唐朝处于边地，为何要舍弃佛土而去边地。这种观点确实有一定吸引力。当初法显西行求法时，同去的道整法师就羡慕印度僧团的威仪盛况，发誓留在印度不再返回中土，法显则毅然决定独自返回。玄奘回到唐朝，成为当时的一件盛事。玄奘带回佛经五百二十夹、六百五十七部，在太宗的支持下于长安弘福寺进行翻译。十九年间，玄奘孜孜不倦地译出梵文经典七十四部，一千三百多卷。玄奘精通梵汉文，所以翻译质量较高，并且对汉语产生了一些影响，比如“印度”，原先翻译为“身毒”或“贤豆”，玄奘将其修正为“印度”。玄奘也奉太宗的命令把《道德经》、《大乘起信论》从汉语翻译为梵语。

在玄奘返回时，唐朝正在计划把势力深入到中亚腹地。玄奘的到来，为唐朝收集相关情报资料提供了方便。唐太宗在洛阳召见玄奘的时候，就敦促他将自己在西域、印度的见闻撰写成书。于是由玄奘口述，弟子辩机执笔，于贞观二十年（664）七月完成了《大唐西域记》一书。《大唐西域记》分为十二卷，十余万字，详细记述了玄奘亲身经历的一百余国和得之传闻的二十八国的情况，描述了其国名、地理形势、幅员广狭、都邑大小、历时计算法、国王、族姓、宫室、农业、物产、货币、食物、衣饰、语言、文字、礼仪、兵刑、风俗、宗教信仰以及佛教圣迹、寺数、僧数、大小乘教的流行情况等内容。这些记

《观无量寿经变·乐舞图》

盛唐高髻女俑

载成为研究这些地方和国家古代历史以及当时中西交通的宝贵资料。玄奘的西行求法，直接沟通了唐朝与南亚的联系，促进了唐朝跟天竺各国的交往。玄奘不愧是一位凿空而中开王路的先驱，在宗教、交通、翻译、撰述各个领域都有杰出的贡献。

玄奘在政治上也颇有建树，他曾试图树立高宗之子李显，也就是后来的中宗为佛教领袖。中宗即位后追述其与玄奘的关系，继续将佛教作为支持自己统治的主要意识形态之一。玄奘不但在给太宗、高宗的上表中将中土的天子描述为转轮王，而且在给印度的旧识写信时，也将唐朝皇帝的统治赋予转轮王的特点。永徽五年(654)春，法长(Dharmavardhana)返回印度，玄奘写信给中印度摩揭陀国三藏智光法师(Jñānaprabha)。在信中，玄奘讲道："即日大唐天子圣躬万福，率土安宁，以轮王之慈，敷法王之化，所出经论，并蒙神笔制序，令所司抄写，国内流行，爰至邻邦，亦俱遵习。虽居像运之末，而法教光华，邕邕穆穆，亦不异室罗筏誓多林之化也，伏愿照知。"(《大唐大慈恩寺三藏法师传》卷七)也就是说，玄奘给自己在印度的师友讲，大唐的佛教已经跟印度本地的佛教并无高下之分，而且唐朝皇帝有佛教理想君主转轮王的仁慈，其统治也如转轮王一般无二。尽管晚年的玄奘因为卷入党派斗争而有些落寞，但是麟德元年(644)当其在长安郊外的玉华寺院去世时，仍得到了高宗的追念。

玄奘以后，又有义净(635—713)前往印度求法。义净是唐代仅次于玄奘的重要求法高僧。与玄奘不同，义净选择了从海路前往印度。高宗咸亨二年(671)，义净从今天的广州乘波斯商船前往印度。途经室利佛逝国，居留半年学习佛法。然后再乘船抵达印度。与玄奘一样，义净在那烂陀寺学习了十年，而且在印度瞻仰圣迹、拜访高僧。685年，他离开印度再次回到室利佛逝，在那里居住了七年。

义净在武周政权宣扬符命过程中扮演了极其重要的角色。690年，武则天正式改唐为周，改元天授，并极力宣扬自己佛教转轮王的神圣地位时，义净请在室利佛逝国结识的来自沣州的大律法师携带他的著作（包括《南海寄归内法传》）和所译经文十卷到洛阳呈给武则天。也就是在这一年，沙门怀义、法明进《大云经疏》言武则天为弥勒下生，当作阎浮提主。武则天对义净此举相当嘉许，证圣元年(695)，已经六十岁的义净启程北上，并于次年五月抵达洛阳。武则天对义净的到来给予了充分的重视，“亲迎于上东门外，诸寺缁伍具幡盖歌乐前导，敕于佛授记寺安置”，可谓前所未有之礼遇。义净带回的是“梵本经律论近四百部，合五十万颂，金刚座真容一铺，舍利三百粒”（《宋高僧传》卷一《唐京兆大荐福寺义净传》）。武则天得到一本玉册，上面有十二个字，无人能识，义净将其释读为“天册神皇万岁忠辅圣母长安”，于是武则天上尊号“天册金轮圣神皇帝”（赵明诚撰《宋本金石录》记述《圣教序》）。尽管义净参与政治宣传，但是他最大的贡献仍是佛经的翻译和相关著述。他先后在洛阳和长安两地翻译出经典六十八部二百八十九卷，大部分都是戒律方面的典籍。另外他撰写的《南海寄归内法传》，记载了所见所闻的印度和南海诸国佛教的情形，包括寺院生活、僧团制度等等，对于了解印度和

涅槃变局部(中唐,现存于甘肃敦煌莫高窟158窟南壁西侧)

天王、力士、菩萨像（洛阳龙门石窟奉先寺）

东南亚古代的历史以及佛教的传播具有重要意义。另外他撰写的《大唐西域求法高僧传》，记述从贞观十五年(641)到天授二年(691)五十六位求法高僧的事迹，具有很高的文献价值。

绚烂的文化和艺术

一个自由开放的社会，在艺术创造上也更有创造性和想象力。唐代在灿烂的宗教文明发达的同时，与之相关的雕塑、绘画、建筑等，都取得了令后人赞叹的成就。

虽然大多数气势恢宏的佛教建筑，经过政治起伏和连绵战火的洗礼，已经彻底毁掉，但是只要看一看同一时期甚至较晚的日本佛教建筑，就知道唐朝的佛教建筑是多么惊人。隋唐时代，与佛教紧密相关的寺塔、石窟、佛寺、佛塔等大量出现，有一些是具有纪念碑性的宗教建筑。留存至今的大、小雁塔就是唐代建造的。前者建造于高宗永徽三年 (625)，是高僧玄奘亲自设计，武周长安年间被毁，但是随后又重建。这座七层高达六十四米的密檐楼阁式建筑，经过一千三百年，仍然坚韧地矗立在那里。可以想象，当时世界之都长安城的天际线，被像大雁塔这样恢宏的佛塔装点着，俯视着来来往往的商旅、高僧、官员和普通市民，远眺着胡商驼队从西域往返，带来丰富多彩的舶来品。而这些来自亚洲各个角落的异乡人，尚未走进长安的城门，就远远看到星罗棋布的高层建筑，目瞪口呆之余该是多么羡慕盛唐的气象和风度。唐中宗这位可以说是唐朝历史上最为崇佛的君主，在短短的任内，又修建了小雁塔。为了修建这座塔，宫女们纷纷募捐，很快就让这座十五层的宝塔建立起来。走进长安城，佛光照耀之处，就能看到佛塔的身影，诠释着大唐帝国在信仰世界的地位。

开凿石窟，从佛教传入中国之初就已经成为中国人表达自己信仰的方式。隋唐的石窟艺术在前代的基础上又有了显著的发展。东都洛阳附近的龙门，到今天仍有一千三百多个佛教石窟，大多数都是隋唐时代开凿。作为天后的都市，洛阳在武则天时代取代长安成为帝国的首都，也因此成为东方世界的中心。则天武后在神都修建了前所未有的建筑——明堂和天堂。这两座带有鲜明佛教色彩的建筑，使整个洛阳城的空间层次异常鲜明。与之配套的天枢，是中

大雁塔

国古代少见的一座纪念碑，可以与罗马帝国修建的图拉真纪功柱(Trajan's Column)相媲美。天枢为铜铁铸成，由来自朝鲜半岛的毛婆罗造模，来自波斯的阿罗撼召集诸蕃王筹资修建，来自高句丽的高足酉也参与修建。天枢既是武周政权合法性的标志。

位于敦煌的莫高窟，保存了大量的壁画、雕塑，是世界上现存规模最大、内容最丰富的佛教艺术中心。莫高窟融绘画、雕塑和建筑艺术于一体，最大的第16窟达二百六十八平方米。其壁画内容博大精深，有佛像、佛教故事、佛教史迹、经变、神怪、供养人、装饰图案等等题材，还表现了当时狩猎、耕作、纺织、交通、战争、建设、舞蹈、婚丧嫁娶等社会生活各方面的情景。莫高窟壁画为中国美术史研究提供了重要实物，也为研究中国古代文明提供了极有价值的形象和图样。最高的第96窟，附岩修建了佛塔，内储高达三十多米的弥勒佛坐像，与崖顶等高，巍峨壮观。虽然武则天的天堂焚毁，敦煌的这座建筑为我们提供了可参照的样品。

1900年，王道士在莫高窟现在编号第16窟的石窟发现了一个长宽各2.6米、高3米的方形窟室，里面居然保存着从四世纪到十一世纪的文书和纸画、绢画、刺绣等文物五万多件。藏经洞出土的文书除了汉文文献，还有用古代藏文、梵文、齐卢文、粟特文、和阗文、回鹘文、龟兹文撰写的文书，内容主要是佛经，另有道经、儒家经典、小说、诗赋、史籍、地籍、账册、历本、契据、信札、状牒等，为研究中国乃至中亚文明提供了重要史料，补充了大量信息，保存了重要的人类文明的记忆。

唐代的木结构建筑工艺达到了很高的水平。五台山南禅寺和佛光东大殿是目前中国保存最为古老的木结构建筑。长安和洛阳的大量木结构建筑已经彻底毁灭了。但是从南禅寺大殿(修建于782年)和佛光寺(857年重修)来看,其建筑规模宏大,技术高超。雕塑也形成了新的风格和特色,不论是石雕还是泥塑,都气势宏伟、形象生动。四川乐山大佛,是唐代的作品,高达七十一米,是目前最大的石佛像。这些雕塑艺术品,是中国文化的瑰宝。

乐山大佛

佛教推动纸的使用和传播,推动了印刷术的发明和更新,在艺术上,也推动了绘画的发展。敦煌莫高窟中大量以佛教为题材的壁画,深富独创精神和超凡的想象力。唐代的三彩陶俑制作精美,能够刻画出人物的精神状态和感情思想,而动物俑以马和骆驼为多,形态逼真,生动地反映了唐帝国开放的时代精神。唐

佛光寺大殿内景

《八十七神仙卷》(局部,吴道子线描人物)

代著名的塑像家活跃在长安和洛阳等大城市,为数量众多的寺院和普通民众塑像。长安各大寺院的壁画,俱出名家之手,主要仍是以佛教画为主。吴道子擅长佛道画,号为“画圣”,他在传统的兰叶描和从西域传来的铁线描之外,别创出一种圆润的“莼菜条”,又吸取

《屏式仕女图》(原绘于陕西长安南里王村唐墓墓室西壁,现藏陕西省博物馆)。由六扇屏风所组成的游春图,为研究唐代庄园生活提供了珍贵的资料。

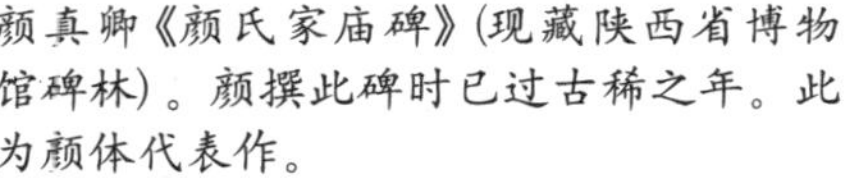

颜真卿《颜氏家庙碑》(现藏陕西省博物馆碑林)。颜撰此碑时已过古稀之年。此为颜体代表作。

颜真卿《颜勤礼碑》(西安出土,现藏陕西省博物馆碑林)。颜真卿撰文并书,是他为曾祖颜勤礼立的墓碑。

梁代张僧繇和西域画派的晕染法,使其画作富有立体感。其所画人物,“虬须云鬓,数尺飞动,毛根出肉,力健有余”,是盛唐时代宗教画的代表人物。擅长人物故实的阎立德和阎立本兄弟、擅长仕女画的张萱和周昉、发展了山水画的展子虔、善画金碧山水的李思训等,都在中国绘画史占有重要地位。受佛教文化熏陶至深的唐代大诗人

唐三彩釉陶骆驼载乐俑
(中国国家博物馆藏)

王维，首创中国水墨山水画，被称为山水画南派之祖，对后世的水墨山水画影响深远。敦煌等地壁画中的经变画，内容纷繁、构图紧密，展现了当时画工们的高超水平。从这些经变画中，可以一窥唐代绘画的风采。

隋唐时代，音乐世界发生了翻天覆地的变化。中国传统的五音音阶、丝竹钟磬的乐器，在域外传入的新的乐理和乐器冲击下，出现了融合。大量胡人创作的乐曲在唐帝国内广泛流行。唐代《十部乐》包括《燕乐》、《清乐》、《西凉乐》、《天竺乐》、《高句丽乐》、《龟兹乐》、《安国乐》、《疏勒乐》、《康国乐》、《高昌乐》。唐代的音乐中加入了中亚、印度等地的音乐元素，融合造就了唐代的新音乐。这是中国音乐史上的一个高峰。而且可以说，西域音乐在唐代音乐体系中占据重要的位置。唐玄宗非常喜欢羯鼓，这从侧面反映出西域音乐在当时社会中的地位。唐南卓《羯鼓录》记载："上性俊迈，酷不好琴，曾听弹琴，正弄未及毕，叱琴者出曰：'待诏出去。'谓内官曰：'速召花奴，将羯鼓来，为我解秽！'"正是因为唐朝宽容开放的心态，海纳百川的气度，才能够持续推动音乐体系的革新。除了音乐，唐代的舞蹈也是吸收多种文明的精华，气度恢弘。隋唐舞蹈分为软舞和健舞，软舞有乌夜啼、凉州、回波乐等；健舞有剑器、胡旋、胡腾等。胡旋舞、柘枝舞等，都是来自中亚昭武九姓的舞蹈，在唐朝非常流行。唐代的大曲都是舞曲，每一曲分为十二大段，结构复杂。具有故事情节的戏，比如《兰陵王》等，在唐代非常流行。木偶戏也出现了。唐代的杂技表演也很活跃，从唐代的壁画中，就可以看到表演杂技的场景。

唐诗的世界

唐代历来被视为中国诗歌水平最高的黄金时期，因此有唐诗之说，与宋词并举。中国自《诗经》、《楚辞》、《汉赋》、《乐府》以来一直有作诗的传统。隋唐除了承袭古体诗的体裁，亦同时发展出结构更为工整的近体诗，如四句的绝句和八句的律诗，对押韵、平仄等有更严格的要求。留存到今天仍有两千两百多个诗人创作的近五万首作品，是中国文学的瑰宝。唐代涌现了大量杰出的诗人，突破旧有的文学形式，使唐代诗歌发展到高度成熟的阶段。唐代前半期是中国文明的开拓时期，疆域辽阔，经济繁荣，交通发达，思想包容，各种文明的交汇，给唐诗的发展提供了良好的环境。从某种程度上说，不同文明的融合，造就了唐诗的成就。

唐诗大致可分作四个阶段：初唐、盛唐、中唐和晚唐。初唐通常指唐朝建国至唐玄宗之前的约一百年，盛唐指唐玄宗至代宗的约五十年，中唐是德宗至文宗的约五十年，而晚唐则是文宗后期至唐朝灭亡的约七十年。实际上阶段之间并无严格的分界。隋代和唐初的诗人，大多出身贵族，风格承袭南朝余绪。到了高宗时代，诗坛出现了一个小小的高潮，初唐四杰的王勃、杨炯、卢照邻、骆宾王成为诗坛的佼佼者。从选题上看，他们开始描写城市和边塞的生活，有的作品带有鲜明的政治意涵。陈子昂（661—702）排斥南朝齐、梁彩丽竞繁的风格，主张恢复诗歌反映现实生活的传统。他的诗刚健素朴，一扫齐、梁以来绮靡、颓废的遗风。但是并不是说齐梁旧风就此消失，实际上各种风格仍能同存。比如沈佺期和宋之问就能创作出不同于陈子昂风格的佳作。从某种意义上说，陈子昂是复古派，追求的是汉魏风骨，但是却以复古而开拓。此时律诗体制渐次完成，格式固定下来，五七言绝句地位亦提高。

开元、天宝时期是大家追忆的盛唐时期。不但文明发展到新的高度，而且唐朝对外处于开拓攻势，同时也是中外文化交流的黄金时代。这时的诗人发展了诗歌的各种风格和形式，流派众多，缤纷灿烂。随着唐朝拓边，边塞诗兴起。唐代“宁为百夫长，不为一书生”的价值取向在中国文明的前期并不稀见。宋代之后却转换为“好男不当兵，好铁不打钉”。拓展与收敛之区别一目了然。边塞诗代表人物王翰、岑参、高适、王昌龄和王之涣，作品多描写边塞瑰奇风光和军旅战争生活，表现征人离妇的思想感情，诗风奔放雄伟，富于浪漫气质，气象雄浑。王翰的《凉州词》描述长征战士的豪迈与不惧生死：“葡萄美酒夜光杯，欲饮琵琶马上催。醉卧沙场君莫笑，古来征战几人回？”王昌龄描写唐朝军队的气势与战斗力：“黄沙百战穿金甲，不破楼兰终不还。”“但使龙城飞将在，不教胡马渡阴山。”从某种意义上说，都是对当时唐朝开拓疆域的描述。宋代的诗歌中，就较少出现战马、边塞、战争的内容。

有边塞的安全，就有隐逸的生活。山水田园派的王维、孟浩然和储光羲，描绘了恬静的田园和幽寂的山水，作品以五言为主，描写出人们追求清静闲适的

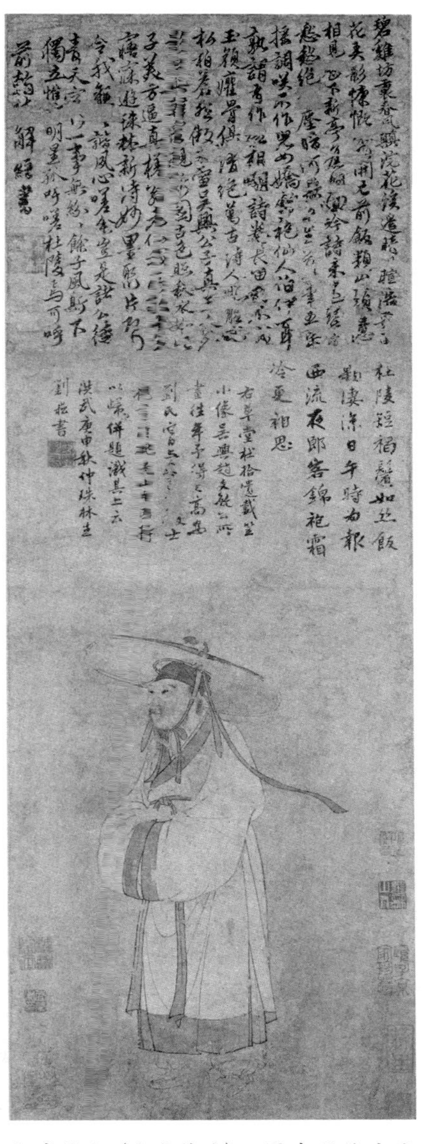

杜甫像轴（元代佚名）。图中所绘唐代诗人杜甫侧身拱手，头戴竹笠，凸显一派儒雅文士之形象。

精神生活。但是也有像高适这样描写农民疾苦、关心家国命运的现实主义诗人。高适还创作了不少著名的边塞诗。盛唐时期的李白和杜甫是浪漫主义和现实主义诗歌艺术的集大成者。李白能够汲取魏晋以来优秀的诗歌传统，又能采撷各种文明因素开拓创新，其作品雄放无比，线条大刀阔斧，手法变幻莫测，并不屑于精雕细琢，但是却最贴近自然。从他的诗歌中，可以读出唐代不同宗教、文化的影响，反映了当时人们思想的丰富与自由。与李白相比，杜甫（712—770）却是典型的现实主义风格，多取材政治兴亡、百姓疾苦、社会动乱等等，诗歌中带有深厚的儒家色彩，悲天悯人，被称为“诗圣”。杜甫律诗注重声律对仗，语言锤炼，为历代典范之作。风格多样，或雄浑奔放，或清新细腻，主要风格为沉郁顿挫。杜甫还开创了“即事名篇”的新乐府诗，描写民生疾苦，下启中唐新乐府运动。杜甫的一生，大部分是在忧伤和痛苦中度过的。生活的体验反映在他的诗歌之中。尤其是安史之乱后造成的社会摧残，让他写出了《悲陈陶》、《春望》、《北征》、《羌村》，组诗《三吏》、《三别》等一系列杰出诗篇。不过，虽然杜甫被认为是“纯儒”，把伦理纲常，特别是忠君视作立身的最高准则。但是，即便是像杜甫这样的士人，二元世界观的心灵结构在他身上也彰显得非常清楚，其思想里面有着深厚的佛道成分。在杜甫身上，既有佛道自认追求超越的存在境界（道，方外，出世间），也存在儒家的影响（世俗，尘网，区中）。在三教盛行的唐代前期，士人入仕则言儒，在野则归宗佛道，是普遍的现象。从表面看，杜甫既有深厚的儒者意识，又有佛道思想，好像他的心灵还属于东晋南北朝以来典型的“外儒内道”、“外儒内佛”形态。

中唐以后，唐诗发生转折，浪漫主义精神衰颓，现实主义进一步发展与成熟。贞元、元和时期，唐朝出现中兴气象。诗界提出了“文章合为时而著、诗歌合为事而作”的主张，发起了新乐府运动。白居易和元稹成为主要的代表人物，新乐府运动为主要潮流。白居易的《秦中吟》十首和《新乐府》五十首，是这些诗的代表作品。元稹的艳体诗和白居易的杂律诗反映了当时的都市生活。而韩愈、孟郊和李贺为奇险派诗人，比较偏重艺术技巧的新创，奇险冷僻。韦应物、刘长卿、柳宗元则是山水田园派诗人，柳宗元山水诗尤峻洁清丽。到了晚唐，唐诗风格也发生变化，杜牧、李商隐、温庭筠是其代表人物。皮日休和陆龟蒙是社会派诗人则以诗歌讽刺现实。唐诗对后代的诗歌创作有重大的影响，至今古体诗和近体诗仍然流行。唐诗中的典故也频繁为人所引用。唐诗的高度繁荣，跟唐朝开放自由的文化、思想环境有直接的关系。当时佛教的繁荣和思想的变迁，加上当时书法、音乐、舞蹈、雕塑、绘画等艺术形式都处于一个繁荣期，彼此影响，进而开拓了一个唐诗的时代。唐诗传入日本、韩国，对当地文化发展和文明的塑造发挥了一定作用。

敦煌壁画“像犹幻镜”

除了唐诗，唐代佛教昌盛，佛经大量翻译，在寺院中时常开展俗讲，俗讲的话本叫做变文。从印度等地传入的梵呗、唱导也传入中

《维摩诘经变》(盛唐，现存于甘肃敦煌莫高窟103窟东壁南侧)

国，运用佛曲和中国民间曲调歌唱赞偈，又用通俗的语言，夹叙夹唱，来宣传佛教教义。唐代长安的一些寺院，俗讲非常有名，乃至皇帝都去听讲。俗讲僧文溆以“其声宛畅”而享有盛名，“听者填咽寺舍，瞻礼崇奉，呼为和尚，教坊效其声调以为歌曲”。这既是一种宗教活动，又是文化活动，丰富了长安的日常生活。变文除了演绎佛经故事，比如《维摩诘经变文》、《降魔变文》和《大目乾连冥间救母变文》等等以外，还有《伍子胥变文》、《秋胡变文》、《孟姜女变文》、《王昭君变文》、《张义潮变文》等多种。这些都是以古代历史故事、民间传说或当代人物作为题材的。变文对于传奇小说以及后来的民间说唱文学有很大影响。

科技发达的时代

唐代除了人文发达，科技也处于黄金的发展时期。科技发展的成果不但推动中国社会进步，而且对周边文明体也有重要促进作用。

隋唐时期，作为文化载体的书籍，因为雕版印刷术的发明，从写本时代开始逐渐向印本时代过渡。这个过程非常漫长，是人类文明史上一大事件。中国秦汉时期有石刻印刷，但并不是真正意义上的雕版印刷。雕版印刷术的发明和推广，佛教的传播起到了至关重要的作用。随着文化的繁荣、佛教的传播，写本已经不能满足需要。最晚到隋代，已经产生了佛教雕版印刷术，但属于覆印而非仰印。唐代出现仰印。玄奘西行回国曾大量印刷佛像。到了唐代中后期，雕版印刷已经非常普及，元稹和白居易的诗歌已经被大量印卖于市，雕版印刷的日书也在民间广泛使用。唐末，成都大量印书，成为全国的印书业中心之一。现存的最早的雕版印刷品，是咸通九年（868）王阶印造的《金刚经》。经卷高约三十公分，长约五公尺，由七个印页黏结而成。卷首是一幅佛教画，后跟《金刚经》正文，画和文字都刻得很精美。刀法纯熟、印刷清晰，可见当时刻印技术已经很成熟。这件出土于敦煌藏经洞的珍品被斯坦因带回英国。现存中国较早的印刷

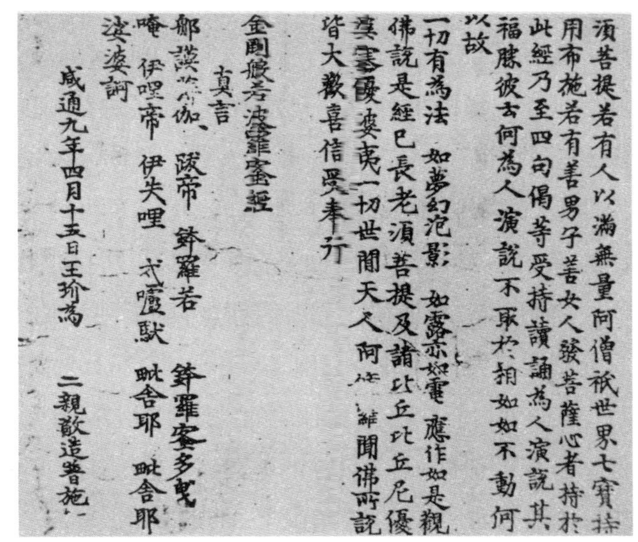
須菩提若有人以滿無量阿僧祇世界七寶持
用布施若有善男子善女人發菩薩心者持於
此經乃至四句偈等受持讀誦為人演說其
福勝彼云何為人演說不取於相如如不動何
以故
一切有為法 如夢幻泡影 如露亦如電 應作如是觀
佛說是經已長老須菩提及諸比丘比丘尼優
婆塞優婆夷一切世間天人阿修羅聞佛所說
皆大歡喜信受奉行
金剛般若波羅蜜經
真言
那謨薄伽跋帝 鉢羅若 鉢羅蜜多曳
唵 伊哩帝 伊失哩 戍嚕馱 毗舍耶 毗舍耶
莎婆訶
咸通九年四月十五日王玠為
二親敬造普施

《金刚经》（1900年甘肃敦煌莫高窟发现，现藏伦敦大英博物馆）

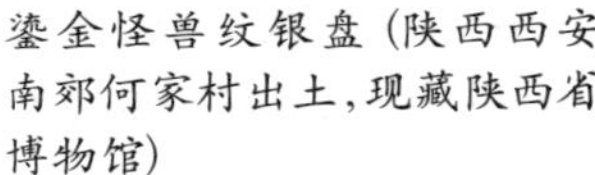

鎏金怪兽纹银盘（陕西西安南郊何家村出土，现藏陕西省博物馆）

摩羯纹金羽觞（西安太乙路出土，现藏陕西省博物馆）。摩羯系古代印度神话中的一种动物。此造型、纹饰均受外来文化影响。

品还有乾符四年（877）历书和中和二年（882）历书等，尤其是1953年出土于成都东门外晚唐墓的龙池坊卞家印卖《陀罗尼经》，也属精品。从出土的印刷品性质也可看出，佛教在印刷术推广中起到了重要的作用，大量出土的印刷品都是佛经。

隋唐与亚洲各国（如日本、朝鲜、印度、伊朗等）的经济文化交流，大多以佛教为连接线。唐朝末年，印刷术更加普及，广泛见于唐朝各地。出版的书种类也开始增多，除了佛经，还有历书、文学、咒本、阴阳杂记、占梦、相宅、九宫五纬之类的术数书。印刷术在中国发明后，逐渐传播到世界其他地区，促进了当地文明的进步。天宝十载（751），杜环跟随高仙芝在怛逻斯与阿拉伯作战被俘，送到库法，受到优待，使他得以周游西亚，并随着阿拉伯使团经过埃及、苏丹而到埃塞俄比亚的摩邻国。宝应初年(762)乘商船回国，写了《经行记》一书，惜已失传，惟杜佑的《通典》引用此书，有一千五百余字保留至今。根据《经行记》的记载，在大食国都亚俱罗，唐朝被俘的工匠有金银匠、画匠、绫绢织工、造纸匠等，唐朝工匠高超的技艺和

三彩骆驼载乐俑(西安西郊中堡村唐墓出土,现藏陕西省博物馆)

三彩骆驼及牵驼俑(陕西咸阳契苾明墓出土,现藏陕西省博物馆)

科技水准，对阿拉伯世界的进步有一定作用。造纸术也至迟在此时传入阿拉伯世界。

唐代在天文、数学、历法、星占、气象、仪器制造等各个领域都取得了极高的成就。日本采用唐朝历法后，很快就废掉了之前自己的古历。日本留学生吉备真备从唐朝回国时携带的东西包括："入唐留学生从八位下下道朝臣真备献《唐礼》一百三十卷、《太衍历经》一卷、《太衍历立成》十二卷、测影尺一枚、《乐书要录》十卷、马上饮水漆角弓一张，并种种书籍、药物等。留学之间历十九年，凡所传学，三史五经、名、刑、算术、阴阳、历道、天文、漏刻、汉音、书道、秘术、杂占一十三道。"(《扶桑略记》"天平七年四月"条) 由此可见，唐朝的礼制、历法、天文测量、音律等，对日本知识精英极具吸引力。

唐前期天文历法集大成者为李淳风。李淳风长期担任太史令，其学术研究涉及多个重要领域。他制定的《麟德历》在历法改进中占据重要位置，其东传日本，并于天武天皇五年 (667) 被采用，改称为《仪凤历》。他撰写了《晋书》、《隋书》中的天文志、律历志和五行志；他还是《乙巳占》等重要著作的作者。《乙巳占》全面总结了唐贞观以前各派星占学说，介绍了甘德、唐昧、梓慎、裨灶、箕子、张衡、陈卓、刘表、郗萌、庾季才、袁充、郭璞等近三十位星占家的观点。经过综合之后，保留各派较一致的星占术，摈弃相互矛盾部分，建立了一个非常系统的星占体系，对唐代和唐代以后的星占学产生了很大的影响。另外，唐代《开元占经》是唐代收集古代天文星占文献资料的集大成之作。作者瞿昙悉达是来自天竺的移民，其家族长期在唐朝为官，在天文星占方面取得了极大的成果。其父瞿昙罗曾向唐太宗献上《经纬历》，武周圣历元年 (698) 又献上自编新历《光宅

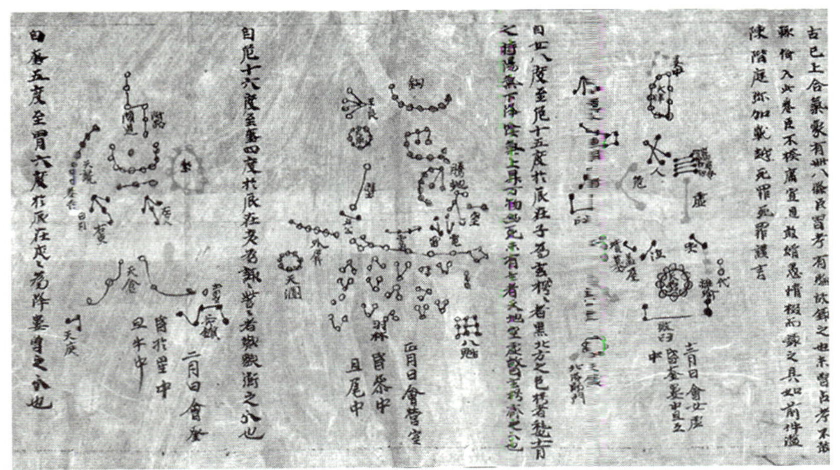

敦煌S.3326的星图。中古以前天文和气象(云气、光象)是连在一起的知识,古人并不知道大气层的存在,所以统称为天文气象。而官修天文志以及传统阴阳五行类的知识,均是天文气象并称,或简称天文。敦煌文献也不例外,S.3326也是将星占和气象放在一起的。

历》。《开元占经》这部自开元二年(714)开始编纂的巨著,对宇宙理论、天文、气象、历法、星图、杂占等都有详细论述。而且它直接节录原文,保存了大量原始资料。

玄宗时僧一行根据南北各地实测北极高度和冬至夏至日影短长的结果,推翻了过去“王畿千里,影差一寸”的说法,证明影差和距离的比例并不固定;创制了能够直接测量黄道坐标的黄道游仪,用它测量了二十八宿距天球北极的度数,在世界上第一次发现了恒星位置变动的现象。而且他主持了世界上第一次对子午线的测量,从现代测量学的理论看,他已经测量了地球子午线一度的弧长。若再往前推导一步,即可得出地球是圆的这一结论。

隋唐时期,对气象气候不论在实际观测还是在理论方面都有所

演奏陶俑(唐代,西安出土)。演奏俑持有的乐器有竖箜篌、拍板、横笛、排箫、琵琶、笙等。

进步。保留了大量涉及雨、雪、雹、霜、雾、气温异常、大风、干旱等天气现象的记录。李淳风《乙巳占》中记述了候风法、占风远近法、推风声五音法等。其中候风法专门介绍了相风旗、羽葆和木乌等测风仪器。甚至已经初步提出了风力分级法。邵谔的《望气经》则对云有深入的观察和分析。黄子发的《相雨书》可说是一部关于降雨的气象学专著,具有重要的科学价值和思想价值。

唐代,数学在前代成就的基础上继续向前发展。《隋书·经籍志》著录数学著作二十七种。王孝通《缉古算经》关于三次方程的工作、二次内插法的创立、实用算术的发展和计算技术的革新都标志着唐代数学方面达到的高度。李淳风编定和注释的十部算经(《周髀算经》、《九章算术》、《海岛算经》、《孙子算经》、《夏侯阳算经》、《张丘建算经》、《缀术》、《五曹算经》、《五经算术》、《缉古算术》),

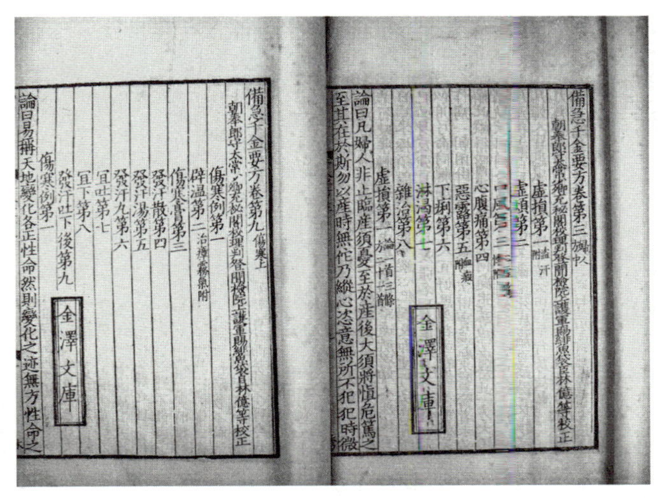

備急千金要方卷第三 婦人中
朝奉郎守太常少卿充秘閣校理判登聞檢院護軍賜緋魚袋臣林億等校正
虛損第一 附盜汗
虛煩第二
中風第三
心腹痛第四
惡露第五 附血瘕
下痢第六
淋渴第七
雜治第八
虛損第一 論一首 方二十三條
論曰凡婦人非止臨産須憂至於産後大須將愼危篤之至其在於斯勿以産時無他乃縱心恣意無所不犯犯時微
金澤文庫

備急千金要方卷第九 傷寒上
朝奉郎守太常少卿充秘閣校理判登聞檢院護軍賜緋魚袋臣林億等校正
傷寒例第一
辟温第二 治瘴霧氣附
傷寒膏第三
發汗散第四
發汗湯第五
發汗丸第六
宜吐第七
宜下第八
發汗吐下後第九
傷寒例第一
論曰易稱天地變化各正性命然則變化之迹無方性命之
金澤文庫

《备急千金要方》书影

已经作为唐代国子监算学馆的数学教材。此外，唐朝在建筑、堪舆等领域也取得了极大的成就。唐太宗时，吕才奉旨主持刊定阴阳书。李淳风有《九星龙穴图》，丘延翰有《天机素书》四卷。

唐代的医学也非常发达。孙思邈吸收佛教典籍中关于印度医学的内容，而且注重实践，取得了杰出的成就。他于永徽三年（652）撰成的《备急千金要方》三十卷，系统地论述了传统中国医学的学术成就。他特别重视药物的研究和采集，被后人称为药王。此外，隋代巢元方等人撰写的《诸病源候论》、唐代王焘撰《外台秘要》四十卷，都是当时重要的医学成果。高宗时，苏敬等人受命重修《本草》，共五十三卷，记录药物八百四十四种，在新增加的一百十四种药物中，有不少是从波斯和南海传来的。这是世界上第一部由国家编定颁行的药典。隋唐医学已有体疗（内科）、疮肿（外科）、少小（小儿科）、耳目口齿科，还有针科和按摩科等，在分科治疗上有明显进展。

08 亚洲历史图景中的安史之乱

学者们往往给安史之乱寻找爆发的原因，甚至建构起各种各样的必然性理论，比如说唐朝在安史之乱前已经衰败，或者将其爆发归结于唐玄宗统治的腐败等等。但是这很可能并不是真相，至少只是真相之一。天宝十四载（755）发生的这场动乱，并不能用历史的必然性来解释。这不是反抗民族压迫的战争，也不是被统治阶级反抗统治的起义，从性质上说，只不过是具有政治野心的军事将领结合唐朝雇佣军发动的一场反叛。在安史之乱之前，唐朝并没有陷入内忧外患之中，早不了几年的开元年间，还是“海内富实”，“道路列肆，具酒食以待行人。店有驿驴，行千里不持尺兵”（《新唐书·食货志》）的黄金时代。唐朝的富饶也体现在杜甫的诗歌里面，“忆昔开元全盛日，小邑犹藏万家室。稻米流脂粟米白，公私仓廪俱丰实。九州道路无豺虎，远行不劳吉日出”。安史之乱的突然爆发，让唐朝迅速从极盛而转衰，中原残破，“东至郑汴，达于徐方。北自覃怀，经于相土。人烟断绝，千里萧条”（《旧唐书·郭子仪传》）。

玄宗朝强盛局面的突然终结

玄宗上台后进行的一系列改革，加强了君主权力，政局稳定，经济繁荣，对外的政治和军事拓展取得了极大进展，唐朝呈现出高度繁荣、文化辉煌灿烂的局面，唐朝的国力达到了最盛阶段，而且这一阶段也成为中国历史上的几个盛世之一。“自开远门西行，亘地万余里，入河湟之赋税。左右藏库，财物山积，不可胜数。四方丰稔，百姓殷富，管户一千余万，米一斗三四文，丁壮之人，不识兵器。路不拾遗，行者不囊粮”（唐代郑棨《开天传信记》）。除了在政治、经济和军事上的成就，玄宗本人还精于音乐、诗歌和书法，对道教、密宗等宗教哲学也有相当了解，他跟杨贵妃的爱情故事后来成为中国文学的一个典型主题，不断出现在诗歌和小说创作中。可以说，在唐朝中后期的人看来，玄宗是一个悲剧英雄。唐朝在他的统治之下达到了辉煌

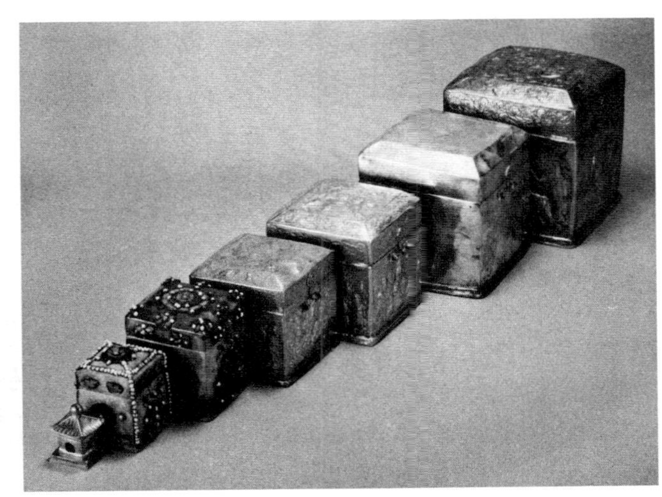

八重宝函（唐代，现藏法门寺博物馆）

的顶点，但是却从顶点迅速滑落下来。这一转折的意义甚至超出了唐王朝兴衰本身，对整个中国历史，乃至亚洲历史产生了重大而深远的影响。

玄宗通过一系列改革打击贵族政治，尤其是抑制皇室子弟对皇位的野心后，政治权力结构产生了重大的变化。以前飞扬跋扈的太子、亲王、公主变成了宦官监视下居住的囚徒，贵戚大臣无法再通过投机不同皇室子弟组成的阵营谋取政治利益。宦官的权力开始上升，从玄宗开始，高力士等宦官可以获取三品以上的高位。但是宦官的权力直接来源于皇帝，离开皇帝他们就失去了根本，所以从某种程度上说，宦官是皇帝权力的延伸。皇帝权力加强的另外一个表现就是宰相制度的变革。玄宗时代，三省六部制发生了重要的变化，中

盛唐壁画，反映了当时丰富的社会生活。

书、门下、尚书省的权力制衡和职能分工消失了，宰相人数下降到四人以下，兼有制定政策和推动实施的大权。门下省和中书省合并，尚书省成为政府的执行部门，其长官不再参与政策的制定。在这种情况下，唐朝的中枢体制似乎在向内阁首辅模式演进。玄宗时代的每个时段，都有一个或者两个强有力的宰相负责中央政府的政务运作。开元前期，这一权力在姚崇和张说之间轮替。最初是姚崇排挤了张说担任宰相，姚崇死后，张说长期把持朝政。这种模式一直延续到李林甫和杨国忠。而玄宗本人在强力宰相执政的同时，更多地依靠从集贤院和翰林院等机构选拔资历较浅的官员帮他起草文件和拟定政策。加上作为他权力延伸的宦官，玄宗能够绕过正常行政手续将自己的意图付诸实施。但是显然，玄宗后期转向精神层面的追求，比如宗教，使重要的权力落在“内阁首相”的手上。

733年执政的裴耀卿、张九龄也非常胜任。在他们上任之前，唐朝大范围发生自然灾害，730年、731年、732年都发生了洪水。到了734年，由于粮食供应不上，朝廷只好迁往洛阳，并且派大臣去受灾的州县赈灾。裴耀卿锐意解决长安的粮食供应问题，在他主持下，对长安的运粮路线不再从陆路洛阳运到陕州。新的路线是直接溯河而上，减少了运输费用和人力浪费，此后每年转运到长安的粮食大为增加。唐朝中央政府在736年后期迁回长安，因为粮食问题已经解决，从此再也没有回到洛阳来。二十多年后，经过长达一百五十年和平的洛阳，本来作为帝国东方堡垒的地位被忽视，在突然爆发的安史之乱中，被安史叛军轻易攻破。安史之乱后，唐朝的东、西两京体制实际上已经瓦解。

导致安禄山叛变几乎摧毁唐帝国的一个重要原因，可能在于唐朝的军队改革。唐朝的府兵制是一种义务兵制。折冲府设折冲都尉、果毅都尉。卫士挑选壮丁充当，从二十一岁入军，到六十岁免役。他们平时在家乡进行农业生产，农闲时受军事训练，其主要任务之一是轮番到京城宿卫，谓之番上。遇有战事发生，卫士要应征作战；战事结束，即解甲归农。在这种体制下，领兵的将领和兵士之间难以形成紧密的联系，有效地防止了军队将领以军干政。而且，府兵制的重点是首都。围绕在长安周围集中了最多的折冲府，这种内重外轻的安排，对唐帝国定都西部，以西北之兵马控东部之民具有重要意义。玄宗早期，首都的南衙卫兵不但地位下降，人数也在减少。723年玄宗封禅泰山时，宰相张说废弃了府兵番上宿卫的制度，招募强壮十二万人，免其征镇赋役，号长从宿卫。开元十三年(725)，改称彍骑，分隶十二卫，后又散入羽林军。南衙十二卫在安史之乱前夕，作为一支整体的战斗力量实际上已经消失了。皇帝控制的最直接的军队是北军，北军在历次宫廷政变中都扮演了重要角色。所以在731年玄宗刻意打压了其将领王毛仲等，北军有所削弱。因为长期不打仗，其成员大部分是长安富裕的商人和城市居民，甚至雇佣替身或者派遣家仆代替他们当兵。所以，北军也成了一支微不足道的军队。可以说，在安史之乱爆发后，唐朝中央政府根本派不出一支真正能够野战的军队与叛军对垒，只能依靠其他边防军来拯救自己。749年，宰相李林甫停止了府兵到首都服役。到这时，府兵已经完全成了没有组织、没有军官、没有武器装备的名义上的军队。此后，唐朝的军队几乎全部由职业军人组成，而国家负责供养它们。

兵制的变迁，具有一定的合理性。它适应了唐帝国对外的拓展。因为长期的征战，不允许定期的换防，而需要专业化的可以长期作战的长行兵。而内部似乎天下太平，国家繁荣，不需要供养那么多军队。在和平时期，这是最有效和最经济的体制。但是在兵制改革的过程中，最终形成了唐朝军队大量集中于边疆，而国内兵力微弱的局面。为了应付对外作战，唐朝建立了节度使制度，在沿边先后设立了安西、北庭、河西、陇右、朔方、河东、范阳、平卢、剑南等九个节度使和岭南经略使，节度使后来取得了专制的军政大权。天宝元年，唐帝国的边防军兵力达四十九万人，而且集中了几乎所有的有战斗经验的老兵，中央政府根本没有与之相比的兵力可以调遣。在这种情况下，宰相比如李林甫、牛仙客等都挂名节度使，可以稍微掌握一定的作战兵力。所以在这种情况下，“出将入相”是较为有效的控制强大边防军的手段。节度使如果有杰出的表现，可以到长安做宰相，而宰相也可以出去领兵。但是这种情况在李林甫和杨国忠时代遭到了破坏。宰臣为了维护自身权威，启用文化水平不高、无法做宰相的外族将领，给安禄山的叛乱提供了良机。其实安禄山本人也希望能够出将入相，到长安做名副其实的宰相。杨国忠对安禄山采取的极端排斥做法，在某种程度上也刺激了安禄山的叛变。无论如何，兵制的改革，在唐朝对外的作战中展现了它的优势。在李林甫掌权初期，复兴的东突厥覆灭了，而对唐帝国构成严重威胁的吐蕃和契丹，都被唐帝国的军队打得处于守势。但是这一切成果，都在安禄山的叛变后灰飞烟灭。

玄宗中期，宇文融、李林甫、王鉷等以行政能力著称的官僚当政。从736年起至752年，李林甫一直扮演着首辅宰相的角色。李林甫与安禄山在某种程度上是政治伙伴的关系，但是李林甫与后起的杨国忠关系紧张。而且安禄山对才能平庸的杨国忠“视之蔑如”，两人关系绝非像官方史书描述的那么紧密。天宝十一载（752），李林甫刚死，杨国忠就诬告他谋反，玄宗追削林甫官爵，籍没其家产，子婿流配。杨国忠代替李林甫执政后，安禄山与唐中央政府的关系就紧张起来了。杨国忠奏请哥舒翰为河西节度使，以与安禄山相抗衡。他还清除了河东太守兼采访使韦陟，韦陟贿赂吉温为他说情，又写信给安禄山求助。结果杨国忠不但把韦陟贬逐，还把吉温处死。安禄山在中央政府损失了不少盟友。

杨国忠等不断上告玄宗安禄山要反，欲置之死地。天宝十四载（755），杨国忠指使京兆尹包围了安禄山在长安的住宅，搜索造反的证据，甚至逮捕了安禄山的门客，送到御史台处决。这些极端的手段，等于将安禄山逼到了必反的地步。从某种程度上说，安禄山的反叛，杨国忠清除政敌、巩固个人权力是一个重要的诱发因素。所以唐人杜佑说："禄山称兵内侮，未必素蓄凶谋，是故地逼则势凝，力侔则乱起，事理不得不然也。"（《通典·兵典》）也正是杨国忠，在哥舒翰屯兵潼关，阻止安禄山大军西进的时候，担心哥舒翰图谋自己，通过玄宗压迫哥舒翰出兵决战才使得整个局势一败涂地。

粟特石棺床局部。安禄山具有粟特人血统，同时也利用祆教为自己的政治活动造势。

此时，安禄山控制的三镇兵力约十九万人，占当时边兵的百分之四十，占全国兵力的三分之一，后来又兼并了阿布思的数万精兵，可以说，其兵力足可以与整个唐朝对抗。天宝十四载（755）正月，安禄山遣副将何千年奏表朝廷，请求以蕃将三十二人代汉将。杨国忠、韦见素等人上奏玄宗认为安禄山反叛已经非常明显了。这时，玄宗君臣计划任命安禄山为左仆射同中书门下平章事，离开军队到长安担任宰相，但是最终也没有发出诏书。天宝十四年（755）冬，安禄山率领所部及由同罗、奚、契丹和室韦人组成的军队共十五万人南下，安史之乱爆发。雇佣军的叛乱虽然没有颠覆唐帝国，但是最终成为唐王朝，乃至整个中国历史的转折点。

安史之乱的始末

安禄山（703—757）是营州人。其父可能是康姓胡人，母阿史德氏是个突厥巫婆。他从小随母在突厥部族生活。后其母改嫁于突厥将军安波注之兄延偃。开元初年，其族破落离散，他与将军安道买之子孝节，安波注子思顺、文贞一起逃离突厥，遂与安思顺等约为兄弟，从此即冒姓安氏，名禄山。开元末年曾在幽州藩帅张守珪部下任捉生将。天宝元年（742），分平卢为节度，遂以安禄山为平卢节度使，兼柳城太守、押两蕃、渤海、黑水四府经略使。他迎合玄宗好大喜功的心意，屡次挑起边事，以邀功赏，得到了玄宗的赏识，先后担任了平卢、范阳、河东三镇节度使。在他的周围聚集了高尚、严庄、史思明、安守志、李归仁、蔡希德、崔乾祐、尹子奇、武令珣、田承嗣等文臣武将。又建立一支八千人的精兵“曳罗河”（壮士或者奴隶之意），蓄养战马、军备。安禄山又利用他的粟特人身份，派遣粟特商旅到各地做生意为自己筹集资金，每年粟特商胡交纳的珍货达数百万。安禄山又利用粟特人信仰的祆教，塑造自己大祭司的形象，得到大量胡人的支持。粟特人对安禄山叛乱的支持，也导致了安史之乱中粟特人的大量被杀，这个曾在丝绸之路上扮演重要角色的民族，在安史之乱后遭受重创，逐渐从中国历史的图景中消退。

安禄山伪造诏书，以玄宗密诏讨伐杨国忠为名，率军南下。“渔阳鼙鼓动地来，惊破霓裳羽衣曲”，中原承平日久，面对能征惯战的野战部队，几乎没有什么抵抗力。叛军在很短时间内就跨过了冰冻的黄河，河南节度使张介然等部一触即溃。在扫清外围后，安禄山兵锋指向东都洛阳。在安禄山叛军南下的时候，玄宗急忙部署，让名将封常清担任范阳、平卢节度使，到洛阳募兵，而以名将高仙芝帅兵东征。封常清虽是名将，无奈其所招募的兵士都是些商贩之徒，未经训练，无法跟安禄山的军队相抗衡，只好放弃洛阳，跟高仙芝会合后退守潼关。安禄山只用了一个月的时间，就攻陷了唐朝的东都洛阳，大部分的河南、河北郡县落入叛军之手。安禄山命其将崔乾祐屯兵陕城，窥视潼关。至德元载（756）正月一日，安禄山于洛阳自称雄武皇帝，国号大燕，定洛阳为都，以范阳为东都。唐军封常清、高仙芝坚守潼关，双方进入相持阶段。

潼关是长安的东大门，潼关以西，长安已无险可守。官军扼守潼关，完全能阻止叛军西进关中，高仙芝退守潼关的战略决策是十分正确的。安禄山命张通晤和杨朝宗向东攻城略地，遭到东平太守嗣吴王李祇等的阻击；真源令张巡守雍丘，与叛将令狐潮、李怀仙等数万叛军浴血奋战，叛军也不能南下江淮；叛军在南阳方面的攻势屡屡被唐军挫败，阻止其南下江汉。这时，安禄山叛军西不能进潼关，东不过雍丘，南被阻截于南阳。而河北平原郡太守颜真卿组织河北军民抗战，一时失陷的各城纷纷脱离了叛军，唐将李光弼率兵出井陉，连下数城，与颜真卿遥相呼应，严重地威胁着叛军的后方。安禄山束手无策，一时计划放弃洛阳，逃回范阳。但是这么好的战略形势却被唐朝内部的勾心斗角毁于一旦。先是宿将封常清、高仙芝遭宦官诬陷被杀。玄宗命老将哥舒翰统军。哥舒翰也采取正确的战略，坚守潼关。但是由于政治的考量，杨国忠担心哥舒翰图谋自己，屡进谗言，指哥舒翰怯阵固守；加上形势看似很好，玄宗也希望一举平定叛军，于是在坚守半年左右后，命令唐军主动出击叛军。叛军利于野战，而唐军利于坚守，放弃自己的有利形势而与叛军决战，自然遭到惨败。近二十万唐军一战瓦解，潼关也落入叛军之手。经此一变，整个形势都陷入无法收拾的境地。

杨贵妃像（明代唐寅绘）

潼关失守后，长安已经无险可守，玄宗连夜仓皇出逃。到达马嵬驿时，在太子李亨和禁军将领等密谋下，扈从的禁军发动了哗变，杀死了杨国忠，并且逼迫玄宗缢杀了杨贵妃。政变以后，太子李亨不敢再跟随玄宗逃亡四川，选择了分兵北上。李亨得到了唐朝另外一支野战部队朔方军的支持，在灵武即位，即唐肃宗。此后唐朝的最高权力逐渐转移到肃宗手中，玄宗被尊为太上皇。虽然玄宗曾经试图维持自己的权力，比如支持永王李璘分兵江南，但是最终失败。

进入长安的叛军对未逃离长安的皇室成员、百官家属进行了血腥的屠杀，长安城遭到了第一次较大规模的破坏。唐军的大好战略形势急转直下，郭子仪、李光弼从河北撤军，退守井陉，河北郡县大部分又落入叛军之手，河南多个坚守的据点也被叛军拔除。不过叛军内部发生了内争，安禄山在757年正月被谋杀，其子安庆绪即位。叛军内讧的同时，唐军重新集结了兵力，肃宗又请求回纥的援军，一起镇压叛军。李光弼、郭子仪集合了朔方、陇右、河西、安西和西域的军队，在回纥的援助下，于至德二年（757）夺回了长安和洛阳。安庆绪退保邺郡。

乾元元年（758），唐王朝以李光弼、郭子仪等九节度使之兵攻邺，不设统帅，以宦官鱼朝恩为观军容使。唐方军令不一，各节度使又互不为谋，以致围攻数月而不能下。次年三月，降唐复叛的史思明自范阳引兵救邺，大破九节度使之兵，诸节度使各溃归本镇。史思明杀安庆绪，即帝位于范阳。这年秋天，他又领兵南下，再度占据洛阳。后来，史思明又被他的儿子史朝义杀死。宝应元年（762），新即位的唐代宗借回纥兵收复洛阳。接着，叛军的几个主要将领相继降唐。宝应二年（763）正月，史朝义穷蹙自杀。安史之乱虽然结束，但是“国破山河在，城春草木深”，繁华的都市变为废墟，社会经济遭到了严重的破坏。此后，唐朝陷入内忧外患的夹击之下，虽然经过多次振作，但是再也无法恢复世界帝国的荣光了。接下来的宋代虽然在文明发展上取得了令人印象深刻的成就，但在对外拓展方面止步不前，无法再获得强势的亚洲中心的地位。

唐玄宗作为唐朝在位时间最长的皇帝，对唐朝进入政治稳定、经济繁荣、文化发展的鼎盛阶段有自己的贡献。但是最终败于雇佣军叛乱，在此后的史书和文学作品中，他往往被描述为一个要美人不要江山的昏庸君主，成为这场大浩劫的替罪羊。肃宗即位并稳住形势后，玄宗于至德二载（757）年底被接回长安，但是被置于肃宗的控制之下，于宝应元年（762）溘然逝世。他和杨贵妃的爱情，在唐代就已经成为爱情文学的主题。叛军一面，虽然始作俑者安禄山、史思明等人死去，但是他们手下的一些骄兵悍将比如田承嗣、李怀仙等始终控制着河北诸郡，此后一直到唐朝灭亡，唐朝中央政府始终没有能够真正收复河北地区，河北三镇“讫唐亡百余年，卒不为王土”（《旧唐书·田承嗣传》）的罪魁祸首，还是安史叛军的余孽。

保守主义兴起和走向内转

安史之乱是整个中国历史的转折点，很可能也导致了粟特人在亚洲世界地位的彻底瓦解。昭武九姓胡人是具有较高文化水准又善于经商理财的民族，在几百年间都起着沟通东西文明的作用。他们在中国内地、突厥汗国的政治生活中扮演重要角色，隋代裴矩评论突厥时说，突厥本性淳朴容易离间，“但由其内多有群胡，尽皆桀黠，教导之耳”（《隋书》卷六七《裴矩传》）。“胡”在中古时代往往指的就是粟特人。颉利可汗就非常信任粟特人，甚至为此疏远了突厥部族，导致了部落的分裂（《通典》卷一九七《边防》）。从北朝到隋唐，粟特人在中国朝廷当官的记载层出不穷，比如他们在河西地区占有举足轻重的地位，隋末武威人李轨占据河西五郡之地称帝，以胡人安修仁为户部尚书，安修仁之兄安兴贵效劳李唐政权。唐高祖派安兴贵招抚李轨政权，李轨率兵抗拒，但最终还是被安氏兄弟擒获，送往长安，"河西悉平"（《旧唐书》卷五五《李轨传》）。安兴贵因功被唐朝廷授予右武侯大将军、上柱国，封凉国公；安修仁亦被授予左武侯大将军，封申国公。玄宗天宝六载（747），唐朝廷任命安姓胡人安思顺为河西节度使（治凉州）。四年以后即天宝十载（751），唐以高仙芝代安思顺。安思顺不想被替代，"讽群胡割耳面请留己"。唐朝廷无奈"判复留思顺于河西"（《资治通鉴》卷二一六"天宝十载正月"条）。可见粟特人在地方上的影响力之强，可以迫使朝廷收回成命。

粟特（Sogdiana）是中国古书中记载的昭武九姓，由操印欧语系伊朗语族粟特语一支的粟特人所建，活动范围在今中亚阿姆河与锡尔河之间的泽拉夫尚河流域。粟特地处欧亚陆上交通枢纽，商业活动构成了粟特人的经济基础。东至中原，南至印度，西至波斯、拜占庭，东北至蒙古，凡利所在，无不至。粟特人在突厥、回鹘等游牧国家的内政外交、贸易铸币、宗教传播、文字创制等方面发挥过重要作用。九姓胡诸城邦地处中国、印度、波斯和拜占庭四大文明汇聚之区，不但转贩各个文明的特产，而且也带来了精神世界的交融。粟特人能歌善舞，乐器以琵琶为著名，康国乐、安国乐、胡旋舞、柘枝舞在唐代曾风行一时。唐代长安城中，西市胡店与胡姬曾是一道靓丽的风景。

粟特地处拜火教、佛教、摩尼教、景教和伊斯兰教的交汇之地，对于中国佛经的传入与翻译有很大的贡献。粟特的拜火教渗进了当地的偶像崇拜，因而与波斯国教拜火教有很大不同。总之，粟特人在引西方新鲜之血注入中国文明之躯中，扮演了重要的角色，是促进中国进入文明开放、包容博大的鼎盛时期的一个重要族群。

但是这样一个杰出的民族，在安史之乱后遭到了沉重的打击，粟特文明最终湮没在历史的长河中，变成了现在我们追忆的对象。

安禄山和史思明也有昭武九姓的血统，而且安禄山在叛乱中把自己打扮成粟特人的大首领和祆教的大祭司，来获取粟特人的支持。安禄山、史思明起家的营州一带，在开元时就已成为粟特人的新家园。经过安禄山的经营，河北地区成为粟特商胡的向往之地，加上突厥部落内的胡人南下，在天宝末年以前，河北已成为胡化之区。这里的昭武九姓胡人，跟突厥有密切的关系。东突厥败亡后，昭武九姓胡人除被安置在六胡州地区外，侨居于营州南五柳城的顺州，安禄山、史思明以及康阿义屈达干等人都占籍营州柳城。安禄山在范阳的起兵，有一定的地域支持的基础，其中一个关键就在于范阳这一带，粟特族群有强大的势力和影响力。安禄山把自己打扮成祆教的大祭司，可以获得本族人民的认可和支持。安禄山的叛变似乎确实得到了粟特族群的响应。比如在安禄山叛变后不久，肃宗至德二载（757）正月，粟特胡人聚集的河西地区，河西兵马使盖庭伦与武威九姓商胡安门物等杀节度使周泌，聚众六万叛乱。“武威大城之中，小城有七，胡据其五。”（《通鉴》卷二一九“至德二载正月”条）安禄山也曾派遣部将高嵩“以敕书、缯彩诱河、陇将士”（《通鉴》卷二一八“至德元载七月”条）。

也正因为安禄山的种族与信仰的背景，尽管安史之乱并不是反抗民族压迫的斗争，其后却被唐人赋予了夷夏之防的色彩。在这种背景下，安史之乱后期，胡人遭到大规模屠杀。这种屠杀不但发生于唐军，而且大规模发生于叛军中。上元二年（761）三月，史朝义弑父自立，史朝义即位后，突厥人阿史那玉败走武清，“朝义使人招之，至东都，凡胡面者，无少长悉诛”（《新唐书》卷二二五《史思明传》）。史朝义对粟特胡人执行屠杀政策，在叛军老巢范阳引起大乱。阿史那承庆和康孝忠率领的蕃、羯兵与汉族将领高鞠仁率领的城傍少年展开激战。前者大败，高鞠仁控制了幽州城，下令屠杀城内的胡人。经过这次屠杀，本来在幽州人数众多的粟特胡人几乎被屠杀殆尽。此后幽州胡人将领的记载就大大少于以前。

另一方面，由于安史之乱，唐朝调西北边防军入援，大踏步从与阿拉伯、吐蕃等强权对峙的防线后撤。阿拉伯人则一步步向中亚两河流域进逼。七世纪下半叶到八世纪上半叶，粟特逐步被阿拉伯人所征服。十到十一世纪，粟特地区的文化优势终被突厥—伊斯兰文化所取代。胡人在中国文明进程中的重要地位，从此暗淡下去。

安史之乱给唐朝造成的创伤让唐朝人的心灵发生重要的变化。安史之乱后，文学诗歌、思想论证、歌舞讨论，都逐渐排外。白居易把天宝末年发生的社会巨变，与玄宗爱妃杨玉环和发动叛乱的范阳节度使安禄山的胡旋舞技联系起来，人们甚至认为胡曲要为安禄山叛乱负责。铁勒人仆固怀恩是平定安史之乱的英雄，但是却被唐朝政府防备和嫌弃，最终被逼反。这在之前的时代是无法想象的，之前多少异族将领率领唐军与外敌作战，取得赫赫功勋并得到应有的荣光和回馈。但是安史之乱后，整个民族的心态发生了变化。结果，在吐蕃人进攻长安时，仆固怀恩没有救援，放任吐蕃人攻陷长安。唐帝国的威望再次受到沉重打击，影响了唐朝恢复权威的进程。

胡人在中国社会的地位和在中国文化中的形象的变迁，是安史之乱后中国人精神世界变化的一个缩影。从某种意义上说，安史之乱后的“古文运动”，其复古的色彩非常明显。韩愈等人的反佛，就是要回到没有佛教的中国古典文明传统中去，认为佛教对中国文明是一种破坏。陈寅恪就指出：“唐代当时之人既视安史之变叛为戎狄之乱华，不尽同于地方藩镇之抗拒中央政府，宜乎尊王必先攘夷之理论，成为古文运动之要点矣。”（《元白诗笺证稿》）唐人夷夏之防的观念越来越强，也是受到安史之乱刺激后心理上的一种防卫反应。

09

中央权威的瓦解与唐朝的乱亡

安史之乱后，唐朝中央政府的权威受到激烈的挑战。在内有藩镇割据，外有强敌环伺的情况下，唐朝陷入了内外交困的境况，一旦对外战争失利，就会招来藩镇的反扑；同样的，国内削藩战争失败，吐蕃等周边政权就会趁火打劫。宪宗时代出现了难得的中兴气象，唐朝对藩镇的斗争取得了极大的胜利，但是并没有能够将藩镇割据所依赖的地方社会结构瓦解，所以直到唐末，藩镇问题都始终困扰着唐王朝。在外部，吐蕃等兴起，对唐朝构成威胁，但是即便如此，唐朝最终还是能够化解外患，并没有在外部入侵中灭亡。在内忧外患之中，为了应对这种情势，唐朝政府加强了中央权力，比如增强了神策军这样一支中央政府掌握的军队。宦官作为皇帝权力的延伸和皇帝个人的代表，开始进入政治生活，不但典禁军，参与朝政，还到各地代表皇帝担任监军，成为政治结构中重要的一极。唐皇室的命运和宦官的命运也就无可奈何地绑在了一起。宦官集团的灭亡，也伴随着唐朝的灭亡。

藩镇割据与唐朝恢复中央权威的斗争

安史之乱的直接后果，是将一个繁荣、稳定、辽阔、包容的帝国搞成一个斗争不休、内忧外患的国家。安禄山、史思明作为唐朝的将领背叛朝廷，让唐朝中央政府对统兵将帅尤其是异族将领深为猜忌。这种猜忌带来的严重后果是奠定了藩镇割据的基本格局。在最后平乱的时刻，仆固怀恩是实际上的唐军统帅，但是他深为朝廷忌惮，导致他相当怨恨。在平定史朝义的叛乱之后，仆固怀恩为了借史朝义余部拥兵固宠，上奏朝廷让薛嵩、田承嗣、李宝臣、李怀仙等分镇河北。朝廷接受了这一方案。这样一个妥协的方案给此后的唐朝带来了长期的隐患，“河北藩镇，自此强傲不可制矣”（《资治通鉴》卷二二二）。

唐朝行政、财政和社会结构发生了剧烈的变化。在平定安史之乱的数年间，边兵精锐者大都征调入内，称为“行营”。本来主要对外的武装力量，现在主要投入到国内的争权夺利中。武将们纷纷掌握地方行政权力，并且掌控帝国核心地区的战略要地。士兵总数持续上升，远远超出安史之乱前的数字。军队在安史之乱后成为左右帝国政治生活的主导力量。在这种背景下，地方行政结构也被改组，节度使和观察使已经成为中央政府和州县之间的常设层级，而且具有较强的独立性，不但在河北、山东，在剑南、山南、河南、淮南和岭南，甚至京畿之内，也时常发生节度使或军将的叛变。通过军功在官僚体制中获得晋升，促进了社会的流动，冲击了之前的贵族制。在经济上，国家财政已经崩溃，均田制也已经瓦解，人口大规模迁移，河

《张义潮统军出行图》(局部,现存于甘肃敦煌石窟156窟南壁下层)。这是张淮深为纪念其叔父的功绩而开窟绘制的,也是敦煌最早的“出行图”。

北、河南这些本来传统的帝国核心区域的人口向江淮及其以南移动。安史之乱后需要进行财政制度的改革,满足新的形势的需要。实际上,位于长安的唐中央政府已经丧失了对河北和大部分河南地区的有效控制,而这部分差不多占到帝国四分之一的人口与财政收入。

面对内忧外患的局面，唐帝国还能维持一个半世纪的主要原因，在于它仍成功地维系了西北—东南的轴心。江淮地区成为唐朝的主要收入来源，远距离输送物资到京师长安的运河体系成了朝廷的生命线。但是东南到西北的距离遥远，如果不能及时恢复中央对关东地区的有效控制，帝国的命运就始终悬于一线。所以从安史之乱结束后，唐中央政府就没有停止过削藩的行动，唐朝中央政府与地方藩镇的斗争成为唐中后期政治的一个核心议题。

安史之乱后，唐朝整顿了财税制度，先后实行了榷盐制度和两税法，以增加财政收入。盐铁使第五琦、刘晏等通过改革，使盐税成为唐政府的一项重要收入来源。到代宗末年，盐利收入增加到六百万贯。因为漕运对偏居西北的中央政府至关重要，唐朝又疏浚了运河，利用盐利雇佣专门的船工挽漕。代宗大历年间，唐王朝的赋税收入，已经逐渐改变为以户税、地税为主。针对严重的土地兼并情况，宰相杨炎制定了两税法，取代之前的租庸调制——这一制度的前提是大量自耕农的存在。根据两税法，中央根据财政支出定出总税额，各州、县也根据旧征税数确定税额，向当地人户征收；依照丁壮和财产(包括田亩和杂货财) 的多少定出户等，两税分夏秋两次征收，租庸调、杂徭和各种杂税全都取消，但丁额不废。两税法以土地、财产的多少为征税的主要标准，扩大了赋税的征收对象，增加了唐朝中央政府的财政收入。

两税法施行后，唐王朝的财政收入增加，每年税钱有三千余万贯，税米麦共千六百余万石。唐朝政府实力增强之后，到了德宗时代，开始裁抑方镇的行动。此时，外部环境也非常有利，在779年，唐朝在西川方面击退了吐蕃和南诏的联合进攻，并且乘机改善了与吐蕃的关系。建中二年(781)，成德节度使李宝臣死，其子李惟岳自为留后(节度使或观察使缺位时设置的代理职位)，请求继任，为德宗所拒绝。这等于是中央政府发出正式的裁撤藩镇的信号，引发了剧烈的反弹。李惟岳和魏博、淄青、山南东道等节度使连兵叛变。淮西节度使李希烈也起兵反唐，出现了五镇连兵的局面。建中四年(783)，唐军被淮西军围困于襄城，唐王朝调泾原兵前往援救。泾原兵在长安叛变，拥朱泚为秦帝，德宗出奔奉天。兴元元年(784)，德宗在奉天诏赦李希烈等五镇节度使，专讨朱泚。不久，自河北前线入援奉天的朔方节度使李怀光又反，与朱泚联合起来，于是德宗又逃奔汉中。这种大纷乱的局面，直到贞元二年(786)李希烈死，才告结束。德宗的这次针对藩镇的斗争，不但没有取得任何的进展，反而引发了大规模的连锁反应。内忧又带来外患，贞元二年(786)，吐蕃乘机对唐朝进攻，在此后数年，攻占北庭、西州。唐朝只好把注意力放在防御吐蕃上，并且改善和回纥、南诏的关系。在针对藩镇的斗争受挫之后，德宗吸取教训，加强中央禁军神策军对京畿各地的控制，并且休养生息，继续增强实力，充实国库。到了宪宗时代，唐朝实力增强，再次向桀骜不驯的藩镇发起进攻。这一次，是唐朝最接近恢复昔日中央集权荣光的一次机会。

宪宗是真正意义上的唐朝中后期的中兴之主。在裁抑藩镇的斗争中也是取得最大成果的一位唐朝皇帝。宪宗上台后，唐朝的国库重新充实，而且唐朝中央政府终于拥有了一支可以自己掌控的军队——神策军。此时，唐朝的中央官僚集团也出现了许多杰出的官员，比如李吉甫、李绛、裴度和元稹等。宪宗在战略上也吸取了前任的教训，集中力量打击一个目标，避免四面受敌。他首先平定了剑南西川和镇海浙西节度使的叛乱。元和七年（812），出现了有利于中央政府的情况：魏博节度使田弘正举六州之地归附唐朝，河北形势发生了变化。淮西节度使吴少阳死，其子吴元济自领军务，挑衅中央权威。元和十年（815），宪宗下令讨伐吴元济。吴元济求救于恒、郓二镇，王承宗、李师道数次上表请赦吴元济，宪宗不准。这一年六月，李师道派刺客到长安刺杀主战的宰相武元衡和大臣裴度，武元衡被刺身亡，裴度也被击伤。但是暗杀并未能阻止朝廷征讨的决心，宪宗任命裴度为相，并且将用兵之事悉以委之裴度。唐朝中央政府误以为成德节度使王承宗是操纵刺杀的幕后黑手，于次年下令讨伐。但是朝廷很快发现自己陷入两面作战，为了集中力量，宪宗暂停进攻王承宗，专讨吴元济。宰相裴度亲赴淮西督战。唐军李愬部乘雪夜奇袭蔡州，擒吴元济，淮西数万精兵相继投降，淮西平定。在巨大压力下，成德王承宗、卢龙刘总上表纳质，复献属州。元和十四年（819），唐朝集中兵力攻灭淄青李师道，淄青十二州皆平。

宪宗小心谨慎而坚决的行动，在很大程度上恢复了对藩镇的控制。但是藩镇结构庞大而复杂，内部关系盘根错节、根深蒂固。不过，宪宗仍在很大程度上成功地恢复了君主的权威。除了河北部分地区外，大部分地区都接受中央政府一定程度的管辖。“自广德以来，垂六十年，藩镇跋扈河南、北三十余州，自除官吏，不贡供赋，至是尽遵朝廷约束。”（《资治通鉴》卷二四一“宪宗元和十四年二月”条）在宪宗时代，两税法的实施实际上扩大到帝国各地。从这个意义上说，中唐宪宗被视为“自古中兴之主无人及之”，是有一定道理的。

但是元和十五年（820），宪宗暴卒，据说是死于宦官的谋杀，唐朝中兴的局面出现严重反复。在宪宗创造的大好局面下，继位的穆宗调换了河北诸镇的节度使；在河北实行了榷盐法和两税法。穆宗更进一步希望能够通过裁军的形式削弱地方武装割据势力。因此他提出“销兵”的政策，希望军镇每年减少百分之八的兵员。这种政策方向是正确的，但是遽然实行，触动了藩镇兵将的根本利益，河朔藩镇再次发生叛乱。卢龙将领拘囚了唐朝委派的节度使，推朱克融为留后。成德将领王庭凑也杀掉唐朝委派的节度使，发动叛乱。由于销兵而落籍的兵士纷纷投入他们的军中，二镇叛军众至万余人。长庆二年(822)，魏博也发生变乱。中央政府对这些地区的军事讨伐也没有取得成功，只好与之妥协，河北藩镇的势力更加巩固。

内政外交之连环性

唐朝除了面对国内纷繁复杂的政治形势之外，八世纪中期以后周边复杂的关系也让其疲于奔命。昔日强大的帝国在内部纷乱之后，周边的挑战就显现出来。而且外患往往和内忧联系在一起，让唐朝始终在攘外和安内之间徘徊，一直到政权瓦解。这种形势随着周边战略区域的丧失，一直延续到五代、北宋、南宋，中央政权都无法恢复到唐朝世界帝国的地位，而且始终在周边少数民族政权的威胁之下。

安史之乱，陇右、剑南两节度使的精兵内调，吐蕃乘机扩充领地。唐朝突然丧失了对中亚的控制，虽然在当地的据点苦撑了很多年，但是随着与本土联系的切断，也逐渐沦陷。更为要命的是，河西、陇右战略缓冲区的丧失，让吐蕃军队可以直接威胁首都长安。广德元年(763)，吐蕃长驱直入，直逼长安。唐代宗只好往东逃奔陕州。唐帝国的首都第二次沦陷，沉重打击了唐帝国的威信。吐蕃攻入长安后，立金城公主的兄弟、广武王李承宏为帝，改元，置百官，“吐蕃剽掠府库市里，焚闾舍，长安中萧然一空”（《资治通鉴》卷二二三“代宗广德元年十月”条）。虽然郭子仪设法吓退了吐蕃，收复了长安，但是从此之后，京畿时时受到威胁。永泰元年（765）九月，唐朝大将仆固怀恩因为功高不赏反遭疑忌，诱回纥、吐蕃、吐谷浑、党项、奴剌数十万众分道入犯关中，吐蕃趋奉天、党项趋同州、吐谷浑等趋盩厔，回纥继吐蕃之后，仆固怀恩又以朔方兵继其后。如果不是仆固怀恩突然死去，后果不堪设想。但唐朝也因此失去了从开始就裁抑河北、山东强藩的机会。为了拱卫京师，唐朝在凤翔、泾州、邠州、渭北等地均设节度使，驻扎重兵。马匹是唐王朝防御战争的重要工具，曾大量引进良马以组建强大的骑兵部队，从墓葬中也可反映出唐朝对马的崇奉。

德宗即位后，力图先安内后攘外，“先内靖方镇，顾岁与虏确”（《新唐书》卷二一六《吐蕃传下》），于建中元年（780）派遣使者出使吐蕃，希望缓和双方的紧张对峙关系。四年后，唐朝正式承认吐蕃攻占的州县归吐蕃属地，重新划定疆界。然而，德宗通过割地忍让换来的宽松外部环境，并没有带来对内削藩战争的胜利，反而引发了更大的军事混乱，甚至德宗本人都被迫再次逃离首都。在这种情况下，吐蕃背弃盟约，于贞元二年（786）大举进攻长安以西的地区，甚至攻陷盐、夏等州。唐朝只好再次放下削藩的计划，积聚力量，以待将来。为了解除吐蕃的威胁，李泌提出“结回纥、大食、云南，与共图吐蕃”的战略。在这一战略之下，在与吐蕃的斗争中，唐朝逐渐开始转为主动。

唐朝通过和亲等手段笼络回纥，使其与吐蕃断绝关系。在南边，唐朝结好南诏，离间其与吐蕃关系。吐蕃失去南诏的支持，兵势逐渐转弱。本来，安史之乱前夕，唐朝在与吐蕃的战争中占据主动，安史之乱给了吐蕃扩张的良机。但是其扩张的速度超出了其正常国力所能承受的极限。待唐朝喘息之后，便重拾战略主动地位。八、九世纪

昭陵六骏之一

乾陵翼马

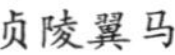

贞陵翼马

建陵翼马

《礼宾图》(原绘于陕西乾县章华太子墓墓道东壁,现藏陕西省博物馆)画中除唐代迎送宾客的官员外,其余为外国使节。

之交,佛教在吐蕃普遍流行,并与本地苯教发生冲突。代表不同宗教、社会势力的集团之间不断发生摩擦,乃至引发内讧。随着其内乱不止,吐蕃势力衰落。在外部,吐蕃对唐朝的小规模战争完全失去之前入侵的势头。在中亚,阿拉伯的强盛和伊斯兰实力东扩,逐渐成为吐蕃的头号大敌。吐蕃军队大部分调往西部防御大食,逐渐不再构成对唐朝的威胁。

吐蕃受到阿拉伯人的挤压,加上内乱,"日夜惧王师复河、湟,不安寝食",迫切希望跟唐朝和好。在这种背景下,唐朝同意会盟,双方在穆宗长庆元年(821)会盟,约定"中夏见管,维唐是君;西裔一方,大蕃为主。自今而后,屏去兵革,宿忿旧恶,廓焉消除,追崇舅甥,曩昔结援"。从这次会盟以后,直到唐末,双方没有发生大的战争。在吐蕃衰落的同时,唐朝也呈现衰颓之势,再也没有雄心收复之前被吐蕃攻占的领土。但是武宗以后，吐蕃内乱，给原先被占领的唐朝州县提供了摆脱其统治的良机。宣宗大中三年（849），秦、原、安乐三州回归唐朝；随后张义潮率领沙州兵民起义，赶走了吐蕃统治者，宣布回归唐朝；五年（851）冬，张义潮发兵略定瓜、伊、西、甘、肃、兰、鄯、河、岷、廓十州，遣其兄义泽奉沙、瓜等十一州地图入朝，唐朝于沙州置归义军，以张义潮为节度使。十一年（857）冬，吐蕃酋长尚延心率河、渭两州降唐。曾经强盛一时的吐蕃帝国瓦解，彻底衰落下去，从此不复成为中原王朝的竞争对手。沙州归义军政权一直到唐朝灭亡，基本控制了陇右东道，形成了地域性的繁荣时代。

吐蕃占领陇右之后，唐朝和西域的联系多通过北亚草原的回鹘（编者注：即回纥，唐德宗贞元四年，即公元788年，更名为“回鹘”）。回鹘在东西贸易中牟取很大利益。回鹘也援助唐朝在北庭和安西的驻屯军，直到790年和791年吐蕃占领北庭和安西。随着阿拉伯在中亚的扩张，粟特昭武九姓人东迁到回鹘，经商传教，在其影响下，回鹘逐渐改信摩尼教，并且根据粟特字母创造了古回鹘文，著名的九姓回鹘可汗碑就是用古回鹘文、汉文和粟特文三种文字刻写而成的。开成五年（840），黠戛斯以十万之众攻破回鹘城，迫使回鹘往西迁移，其中一支以西州为中心建立了西州回鹘或高昌回鹘政权，另外一支建立了甘州回鹘。回鹘人逐渐成为现在新疆地区的主要居民之一。

云南的南诏，取利于唐朝和吐蕃的战争，逐渐壮大。最初南诏臣服吐蕃，与唐朝作战。在安史之乱前，杨国忠发动对南诏的大规模战争，并未取胜。安史之乱发生后，南诏攻入四川南部。唐朝自顾不暇，南诏逐渐形成国家规模。德宗时，唐军大破吐蕃、南诏联军。之后吐蕃与南诏关系转坏，唐朝转变立场，联诏抗蕃。此后战略形势大变，南诏开始与唐朝合兵攻击吐蕃。贞元十八年(802)，南诏大破吐蕃大相论莽热所帅军队，俘虏论莽热。在实力增强后，南诏走向了独立的扩张之路。除了侵扰西川外，还攻略骠国、安南等处。这种情形一直延续到唐朝灭亡。

真正将成为中原政权威胁的来自东北，九世纪时，契丹的生产获得很大的进展。唐天复元年(901)，耶律阿保机被立为夷离堇，以后他代替遥辇氏为首领，并于后梁贞明二年(916)称帝，建立契丹国。这个政权将来会成为中原王朝此后两百年的主要威胁。

作为皇权延伸的宦官及中央政府的党争

宦官在唐朝政治生活中的角色并不是从开始就是飞扬跋扈的。在贵族政治体制下，宦官出身低微，皇权又受到贵族权的制约，宦官擅权缺乏必要的制度基础，还没有形成政治惯例。玄宗以前，唐朝的皇位继承，主要通过皇子之间的竞争，通过宫廷革命的形式进行。太子、亲王、公主、贵族在政治中都非常活跃。尤其是皇子不但自身有一大帮僚佐班子，又与大臣贵族合纵连横，进而能够左右政局。此时的宦官，只不过是皇室的家奴，并不能在政治上起到较大的作用。但是随着玄宗加强皇帝权力，裁抑太子、亲王的政治影响力，乃至将亲王们集中于十六王宅居住，不管是作为皇室屏藩还是皇位竞争者，皇子们逐渐退出了政治舞台的中心。贵族君主制到专制君主制的演变过程，在社会性质上表现为贵族社会向平民化社会的演进，在政治权力结构上表现为从家族统治到个人统治的转化。亲王势力衰落，在没有皇族成员作为屏藩的情况下，宦官作为皇帝个人权力的延伸开

《宦官图》(原绘于陕西乾县懿德太子墓第三过洞西壁,现藏陕西省博物馆)。画中有宦官七人,反映宦官力量的增大。

始兴起,这导致了唐朝中后期的宦官专权。但宦官和皇权是相依相存的,宦官的消灭,成为唐朝灭亡的重要标志。到了宋代,科举产生的读书人官僚在政治中占据了最重要的地位。这批人经过学习儒家经典具有深入骨髓的忠君爱国思想,而且具有行政处理能力。皇帝和士大夫共治,基本上成为中国政治的主流。

毫不奇怪,最初能够在政治上崭露头角的宦官,大多是参与宫廷政变博取政治机会者。比如杨思勖(约659—740),在中宗时代就因为参与挫败太子李重俊的政变而获拔擢到银青光禄大夫,行内常侍。又过了几年,临淄王李隆基发动政变诛杀韦后,他又跟随李隆基讨伐韦后,被视为心腹,拔擢为右监门卫将军。玄宗上台后,杨思勖逐渐展示出军事才能，经常被玄宗派出去讨伐叛军，比如开元初年，杨思勖募兵十余万讨伐安南；开元十二年（724），又带兵讨伐五溪蛮族，斩首三万余；开元十四年（726），讨伐邕州贼帅梁大海；开元十六年（728），讨伐泷州叛乱；以军功累封为虢国公，加骠骑大将军。虽然杨思勖战功赫赫，在对玄宗忠心耿耿的同时，也并没有削弱当时朝臣对政治的主导。在当时的政治环境下，杨思勖仅仅是作为一位有杰出军事才能的将领领兵作战，没有见到任何他能够干预朝政的记载。这跟后来的宦官专权有明显的区别。但是，不可否认，杨思勖的一个重要身份是作为玄宗个人权力的延伸和个人代表，这一点跟正常的朝臣又有区别。他在军事上的崛起，在某种程度上反映了宦官权力已经在逐渐强大起来。

玄宗时，已经打破了太宗的关于内侍省不置三品官的规定，从杨思勖的例子看，他已经被拔擢到从一品的骠骑大将军，还封国公。玄宗所依赖的另外一个更有名的宦官高力士，后来也继杨思勖之后被授予骠骑大将军，但要比前者晚很多，而且封爵仅限于郡公。大概是因为高力士虽然被玄宗所信任，但是与杨思勖相比，没有他那样的赫赫战功。天宝十三载（754），玄宗置内侍监两人，正三品，分别任命高力士、袁思艺担任，从制度上打破内侍省不置三品官的旧制。袁思艺骄狂倨傲，而高力士为人乖巧谨慎。而且从高力士的例子看，宦官作为皇帝权力延伸的角色非常明显。他的政治命运跟自己伺候的玄宗紧密相关，在后者倒台之后，高力士被肃宗流放贵州，后被赦还朗州（今湖南常德），玄宗死后，他也吐血嚎啕而死。玄宗时期，唐朝中央政府仍能正常运作，皇帝主要还是依仗南朝大臣系统行使统治权，宦官仅仅是其直接干预政治、军事、经济的补充手段。当然最重要的是，宦官从皇室的奴仆，变成了十六王宅的主导者，皇室子弟反而成为宦官监视下的囚犯，这是唐朝中后期宦官能够操纵政局的重要原因——皇帝几乎都是从十六王宅挑选出来登上皇位的。同时，宦官离开皇权就彻底失去了权力的根源，所以唐朝后期的皇权跟宦官形成了紧密的共生关系。在中央政府运作失效、地方藩镇飞扬跋扈的情况下，宦官实际上起到了巩固皇权的作用。唐朝的彻底灭亡，也从宦官被诛杀开始。

安史之乱几乎摧毁了唐朝中央政府，很多的政治惯例开始动摇。皇帝对大将、朝臣的不信任让他们更加热衷于使用宦官。肃宗在灵武即位，宦官李辅国扈从有功，被拔擢为判元帅府行军司马，“宣传诏命，四方文奏，宝印符契，晨夕军号，一以委之”（《资治通鉴》卷二二一），回到长安后，肃宗又让其专掌禁军，一切制敕都需经他押署，赋予了其巨大的军政权力。代宗即位，以其有定策之功，尊为“尚父”，加司空、中书令。但是代宗上台后需要自己信任的宦官掌握权力，李辅国作为肃宗旧人，就成了障碍。代宗利用宦官内部矛盾杀掉了李辅国，任用另一个宦官程元振典掌禁军。代宗广德元年（763）底，吐蕃入犯京畿，宦官鱼朝恩带领禁军迎奉，深受宠异，改为天下观军容宣慰处置使，专典神策军。大历五年（770）代宗诛杀了鱼朝恩，不再让宦官典兵。德宗任命李光弼属吏白志贞为神策军使，但是泾原之变，德宗急召禁军，白志贞无兵保驾，唯有早年在东宫时的两名宦官窦文场、霍仙鸣带领大小宦官百余人左右从行。贞元二年（786）九月，改神策左、右厢为左、右神策军，以窦文场、霍仙鸣掌管。贞元十二年（796）六月，特立护军中尉两员，中护军两员，以帅禁军，宦官窦文场、霍仙鸣为左右神策护军中尉。京畿以西，多用神策军出镇。

神策军待遇优厚，北边诸镇也多请遥隶神策军，神策军增加到十五万人。宦官专掌禁军，自德宗一朝成为常制，终唐之世不变。

除了领禁军，宦官也逐渐掌握枢密大权，参与朝政。永泰年间，宦官董秀掌枢密。至大历十二年（777），始终以董秀宣传诏旨于中书门下。董秀被诛，乔献德接任。宪宗时，正式定名为枢密使。自此以后，两枢密使掌出纳帝命，逐渐与宰相共执朝政，形成宦官专权的局面。枢密使以宦官充任，与两中尉合称四贵。宦官既参与朝政，又典禁军，一旦形成制度，就对原先的政治结构造成巨大的冲击。此后，穆宗、文宗、武宗、宣宗、懿宗、僖宗、昭宗都是由宦官拥立的。在各道和出征军中，又使宦官监军，监军的权力甚至超过节度使。可以说，唐朝的宦官专权，不但集中于中央，而且普遍见于地方。从内而外，作为皇帝代表的宦官，在唐朝中后期一百多年的历史中扮演了重要的角色。

宦官的飞扬跋扈和对朝臣权力的挤压，引发了反弹。反对宦官的斗争成为唐朝中后期政治的重要内容。文宗时发生的甘露之变，是这种斗争发展到极端的反映。文宗企图诛杀宦官，李训、郑注揣知其意，做政治投机，参与其中。他们先分大宦官王守澄之权，然后将其赐死于家。李训、郑注欲尽诛宦党，郑注赴凤翔招募壮士，李训在朝中聚集力量。大和九年（835）十一月壬戌早朝，金吾大将军韩约奏称其衙中石榴树上降有甘露，欲诱引宦官到金吾卫衙围而诛之。结果左右中尉仇士良、鱼志弘等发觉，劫持文宗，紧闭宫门，发兵捕杀朝臣，李训、郑注和宰相王涯、舒元舆等，以及王璠、郭行余、罗立言、韩约、李孝本等十余家被屠杀。从此之后，南衙宰相更加失去了政治权力，沦为摆设，天下大事都由宦官决定。

到了唐朝灭亡前夕，唯一能够给昭宗皇帝带来安全的就是宦官集团了。宰相崔胤等将天下祸乱的原因都推到宦官头上，企图夺神策军权隶属宰相所在的南司，但是遭到神策军的拒绝。护军中尉宦官韩全诲带昭宗投奔凤翔节度使李茂贞，而崔胤则引朱温入关。最后朱温夺得昭宗，将韩全诲等“四贵”及宦官近两百人诛杀。昭宗还京后，裁撤内诸司使，将其权力还给外朝，并且召回诸道的监军。于是，天下大杀宦官，除河东监军张承业等少数人得到节度使保护，其余监军全部被杀。宦官作为一个政治军事集团被剪除之后，唐皇室也就完全失去了最后的可以依赖的资源。不久，朱温篡夺权力，建立梁朝。梁太祖登基后第一件大事，便是设置崇政院，以夺枢密院之权。从此，宦官集团和他们所侍奉的唐皇室一起，彻底退出了历史舞台。

在宦官掌权的同时，唐朝官僚集团之间却发生了长达四十年之久的党争。以牛僧孺、李宗闵为首的牛党和以李德裕为首的李党都与宦官有勾结。文宗时内廷宦官分为两派，势均力敌。牛党、李党各自依靠一派，相持不下，每逢朝廷议政，双方总是争吵不休。武宗时，与李德裕有连的宦官杨钦义为枢密使，李德裕自淮南节度使入相。牛党的主要人物全被贬逐到岭南。武宗死，与李党有连的一派宦官失败，得胜的一派拥立宣宗，李德裕贬死崖州。党争基本结束。牛李党争是官僚集团之间争权夺利的斗争。双方结党基本上都不是基于共同的政见，而是通过各种关系建立起来的。个人的权力地位和恩怨得失在党争中起了重要作用。不过，在藩镇割据、中央政府无力的情况下，党争无疑削弱了中央权威，不利于唐朝统一帝国的重组和再造。

唐朝的乱亡与五代的肇始

在中央权威衰颓，内忧外患之际，唐朝的统治也越发风雨飘摇。大中十三年（859）十二月，裘甫在浙东率百余人起事，攻下象山、剡县，连续击败官军，众至三万余，自称天下都知兵马使，改元罗平。唐朝财政的根基在于江淮，裘甫起兵对唐朝构成严重威胁，唐朝派出大军讨伐，到次年才平定。更大的事变却是由内忧外患的连环性导致的。咸通三年（862）朝廷命徐州兵南戍桂林，以防南诏北侵。按规定戍卒三年一替，这批戍卒戍边六年仍不得回。到了咸通九年（868），戍卒们发动兵变，推庞勋为首，武装北归徐州。在遭到唐军阻击后，叛军挺进淮泗地区，正碰上淮北大水，大量民众参加叛军，人数达到六七万人。庞勋攻克泗州、宿州、徐州等地，乃至光、蔡、淮、浙、兖、郓、沂、密等地民众纷纷投靠，形势极度恶化。庞勋于年底攻占淮口，随后又击败唐军戴可师部，阻断了漕运。这场民众暴动一直到第二年下半年才被平定，但是埋下了以后更大规模民众暴动的隐患。

曹州冤句人黄巢出身世代贩卖私盐的家庭，曾多次应试进士科，皆不中，广为流传的他的《不第后赋菊》诗云："待到秋来九月八，我花开后百花杀。冲天香阵透长安，满城尽带黄金甲。"河南连年发生水旱灾，百姓流殍，无处控诉。僖宗乾符元年（874），黄巢的同乡王仙芝与尚君长等聚众数千人于长垣揭竿而起，自称天补平均大将军，兼海内诸豪都统，传檄诸道。黄巢聚众数千人，响应王仙芝。在此之前，各地曾流传着"金色蛤蟆争努眼，翻却曹州天下反"的民谣，似乎得到应验了，鼓舞了农民军的斗争士气。唐廷诏淮南、忠武、宣武、义

突
厥
河
北
道
陇
右
道
关
内
道
河
东
道
黄
河
吐
蕃
渤
海
河
南
道
京畿道
都畿道
山
南
西
道
山南东道
淮南道
长
江
江
南
东
道
东
海
剑
南
道
黔
中
道
江南西道
岭
南
道
南海
（涨海）
南海

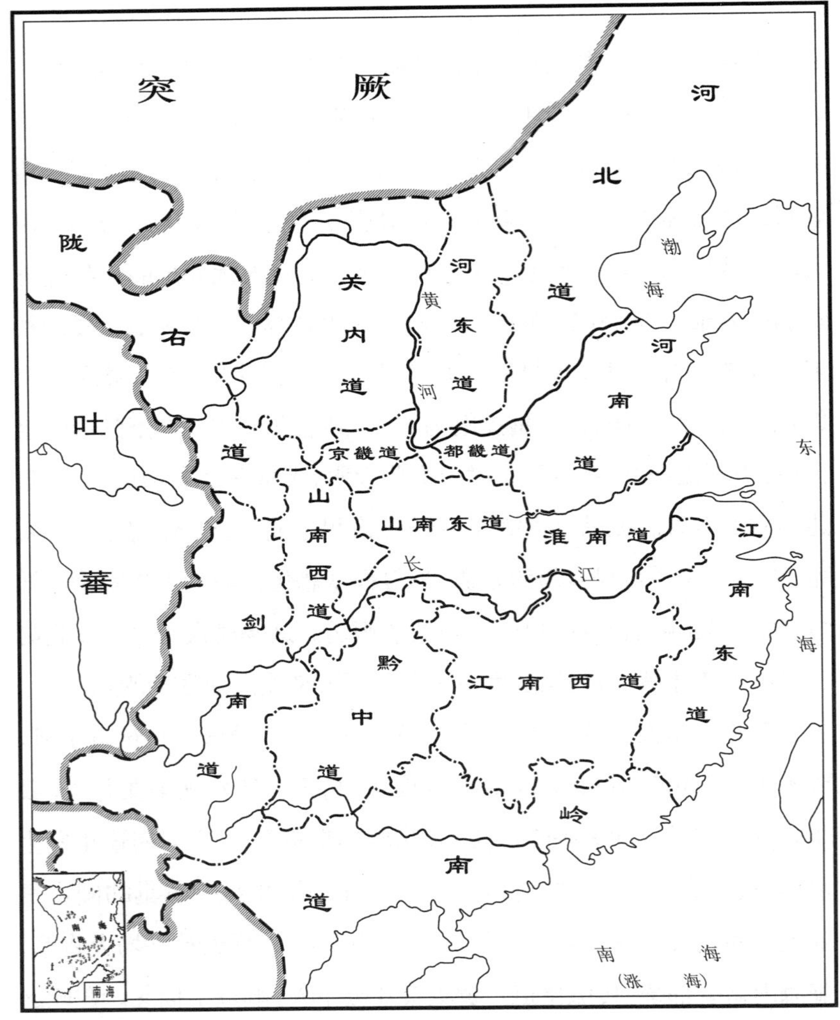

唐十五道图

成、天平等五节度使进击义军。在敌强我弱的形势下，王仙芝与黄巢采取了避实就虚的流动战术，率军进围沂州，转战河南，攻占了阳翟、郏城（今河南郏县）等八县之地。接着，又攻陷了汝州，威胁东都洛阳。后来起义军攻郑州不下，于同年十二月转而接连进攻申、光、庐、寿、舒、通州等地，逼近扬州。

唐朝以左神策军押牙兼监察御史的官职招抚王仙芝未果，但黄巢因此与其分道扬镳。877年，黄巢率军攻破郓州、沂州，与王仙芝部将尚让合兵。但是接下来战事不利，王仙芝率兵马南下，再次与黄巢分裂。次年，王仙芝在黄梅兵败战死，其余部一部分南下，一部分北上与黄巢会师。此后众将推黄巢为主，号“冲天大将军”，改元王霸，置官职，建立政权。黄巢大军在中原地区转战，唐朝调集重兵入河南进剿，黄巢撤出河南，向唐朝兵力薄弱的南方进军。在878年下半年攻入浙东，随后披荆斩棘，开山路七百里，攻入福建。同年十二月，攻下了福州。黄巢本人也属读书人，所以所经之处，颇保护儒者。乾符六年（879）初，在遭到唐军攻击失利后，黄巢再从福建攻入广东，向唐朝请封广州节度使，被唐朝拒绝，仅授予率府率，黄巢大怒，于九月占领广州。

黄巢劫掠东南沿海。当时泉州和广州等地一直是唐朝海外贸易的重镇，阿拉伯、波斯、犹太等商人、教徒聚集在这里，唐朝开放包容的精神容纳了不同信仰、族群的人们，在这里形成了绚烂的文明。黄巢似乎执行了排外的政策，对泉州和广州的外国居民进行劫杀，使广州这一远东重要的大都市化为焦土，百年的财富与文化积淀毁于一旦。此后战乱不已，贸易中绝。黄巢在东南沿海针对外国居民的屠杀，可以放在唐朝从世界帝国衰退的大背景下看。排斥外来文明及其代表这一倾向，逐渐在中国的知识思想领域，乃至政治行动中越来越浓重了。

黄巢本来计划以岭南为基地，割据自守，但是广东发生了大瘟疫，黄巢军兵力损失惨重。在众人支持下，黄巢又率军北上，广明元年（880）渡过淮河，年底攻下东都洛阳，接着越潼关天险。唐僖宗逃亡四川。黄巢于广明元年（880）十一月进入长安，即位于含元殿，建立了大齐政权，年号金统。他没收富家财产，号称“淘物”。受到唐军攻击，黄巢逃出长安，后又返回，第二次攻占长安。黄巢残暴毒虐，怨恨长安百姓帮助唐军，下令屠城，将城中男丁杀戮殆尽。长安，这座当时世界上最伟大的城市之一，累积了数百年的灿烂物质和精神文明，经历了安禄山叛军、吐蕃、藩镇兵的多次攻陷都没有垮下，终于在黄巢的恶意屠杀劫掠中一炬成灰。此后，长安再也无缘成为中国的首都，其积累的辉煌文明遗产也几乎毁灭殆尽。

中和三年（883）四月，李克用军攻入长安，黄巢力战不胜，遂连夜撤离长安，最终兵败自杀。在这场大动荡中，唐朝也耗尽了自己最后的精气，稍后被朱温篡夺帝位，结束了近三百年的统治。

10 五代十国的短暂分裂和重新统一

唐朝在藩镇割据的局面下艰难前行，中央权威慢慢遭到腐蚀。随着黄巢举兵，给了这个风烛残年的王朝最后一击。唐朝最后的二十年，内有朝臣与宦官的倾轧，外有诸强藩的争夺，最终被朱温取代，中国历史进入五代十国时期。五代十国，从根本意义上说，是唐朝一百多年藩镇割据的继续和升级，在北方，政治中心从长安和洛阳，转移到了开封和太原，兵强马壮的藩镇使天子受命于天的信条受到极大挑战。朱温建立的后梁无法统一北方，很快就被建立后唐的李存勖颠覆。这种情形不断重演，一直到赵匡胤取代后周建立宋朝为止。在南方，也没有像南北朝时期一样形成一个统一的南方政权，而是出现了大大小小很多的小政权。这种局面有利于将来的统一。在中国历史上，依靠长江天险南北分立的局面很多，但是在五代十国的统一过程中，南北统一并未遇到太多障碍。五代十国是一个承上启下的时代，崛起于北方的契丹，已经逐渐成为中原王朝的巨大威胁，这种局面延续到了宋朝。一个多世纪的武人政治造成的深刻印象，是宋代采取崇文抑武政策的原因之一。中原王朝的内乱，也带给契丹南侵的机会，辽国得以崛起。五代十国是中国历史的重要时期，由于四分五裂，其间定难军（后来的西夏）和静海军（交趾）逐渐脱离中原王朝。

朱温代唐和五代前期的攻战

黄巢的灭亡，并没有拯救唐王朝，之后唐帝国已经名存实亡。各地藩镇武力割据，成为完全无视唐朝中央的独立王国。其中宣武节度使朱全忠、河东节度使李克用、凤翔节度使李茂贞、卢龙节度使刘仁恭、镇海节度使钱镠、淮南节度副大使杨行密等人势力最大。长安的唐朝中央政府不但完全不能控制首都附近以外地区的财税、人事，而且时常处在强藩的武力威胁之下。在众多的藩镇中，朱全忠、李克用与李茂贞这三派藩镇对唐朝后期、五代前期的政治产生了最重要的影响。后梁为朱全忠所建立，而后唐、后晋、后汉与后周，都是由出身沙陀的李克用的子孙或者部属所建立的。黄巢革命，沙陀助唐平叛。五代十国割据中，后唐、后汉，均属沙陀部族。刘知远，“其先沙陀部人也”（《新五代史》卷一〇《汉本纪》）。石敬瑭祖上居甘州，其父本出西夷，自朱邪归唐，从朱邪入居阴山。突厥下常集结许多中亚胡人，甘州及盐、夏地区是胡人聚集区。或其种族，更接近昭武九姓中的石国。

朱温和李克用是镇压黄巢起义的唐军主力，也是黄巢起义的最大受益者。朱温（852—912）于乾符四年（877）参加黄巢军，反抗朝廷，因军功升为大将。黄巢建立大齐政权后，任命朱温担任同州防御使。朱温率军攻河中地区，屡次被唐军挫败，随着形势对黄巢军不利，朱温权衡利弊，选择了背叛黄巢，向唐河中节度使王重荣投降。

贴金铠甲骑马俑（陕西乾县懿德太子墓出土，现藏陕西省博物馆）

唐僖宗赐名“全忠”，让其担任河中行营副招讨使，随后又于中和三年（883）授予宣武节度使。朱温逐渐以开封为中心建立起自己的割据势力。龙纪元年（889），朱温击败黄巢余部蔡州节度使秦宗权，被封为东平王，天复元年（901）封为梁王。与朱温不同，李克用（856—908）出身沙陀贵族，出生在神武川之新城，本姓朱邪，其父受唐朝天子赐李姓。为了镇压黄巢，唐朝邀李克用从代州率沙陀骑兵南下。李克用在收复长安的战役中功劳最大，因此被唐朝任命为河东节度使。之后，李克用及其子李存勖逐渐将河东地区作为自己的根据地。朱温的开封和李存勖的太原在五代早期成为两大势力对决时的政治、军事中心。

昭陵六骏之一

因黄巢势大，宣武节度使朱温邀河东军援助。中和四年（884），李克用率军南下大败黄巢军，黄巢最终在虎狼谷自杀。李克用在回师途中受朱温邀请进入宣武节度使首府汴州（也就是后来的开封）。或许是李克用酒后言语多有侮辱，朱温突然发兵袭击河东军。李克用差点被杀，狼狈逃回太原。从此之后，朱温的宣武和李克用的河东成为政治上的敌人。实际上，在黄巢灭亡之后，北方兵力最为强大的就是朱温和李克用，双方都想消灭对方。此后数年，太原的李克用和开封的朱温持续争战，成为争夺天下的最大竞争者。光启元年（885），李克用率军攻入关中，击败朱温的同盟朱玫、李昌符，造成唐僖宗逃往凤翔。河东军攻入长安后，纵火大掠，不久又自行撤出。长安久经战乱，这次遭到河东军的纵火抢掠，再次遭到重创。昭宗大顺元年（890），朱温和宰相张　力主讨伐河东。昭宗下诏削除李克用官爵，诸镇兵联合进攻河东，但是却被河东击败，朝廷只好再次妥协，恢复李克用的官爵。历史的吊诡之处在于，最初作为唐朝主要叛臣的李克用，在此后却成为唐朝存亡的关键救命人物。乾宁二年（895），李茂贞、王行瑜及韩建三帅进京挟持唐昭宗，正是李克用率兵将其夺回，李克用也因此被封为晋王。但是在李克用和朱温的对抗中，李克用渐渐处于下风。朱温利用朝中的势力打压李克用，并且趁李克用与李茂贞等人抗衡之际威服河北各藩镇，并吞河中军、淄青军等节度使领地。地盘的扩充使得朱温的势力远大于李克用。尤其是本投向河东的幽州刘仁恭叛变，使得黄河以北几乎全部归附朱温。901年、902年，朱温两次率军围攻太原，差点将李克用消灭。有赖于太原城坚，最后勉强保全。不过自此之后，李克用只能龟缩于河东，不敢再与朱温全面对抗。朱温一股独大之后，得以挟天子以令诸侯，唐皇室的命运更如风中残烛，朝不保夕了。

唐昭宗即位之后，宰相崔胤与宦官韩全诲争权。双方各自引藩镇作为党援。901年，昭宗被宦官韩全诲幽禁，崔胤招朱温入援。韩全诲不得已挟昭宗投靠凤翔节度使李茂贞。朱温于是率军围困凤翔。到了第二年，凤翔粮草食尽，只好向朱温妥协。节度使李茂贞杀宦官韩全诲等七十余人，与朱温和解，护送昭宗出城，昭宗又回到长安。朱温和崔胤乘机将宦官数百人杀死，废神策军。宦官作为一种皇权延伸的政治势力，自此退出政治舞台。同时，唐朝皇室再也没有任何自己可以依靠的势力，彻底沦为强臣的傀儡。在此之后，朱温掌握朝廷大权，派兵控制长安，宰相崔胤后悔不已，有意摆脱朱温的威胁，暗中招募六军十二卫。904年朱温杀崔胤，逼迫唐昭宗迁都洛阳，八月壬寅夜，指使朱友恭等人杀昭宗，另立昭宗子李柷为帝，即唐哀帝。天祐二年(905)，朱温于滑州白马驿一夕尽杀宰相裴枢、崔远等朝臣三十余人，投尸于河，史称“白马之祸”。唐朝中央政府完全瓦解。

在昭宗时代朝臣与宦官勾结强藩、威胁皇权的同时，李唐皇室的统治也到了行将结束的地步了。“崔胤秉政而排摈宦官，季述等外结藩侯，以为党援”(《旧唐书》卷一八四《宦官传》)。在这个时候，李唐皇室也并非没有作出抵抗。昭宗想到了宗室的势力——从玄宗时代就开始遭到严厉压制的李氏诸王。诸王典禁军，在唐代历史上并不是什么特例，在睿宗、玄宗朝，就有薛王、岐王典左右羽林军。景福二年(893)，“昭宗以藩臣跋扈、天子孤弱，议以宗室典禁兵。及伐李茂贞，乃用嗣覃王允为京西招讨使……已而兵自溃”。后来，昭宗又“诏嗣薛王知柔入长安收禁军、清宫室，月余乃还。又诏诸王阅亲军，收拾神策亡散，得数万。益置安圣、捧宸、保宁、安化军，曰‘殿后四军’，嗣覃王允与嗣延王戒丕将之”(《新唐书》卷五〇《兵志》)。用宗室子弟控制禁军，虽然是一个很好的主意，但是此时的李唐诸王，经过百余年的压制，已完全没有了唐代前半叶飞扬跋扈、纵横四海的气魄。当年临淄王李隆基星夜率禁军杀入太极宫的事情不复发生。诸王典禁军，很快就在强藩和宦官的挤压中失败了。896年，覃王率军与凤翔军作战失利，诸王率禁军奉车驾将幸太原，被华州节度使韩建拦往华州。不久，华州防城将花重武告睦王以下八王欲谋杀韩建，移车驾幸河中。韩建强迫

唐黄釉陶胡人俑(陕西西安鲜于廉墓出土)

《地藏菩萨像》(五代,原敦煌藏经洞文物,现藏英国博物馆)

《地藏十王图》(五代)

昭宗囚禁八王。诸王率领的殿后侍卫四军两万余人一哄而散,从此"天子之卫士尽矣"。昭宗悲愤,与学士、亲王登齐云楼,西望长安,令乐工唱御制《菩萨蛮》词,奏毕,皆泣下沾襟。韩建联合宦官知枢密刘季述矫制发兵,围诸王于十六宅,通王、覃王以下十一王并其侍者,皆为建兵所拥,至石堤谷,无长少皆杀之。(《旧唐书》卷二〇《昭宗本纪》)李唐诸王被屠杀,使得即便李唐灭亡之后,也不会再有宗室子弟能够举旗再起。朱温取代李唐之后,举起李唐大旗的是太原的李克用及其子李存勖。

907年,朱温逼迫唐哀帝禅让,建立梁朝,改元开平,定都东都汴州。唐朝亡,五代十国时期开始。但是河东的李克用拒绝臣服后梁,依然使用唐天祐年号,以复兴唐朝为名与后梁继续争斗。908年,李克用去世，李存勖继承其父遗志。此后后梁、后唐、后晋、后汉、后周先后成为控制北方的主要政权，但是它们都无法完全控制局面，属于藩镇型的朝廷。五代各朝虽然掌控中原与关中地区（除后梁未控制关中），但是没有像唐朝一样成为所有藩镇认可的共主，主要势力范围也不出华北地区。其他割据一方的藩镇，或自立为帝，或奉五代正朔称藩。后梁建立之后，中原地区归附后梁的义武节度使王处直、成德节度使王镕、卢龙节度使刘仁恭都属半独立政权；凤翔李茂贞、河东李克用更是根本不理会后梁，依然使用唐朝年号。西川王建干脆自己称帝，建立前蜀政权。其他地区如荆南军高季兴、湖南武安军马殷、岭南清海军刘隐、淮南军杨行密、浙江钱镠、福建王审知等，都属独立的政治实体。交趾静海军曲承裕自立，是越南地区脱离中原王朝的开端。十世纪中叶，自汉至五代千余年一直是中原王朝的直属版图的越南北方地区脱离了中原王朝。党项族组成的定难军也在陕北夏州一带割据自立，后来发展为西夏。公元861年，张义潮从吐蕃手中收复凉州等地，实际上成为一个割据政权，性质上也是从唐后期到五代的诸藩镇之一。节度押

菩萨头像（五代，德国柏林印度美术馆收藏）。菩萨头像虽为残片，仍可见华贵雍容的冠饰，其脸形已从晚唐的丰满肥硕向北宋的清俊娟秀发展了。

衙是归义军政权的中坚支柱和核心力量。节度使通过押衙，将各个阶层的官员都纳入归义军府的系统中，扩大了归义军政权的统治基础。870年和875年，归义军节度使张淮深两次击败回鹘。唐朝灭亡前后，归义军节度使张承奉自称“白衣天子”，建立西汉金山国。但是此时归义军只能控制瓜、沙二州。911年，这一政权被甘州回鹘击败，成为后者的附庸。张承奉之后，归义军被曹议金所据，政权转入曹氏之手。曹元忠是在位时间最长的归义军节度使，他在任期间，编纂历日、敬授民时；设立军镇、还授土地；保障丝路畅通、促进文化交往；开窟造像、雕版印经，为敦煌文物的传承和保护做出了巨大的贡献。大约1035年，归义军政权为西夏所并吞。存在了一百七十年的归义军政权结束了。

后梁的统治相对来说比较残暴。朱温征战多注重掠夺，而弱于建设，始终还是抱持一种藩镇的心态经营天下。他将在吴地抢夺的耕牛，以苛刻的条件出租给后梁境内的农民，令其按年缴纳牛租。以至于在他跟李存勖争夺蓨县时，当地农民奋起痛击后梁军队，迫使其放弃军事物资逃回贝州。五代时失意士人获得任用，这些人重实际而轻名义，是五代政治人物的代表。后梁也是如此，其任用的李振、敬翔等人，都带有这样的特征。后梁的对外开拓并不顺利。李克用去世后，其子李存勖在李克宁、张承业的辅佐下逐渐崛起。910年，成德军王镕与义武军王处直倒向李存勖。李存勖率军在柏乡之战中大破后梁军。912年，李存勖军又攻灭割据幽州的刘守光，朱温亲自率军救援也被晋军击溃。

朱温败退洛阳后病危，后梁发生内乱，其子朱友圭刺杀了朱温，取得皇位。913年，其弟朱友贞联合天雄军杨师厚夺取皇位。杨师厚

《韩熙载夜宴图》(局部，五代顾闳中绘)。顾闳中曾任南唐画院待诏，用笔圆劲，擅长描摹人物神情意态。此图通过听乐、观舞、休息、清吹、送别等情节，表现南逃贵族韩熙载当时无意为官而以声色韬晦的状态。

去世后，天雄军等河北诸镇都陆续归附晋国。到了916年，后梁的疆土只能勉强维持在黄河以南。921年，张文礼杀成德节度使王镕，控制成德军，联合契丹与后梁，对抗晋国。李存勖率军在镇州大破梁、赵联军。923年，李存勖在魏州称帝，建国号唐，史称后唐。不久，后唐军队就攻灭了后梁。

后唐庄宗李存勖在建国过程中表现出英明神武的一面，在对外开拓方面取得了一系列成就。灭亡后梁后，庄宗定都洛阳。此时河北、河南、山西都在后唐控制之下。李茂贞对后唐称臣。924年，李茂贞去世，后唐兼并岐国，控制关内。前蜀王衍奢侈无度，残暴昏庸，庄宗于925年派遣郭崇韬等攻入成都，灭亡前蜀。到此为止，后唐几乎就要统一天下了，李存勖甚至准备平定长江以南，统一天下，可是因为后唐沙陀贵族内部的分裂导致功亏一篑。庄宗派遣义兄弟李嗣源去平定魏博军乱，后者反而受到部众与叛军拥护，掉头进攻庄宗。汴州与洛阳陆续被陷，后唐庄宗于内乱中流箭而死。皇位落入李嗣源之手，即后唐明宗。

契丹的崛起与南方的情形

后唐明宗执政时期，政治局势逐渐安定。他裁撤了冗余机关，建立三司等财政机关；在经济上重视水利，促进农业生产；继续增强中央军事力量，建立侍卫亲军用于压制藩镇。这些制度也被后来的宋朝继承。不过可惜的是，在其晚年，政局再次陷入混乱之中。明宗幼子李从厚（即后唐闵帝）即位后，明宗的养子李从珂任凤翔节度使、女婿石敬瑭任河东节度使。两人都拥兵自重，当朝廷希望调动节度使时，激起了兵变。934年，李从珂率兵攻入洛阳，闵帝逃往魏州，被石敬瑭俘虏，最后被李从珂所杀。李从珂称帝，即后唐末帝。在后唐中央政府混乱之时，本来已经被征服的四川地区再次独立。后唐庄宗任命的西川节度使孟知祥，也称帝建国，史称后蜀。

后唐的混乱局面，给了北方的契丹一个重要的战略机遇。契丹崛起，成为此后威胁中原王朝两百多年的主要力量。后唐末帝和石敬瑭关系不合，在前者即位后，后者即怀有叛变之心。936年，唐末帝将石敬瑭调任天平军，双方摊牌。石敬瑭为了向契丹借兵，对耶律德光称儿，并且事后割让燕云十六州给契丹，年输帛三十万匹。后唐军队围困石敬瑭所在的太原，耶律德光率军解围，帮助石敬瑭于太原建国后晋，即后晋高祖。937年，晋军和契丹联军大举南下，不久晋军攻入洛阳，末帝自焚而死，后唐灭亡。石敬瑭定都汴州，将燕云十六州割让给契丹国。割让燕云十六州使中原失去了有缓冲作用的防御重地以及长城之险，埋下宋朝之世积弱的隐患，亦开启了北方（辽、金、蒙古）长期进攻中原的契机。从此，契丹成为影响和干预中原的重要外族力量。中原王朝时时受到契丹的威胁。而且在五代十国分裂时期，南方的割据政权往往联合契丹，制约中原政权。

历史上石敬瑭因为称“儿皇帝”，割让燕云十六州等事而被视为汉奸的代名词。不过从种族上看，石敬瑭祖先为中亚人，从沙陀移居太原，其母为何氏，或也是中亚血统。从出土的石敬瑭侄子、后被其收为养子的石重贵墓志铭看，其自称为后赵石勒后裔，或为自托，但其非为汉族文化认同，大概没有问题。在当时的历史背景下，契丹的耶律德光在北方的诸藩镇看来，也就是更大的一个藩镇。而且从北方游牧部族借兵，是很悠久的传统。唐高祖起兵时就从突厥借兵。不过高祖初能效之，终能反之，唐朝最终消灭了突厥。而石敬瑭并没有这样的能力和运气。从他即位开始，契丹利用重要的战略机遇，一跃登上东亚政治的舞台成为重要的角色。

此前，秦宗权之乱时，其部将毕师铎率军攻打扬州，在抵抗过程中，杨行密逐渐壮大了自己的力量。902年，唐朝封杨行密为吴王。吴国对外拥护唐朝中央，与朱温敌对。即便在唐朝灭亡之后，吴国也不承认后梁的正统地位，依然使用唐哀帝“天祐”年号，一直到919年吴国改元，才正式放弃了唐朝的正朔。吴国在南方持续扩张势力，先后攻占江西，统一江淮，937年，徐知诰篡夺杨氏帝位，改吴为齐，建都金陵。同年北方的后唐灭亡。两年后，徐知诰自称李唐皇室后裔，改姓名李昪，改国号唐，史称南唐。南唐对内与民休息，国力持续强盛，把地盘扩大到江东、江西、湖北以及浙江和湖南的一部分地区；对外则联合辽朝压制后周，并且寻找时机攻灭了闽国和楚国。南唐鼓励农民垦种，栽桑养蚕。有时还提高农产品和丝织品的价格，借以刺激生产。江东水乡河身较高，田在水下，这里的农民便在河渠两岸农田周围筑成堤坝，内以围田，外以隔水，称为圩（围）田。每一圩方圆几十里，像大城一样。沿堤有许多闸门（斗门），旱则开闸引水入圩，以收灌溉之利，涝则关闭闸门，以避泛滥之灾。南方的经济获得了极大的发展。

突厥石人（唐代，新疆阿勒泰地区发现）。突厥民族有在墓前立石人的习俗。

浙江流域以至太湖周围的十三州之地，是在吴越钱镠控制之下的。钱镠起家于唐末战争，被封为镇海、镇东节度使。唐朝灭亡后，907年后梁封其为吴越王。钱镠和他的继承人都没有过分地加重人民的徭役和赋税的负担，也没有发动频繁的战争，因此，在吴越统治的八十多年中，这一地区的经济得到比较好的发展。吴越地区的农民也同样修造了很多圩田。吴越时期，创造了一种“石囤木桩法”，阻止了钱塘江入海处两岸的田地经常遭受的海潮冲击。在西湖和太湖，吴越统治者都设有“撩湖军”，经常负责修治和疏浚工作，这对当地的生产事业也产生了良好作用。在对外关系上，吴越奉后梁、后唐、后晋、后汉、后周这五代为宗主，与南吴以及后来代吴的南唐为敌，这种策略一直维持到亡国为止。

四川地区则先后建立了前蜀和后蜀两个政权。前蜀为王建所建立，最后被后唐所灭。但是因为后唐的分裂，后唐派去统治四川的孟知祥再次独立，建立了后蜀政权。孟知祥死后，其子孟昶继位，与民休息，加上四川地区独立半个多世纪，长期没有大规模战争，政府的财政收入，无一丝一粒入于中原，所以财币充实。蜀地相对呈现富饶景象。

湖南则出现了一个由武安军节度使马殷建立的楚国。十世纪初，马殷攻占潭、澧、衡、道等二十几州之地，他接受后梁的封号为楚王，势力范围涵盖今天的湖南和广西北部，对北方的朝廷称臣，使周围邻国不敢相犯。他在从湖南到河南的交通要道上的郢、复、襄、唐等州，都设置邸务，卖茶取利。他不征收商税，借以招徕四方商贾，但在境内只铸造铅铁钱行用，外地商贩出境不能通用，从而通过贸易取利。楚国的农业也获得较好的发展。马殷死后，诸子纷争不已，951年南唐乘机出兵把楚国消灭。但是不久，楚国旧将周行逢等人将南唐军队赶走，周行逢控制潭、朗、衡、永等数州之地，并把治所迁往武陵，依旧维持独立。

在福建，河南固始人王潮和王审知兄弟入闽，乘着黄巢把唐朝在东南诸道统治力量打垮的机会，占领了泉、汀等五州之地。唐昭宗任命王潮为武威军节度使。王潮死后，王审知即自称福建留后。909年，后梁封王审知为闽王。王审知“起自陇亩，以至富贵，每以节俭自处。选任良吏，省刑惜费，轻徭薄敛，与民休息。三十年间，一境晏然”。福建地区的经济和文化，在这期间都有所发展。王审知去世后，诸子弟内讧，945年，南唐出兵将其灭亡。然而吴越趁机介入，闽将李仁达以福州附吴越，泉州、漳州又为清源军留从效所据，南唐最后只获得建州与汀州。南唐从拓展的顶峰开始滑落，到了957年，北方的后周击败了南唐，割走了江北十四州。南唐几经波折，政权落入有文学才能但无雄才大略的南唐后主李煜手中，再也无力对外开拓，

嵌螺钿经箱（晚唐五代）

只能保境安民而已。留从效驱逐了南唐屯守泉州的军队，占有泉州和漳州，继续在那里割据称雄，一直到北宋建国。

今天河北省的西部形成了南平。建立者高季兴为后梁太祖的将领，907年被封为荆南节度使，治所为江陵，兼辖归、峡二州。后唐建立后，封高季兴为南平王，俨然一个小小的独立王国。此地物产不丰，高季兴和他的继承人便对四周称帝的各国都称臣，希求赏赐。但是此地为交通要道，而且是荆州最大的茶市。南平统治者对诸国过境的货物往往抢掠，被称为“无赖子”。

广东地区，则由一个参与镇压黄巢农民军的清海军节度使刘隐控制，形成一个以广州为中心的割据政权。907年，后梁封其为彭郡王，后又先后封为南平王、南海王。刘隐重用当地士人，为将来建国打下了基础。刘隐去世后，由其弟刘龑继位。917年，刘龑统一岭南，即位称帝，国号大越，都番禺，号兴王府。次年，自认是汉朝刘氏后裔的刘龑改国号为汉，史称南汉。937年，南汉的交州发生兵变，属将吴权最后击败南汉的军队，占据交州，即越南吴朝。南汉是一个商业发达的国家，每见北人，盛夸岭海之强。刘龑和他的继承人都很残暴荒淫，赋敛繁重，政刑苛酷，从十世纪三十年代初期就不断有人举兵反抗，其中张遇贤的起义持续时间最长，规模最大。942年，张遇贤军北进，人数达十多万之众，直到次年十月才被南汉击败。到了后主刘鋹时，他将政事都委派给宦官龚澄枢及女侍中卢琼仙等人，其余官员无足轻重。后来又将政事交予女巫樊胡子，连龚澄枢及卢琼仙都依附她，政事紊乱。在刘鋹看来，百官们有家有室，有妻儿老小，肯定不能对皇上尽忠。所以规定科举被录取者，若要做官必须阉割，以至于宦官一度高达两万人之多。刘鋹喜欢波斯女子，与之淫戏于后宫，叫她"媚猪"，称其"黑腯而慧艳"，而自称"萧闲大夫"（《清异录》）。

统一因素的滋长与五代后期的政治社会

在北方，后晋建立过程中得到契丹的支持，所以跟契丹存在特殊关系。但是由于晋朝财政匮乏，加上藩镇多不愿意顺从契丹，石敬瑭采取安抚藩镇、恭谨契丹的方式，勉强使形势得以维持。但是原燕云十六州官员如吴峦、郭崇威耻臣于契丹，不愿投降；937年，天雄军范廷光反于魏州，前去讨伐的张从宾反而调转枪口，跟范廷光一起率军向开封进攻，到最后关头被杜重威等人击败。不仅天雄军，其他藩镇对石敬瑭向契丹称臣也很不满。另外也有一些藩镇企图仿效石敬瑭勾结契丹夺取皇位。比如杨光远就自持重兵干预朝政。成德节度使安重荣指责石敬瑭对契丹称儿皇帝，甚至派兵抢掠契丹派往开封的使者。941年，兵强马壮的安重荣向邺都进发，石敬瑭派遣天平军节度使杜重威率军抵御。双方在河北宗城展开决战，安重荣最后溃败被杀。次年，石敬瑭派人将安重荣的首级献给契丹。与安重荣一样，河东节度使刘知远也拥兵自立，并不听从后晋的命令。吐谷浑部与契丹是敌人，他却收留吐谷浑的残部。契丹国派使者向石敬瑭问罪，石敬瑭也无可奈何，最后忧愤而死。他死之后，大臣冯道等拥立其养子石重贵继位于邺都，即后晋出帝。

出帝一改石敬瑭对契丹称儿皇帝的政策，希望能够得到后晋将领和百姓的支持。执政大臣景延广对契丹持敌视态度，屡屡挑衅。这激起了契丹可汗耶律德光的愤怒，他于944年率军南下，攻掠贝州而还。第二年，后晋派杜重威率军北伐，与契丹在白沟展开战斗，后晋军队取得胜利，将契丹军击溃。到了946年，出帝再次派遣杜重威率军北伐，与耶律德光在滹沱河会战。这一次杜重威怀有二心，希望能够仿效石敬瑭夺取帝位，于是投降耶律德光。契丹军得以直扑开封，迫使后晋出帝开城投降，后晋灭亡。耶律德光以中原皇

十六罗汉之阿氏多（五代，贯休）

帝的仪仗进入东京汴梁，在崇元殿接受百官朝贺。次年正月，耶律德光在东京皇宫下诏将国号“大契丹国”改为“大辽”正式建立辽朝，企图建立一个以中原为中心的政权。但是契丹军队的野蛮抢掠遭到了中原百姓的反抗。拥兵太原的刘知远也称帝，建立后汉。辽太宗耶律德光最后只好率军北返，放弃控制中原的计划。在撤退的途中，耶律德光病死在河北栾县的杀胡林。

辽军北返后，刘知远派军击败杜重威，并杀死称帝于开封的后唐宗室李从益。948年，刘知远去世，其子刘承祐继位，是为后汉隐帝。河中、长安、凤翔三镇连横抗命。后汉派遣郭威出兵讨伐，经过一年多的时间才相继平定下去。此后不久，后汉统治集团内部发生矛盾，隐帝因将相事权过高，“厌为大臣所制”，而把“总机政”的杨邠、“典宿卫”的史弘肇、掌财赋的王章一起杀掉，并且将郭威、柴荣等人的家属屠杀殆尽，还派人往邺都去谋害郭威，以致激起郭威叛变。郭威起兵南下，攻入开封。同年十一月，郭威诛隐帝，建立后周，建都汴，改元广顺。他广招人才、励精图治，得魏仁浦、李谷、王溥、范质等辅臣。广顺三年(953)，封义子柴荣为晋王。广顺四年(954)，周太祖去世，因亲生儿子全都被刘承祐杀害，妻侄柴荣继位。不过后汉高祖刘知远之弟刘崇拥兵太原，得知郭威称帝，也自立为帝，建立北汉。直到北宋建立才将其攻灭。

柴荣的即位，开启了中国重新统一的序幕。柴荣即周世宗，可以说是五代十国所有君主中最有成就的一位。在他即位之初，就遭遇辽朝和北汉的联合进攻。周世宗在高平之战中击败辽汉联军，稳定了形势。柴荣在政治军事上采取了一系列措施，加强中央权威。他改革了军事制度，精简中央禁军，补充强健之士，选武艺超绝者为殿

晋天福八年(943)

据《中国历史地图集》绘

前诸班，使得“征伐四方，所向皆捷”，自中唐以来的冗兵积弊，一扫而光。在内政方面，柴荣招抚流亡，稳定经济。953年，后周下令把此前由政府出租给农民的官田，全部拨归耕种的农民所有，作为他们的永业田。农民们原来所住的庐舍和所使用的牛畜农具，也全归农民所有。又废除从后梁时沿袭下来的“租牛之课”，减轻农民的负担。得到土地的农民，都在各自的田地上修造房舍，种植树木，尽可能使地力得以发挥，因而使生产得到较快的发展。柴荣通过延聘文人，打压武人政治，使后周政治清明。军事与经济的提升都为日后统一中国本土建立了重要的基础。

五代时期，诸国大凡对佛教采取保护措施。后唐庄宗最为佞佛，诸臣也多信仰佛教。晋高祖下敕国忌行香饭僧永为定式。后周太祖以龙潜旧宅为天胜禅寺。北方契丹从十世纪初开始建立佛寺，其后诸帝基本都信奉佛法。辽圣宗太平四年（1024），诸路奏饭僧尼三十六万。辽兴宗、道宗致力刻经。而在南方，吴越钱氏历代奉佛，西湖上的佛寺多与之有关，宋初的名僧多为其所庇护。南唐更因为佞佛为人所诟病。周世宗于显德二年（955）开始，对全国的佛像进行了大规模的清理，史称“世宗毁佛”。从现有的资料记载来看，周世宗此次灭佛，并没有大量屠杀僧尼、焚毁佛经，而是带有一种整顿佛教的性质，还保留了很多寺院与僧尼。显德二年（955）五月，“敕天下寺院，非敕额者悉废之”，也就是说，只有国家认证的寺院才可存在，私办的被废了。想要出家的男女，必须得到家中的同意，然后经过严格的读经考试，才能去国家指定的“两京、大名府、京兆府、青州”戒坛剃度。而在同时，“弃背父母、逃亡奴婢、奸人细作、恶逆徒党、山林亡命、未获贼徒、负罪潜窜人等”都不能做和尚。如果寺院一不小心剃错了头发，也会受到严厉的惩罚（《新五代史》）。但由于整个中国佛教的发展，已经走向了勉强维持的阶段，经过这一个打击之后，就更显得萧条衰落了。

周世宗有统一天下的意图，他以“十年开拓天下，十年养百姓，十年致太平”为目标，积极对外开拓。显德二年诏令群臣献《为君难为臣不易论》《平边策》，确定王朴提出的“先南后北”的统一方略；命兵部撰集兵法，名《制旨兵法》。他击败后蜀的孟昶，取得秦、凤、成、阶四州，孟昶大惧，“致书请和”；又先后三次征南唐，创建水军，恢复淮南十四州。显德六年（959）三月，试图一举收复燕云十六州，一连攻陷瀛洲、莫州二州，莫州刺史刘楚信、瀛洲刺史高彦晖投降，再向北挺进，又连陷益津关、瓦桥关、高阳关三关。五月在议取幽州时，柴荣病倒，只好撤退。后周显德六年（959）六月，柴荣去世，年仅三十九岁。柴荣去世后，政权落入赵匡胤之手，国家统一的责任也落到了别人的肩上。但是实际上早在柴荣的时代，已经为统一奠定了坚实的基础。“世宗顷在仄微，尤务韬晦……不日破高平之阵，逾年复秦、凤之封，江北、燕南，取之如拾芥，神武雄略，乃一代之英主也……而降年不永，美志不就，悲夫！”（《旧五代史》）

五代十国大体延续了唐朝后期的政治体制，主要设有主管行政的三省六部、主管财政的三司与主管军事的枢密院，这个制度后由宋朝继承。经济上，南方在人口、经济、文化上逐渐超越北方，这一局面此后再也没有逆转。关中经济崩溃，政治上也不再重要，此后政治中心转移到隋唐大运河的枢纽开封。文化上，词作为一种文学形式获得了发展，禅宗也进入繁荣期。

11 思想转型与世界帝国的终结

唐朝世界帝国的地位逐步丧失，导致了思想、信仰世界的变迁。与唐朝明显不同的是，宋朝诗中很少出现边塞、骏马和战争。武宗灭佛之后，佛教在中国遭遇重创，从政治和官方学术体系退出。随后兴起的回归中国古典的思想运动，也同时把佛教等信仰体系排挤到社会下层和边缘。佛教作为政治意识形态的角色基本被消除了，中国丢弃了作为佛教世界中心的地位。在东方，佛教传入日本，成为日本文化的重要组成部分。虽然长安的那些令人震撼的大寺院被日本各宗派认为祖庭，但是随着长安和唐帝国的衰落，已经不可能再对日本等周边世界有精神上的号召力。随之兴起的新的儒家思想运动，重塑了中国人的精神世界，整个历史的面貌也因之发生重大的变化。

回归古典的儒家思想运动

将佛教视为外来宗教，是中古时代反佛者的惯用论述。到了唐朝中后期，佛教已经跟中国文明紧密结合在一起，成为中国文明的一部分。但是道教、儒家依然常常以此为打击佛教的借口。受到儒家思想影响的历史撰述，往往把佛教的形象扭曲，甚至把佛教的声音消除。比如《旧唐书》等正史，即使我们仔细阅读这些史书，也不会找到太多关于佛教的描述，基本就是几个政治和尚“扰乱”政局的记载。但是这并不是历史的全部真相。在隋唐时代，佛教是信仰世界的主流，对政治乃至日常生活有非常大的影响。这些影响，从《续高僧传》等佛教文献中能看出端倪。

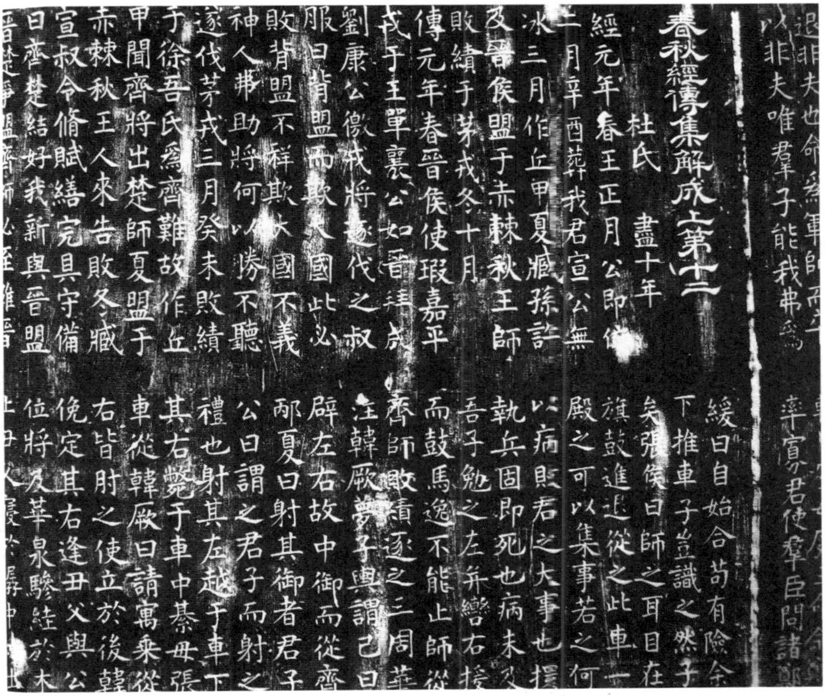

开成石经（部分，现藏陕西省博物馆碑林）。唐文宗李昂于大和四年（830）接受国子监郑覃的建议，费七年刻成一部石经，称“开成石经”，其中包括《周易》、《尚书》、《毛诗》、《周礼》、《春秋左氏传》、《论语》等十二部儒家经典及五经文字、九经字样，共刻六十五万零二百五十二个字。立于唐长安城国子监内，为官定标准文本。

在佛道针锋相对的同时，儒学对佛道的排斥和责难也从未间断。在唐代中后期儒家思想运动之前，攻击佛教、道教的人多从国计民生的考虑出发，并没有从理论上根本否定，比如姚崇认为，“自神龙以来，公主及外戚皆奏请度人，亦出私财造寺者，每一出敕，因为奸滥，富户强丁皆经营避役”。到了韩愈的时代，持儒家立场的知识分子开始从维护儒家思想正统地位的角度，从理论的高度去排斥佛道。这一时期兴起的古文运动，也可以在这种脉络里理解。齐梁以来柔靡浮艳的形式僵化的骈体文，日益成为文学发展的障碍。开元、天宝以后，很多文士提倡用散文取代骈体文。散文是周、秦、两汉通行的文体，唐人称之为古文。文体的改革实际上是当时政治思想斗争的反映。韩愈、柳宗元等人把“道”也就是儒家的道德伦理拔高到信仰的高度，强调文章写作要为弘道服务，所谓“文以明道”。这既是一个改革文风的运动，又是一个改革文学语言的运动，在思想上，更是儒学复兴运动的一部分。

站在儒家正统思想的立场上，从理论高度排斥佛道，首推韩愈。韩愈是古文运动的推动者，也是始终反佛的标志性人物。这两者并行不悖。在他看来，文化、政治、经济、伦理等一切社会秩序，皆需是儒家仁义的体现。维系秩序的，说到底是儒家的“道”。他认为：“天道乱，而日月星辰不得其行；地道乱，而草木山川不得其平；人道乱，而夷狄禽兽不得其情。”韩愈将夷狄视同禽兽，认为是人应该主宰的对象。在他看来，佛教的教义，是要求背弃君臣、父子，禁生养之道，不是真正的道。他提倡的是先王之道。韩愈甚至虚构了一个儒家的“道统”：“尧以是传之舜，舜以是传之禹，禹以是传之汤，汤以是传之文、武、周公，文、武、周公传入孔子，孔子传之孟轲。轲之死，不得

法门寺外景

其传焉。”在韩愈架构的这个儒家道统里，将儒家道统追溯到传说中的尧，当然就早于佛教传入中国的时代。这种谱系化的做法，说到底是把儒家思想发展成为一种带有宗教信仰色彩的意识形态和伦理体系，从而取代佛教和道教进入人的心灵之中。

元和十四年（819），唐宪宗迎取法门寺所藏佛指舍利入宫供养，遭到韩愈的激烈批评。他上表表示反对，抨击佛本是夷狄之人，口不能言先王之道，身不能穿先王之服，不知道君臣之义和父子之情，“事佛求福乃更得祸”。他甚至建议将佛骨舍利“付之有司，投诸水火”，加以毁坏，永绝根本，彻底断绝人们对佛教的念想。这样的论调激怒了唐宪宗，大怒之下将韩愈贬为潮州刺史。韩愈之后的李翱也极力反佛，希望重新树立儒家的正统地位。他撰写的《复性书》明显带有抵制佛教思想流传的意图。

在佛教的兴盛时期，唐代儒学几乎变为潜流，佛教思想的繁荣和复杂压倒了儒学的光芒。但是中唐以后，儒学一方面打着回归古典的旗号，以先王之道质疑佛教教义；另一方面，儒学也吸收了佛教的一些元素，重新改造了自身的理论和信仰体系，所以重新焕发出生命力。比如韩愈所谓的“道统说”明显源自佛教的“祖统”。佛学的一些思想元素甚至基本概念，也被儒家思想所吸收。李翱《复性书》的性善情恶论，无疑是佛性论的产物。佛教把“清净”看作人的本性，主张消灭人欲，以恢复清净本性。李翱的性善情邪论亦是如此。

从政治意识形态来说，真正对天人感应、五德终始的天命说提出挑战的，主要发生在中唐以后，比如柳宗元就是其中的典型代表。柳宗元将批判矛头对准了当时几乎所有主要类型的对更高存在物的设想：流行的超自然观念、道教对长生不老的追求、儒家关于“天”的

《琉璃堂人物图》(唐代韩滉绘)

概念等。现代理性主义者所说的“迷信”全部都是当时柳宗元批判的对象。

柳宗元对儒家关于“天”的观念的批判，正是对儒家神学化的反动，可谓代表了古文运动及宋代的新理学运动的方向。古文运动强调回到原典，不单单是想跳过外来的佛教，回归中华的传统，还在于排除超自然、“迷信”的成分，回归人心和道德——学者们大多认为这种潮流具有某种人文主义的思想特色。柳宗元批判儒家关于“天”的概念，中心正是汉代以来形成的儒学与阴阳五行宇宙论结合的情况。在这种儒学体系中，儒家的“道”和阴阳五行论所诠释的“天”是等同的。

在柳宗元看来，汉代儒学对阴阳宇宙观的接受和采用，是对儒家基本教义的严重侵犯。他有五篇文章专门批驳汉代儒学的这一“倒退”，对董仲舒、刘向、班彪等人大加挞伐，认为他们是诳乱后代。陈弱水认为，从风格上说，柳宗元的批评让我们想到伏尔泰在《哲学辞典》、《五十人讲道书》等作品中对《圣经》及其基督教义的抨击——尽管伏尔泰的评论要复杂得多。其实，如果我们对比欧阳修、柳宗元等人的政治思想，会发现其与马基雅维利的意识形态非常相近，他们都强调政治应该从神回到人身上，政治是人的事情，上天（教会）不应干涉。

宋代新的儒学潮流兴起，将佛、道、谶纬等带有神秘色彩的怪力乱神都排挤出正统学术体系，我之道为道，他之道为邪道，是伪道学。欧阳修作《论删去九经正义中谶纬札子》、南宋魏了翁作《九经要义》删去谶纬之说，谶纬才最终衰绝。反映到其他知识领域，欧阳修作《新五代史》，取消自汉朝以来诸史相沿的《五行志》，代之以《司天考》，专记天象而不载事应；《新唐书》虽有《五行志》也仅仅著其灾异而削其事应。从政治思想方面说，宋代以后，五德终始学说逐渐退出历史舞台。经历了儒学复兴运动，在北宋中期以后士大夫的论说中，五德终始说、谶纬、封禅、传国玺等传统政治文化、政治符号都走向了末路，神秘论在儒学当中逐渐被摈弃了。

武宗灭佛及其影响

思想和信仰环境的变迁，最终以很极端的方式反映在政治领域。唐朝的宗教宽容政策不断受到挑战，到了武宗时代，终于出现大规模的灭佛——包括镇压摩尼教、景教等宗教的活动。武宗灭佛对唐朝世界帝国的定位是一个巨大的破坏。此时，亚欧大陆的东段，最为系统、最为有影响的信仰体系就是佛教。经过数百年的演进，佛教文明已经跟中国文明融合在一起。唐都长安成为佛教的中心，各国的僧人、使者往返于本国和长安之间，把相对先进的思想和教义带回本国。后来日本出现的佛教诸宗，其祖庭大多都在长安。但是武宗灭佛及其后中国思想转向古典主义，使中国实际上放弃了作为佛教世界领导者的地位。

武宗的灭佛动机比较复杂，除了思想背景和政治考虑之外，学界也往往提到财政困难说，认为唐武宗时代，佛教寺院成为国家财政的重要负担，给经济造成了严重的破坏。其时，全国的大中型寺院将近五千座，僧尼三十多万，而寺院靠出租土地收取地租和发放高利贷作为经济来源。随着寺院经济的膨胀，逐渐形成了宗教僧团同世俗权力冲突的局面。武宗的灭佛，从事实上说，确实在经济上获得了巨大的好处。

在武宗灭佛之前，佛教受到刻意抑制已有端倪。武宗之前，穆宗、敬宗、文宗皇帝仍循例作佛事，白居易等唐朝士人也多与僧人交往。到了唐代中后期，中国的思想形势发生了微妙的变化。敬宗已酷信道教，文宗时代开始有毁法之议，认为“古者三人共食一农人，今加兵、佛……其间吾民尤困于佛”(杜牧《杭州新造难亭子记》,《全唐文》卷七五三)。武宗会昌五年(845)开始的毁法运动将打击佛教推到极致。当时日本僧人圆仁恰好到唐朝求法，亲眼目睹了灭佛的种种情形，记载于他的《入唐求法巡礼行记》中。

中国历史上有多次灭佛，但最为惨烈的当属这次武宗镇压佛教的运动。会昌元年(841)，闻到空气中弥漫的不祥气氛，外国僧人纷纷请求离开唐朝回国。南天竺三藏宝月入朝，不先咨开府，从怀中突然拔出表呈给武宗，请许归国，因犯越官罪收禁。宝月弟子三人各决七棒，通事僧决十棒，不放宝月归国。这一年的八月七日，圆仁也上表请求回日本，照样未获准许。此时执政的李德裕也支持武宗的灭佛政策。到了会昌二年（842）三月，李德裕上奏，发遣保外无名僧，又不许置童子沙弥，至此，武宗灭佛已显露端倪。五月二十五日，武宗使人发牒勘问外国僧艺业。五月二十九日，敕停供奉大德、两街各二十员。到了秋天，武宗于十月九日下敕，天下所有僧尼解烧炼、咒术、禁气，背军身上杖痕鸟文，杂工巧，曾犯淫、养妻、不修戒行者，并勒还俗。若僧尼有钱谷田地，应收纳入官。如惜钱财，情愿还俗，并勒还俗，充入两税徭役。后左街功德使奏，准敕条疏僧尼除年老及戒行精进者外，其爱惜资财还俗者一千两百三十二人。右街功德使同此，还俗者二千二百五十九人。在地方上，也遵照执行。所蓄奴婢，僧许留奴一人，尼许留婢二人，其余任本家收管，无本家者由官府出面货卖。

鎏金银茶碾（法门寺出土）。饮茶为唐代时尚。茶碾子由碾座、碾槽、碾盖三部分构成。碾底有文。轴饼面刻有唐僖宗小名“五哥”字样。869年，此碾与其他器皿一起被皇族捐给扶风的法门寺。

会昌三年（843）五月二十五日，勘问诸寺外国僧来由。六月份，武宗又下敕斥佛本西戎人，佛经典籍为胡书。但是圆仁前后求归国百余次，均不获准。武宗的灭佛相当全面，会昌四年，他下敕不准供养佛舍利，违者严厉惩处。种种抑制佛教的行为伴随着谣言纷起，据传道士奏云，孔子言黑衣继十八子为天子。黑衣者，僧人；十八子者，李氏。而武宗为唐第十八代。凡此种种说法，更加坚定了武宗灭佛的决心。到了这一年的七八月份，法难发生了。武宗下令拆毁全国的山房、兰若、普通佛堂、义井、村邑斋堂等，未满二百间、不入寺额者，其僧尼等尽勒还俗。据圆仁记载，长安城坊佛堂被毁三百余所，全国范围内拆毁的更多。同时天喜爱尊胜石幢、僧墓塔等也被下敕拆毁。十月，又下敕拆毁天下小寺，经佛移入大寺，钟送道观。其被拆寺僧尼，不依戒行者，不论老少尽敕还俗，长安城中于是又拆毁小寺三十三所。会昌五年（845）三月，武宗下敕不许天下寺置庄园，又令勘检天下寺舍奴婢多少，并及财物。令都中诸寺由两军中尉勘检，诸州府寺舍委中书门下检勘。并分城中寺舍奴婢为三等，分别收遣。差不多在同时，又敕令天下诸寺僧年四十以下尽勒还俗，递归本籍，后又扩大到五十岁以下的僧尼还俗。到了五月末，长安已经没有僧尼了，寺院只留下三纲检理财物，结束后也要还俗。外国僧人没有祠部牒的，也必须还俗，送归本国。秋七月"敕上都、东都两街各留二寺，每寺留僧三十人；天下节度、观察使治所及同、华、商、汝州各留一寺，分为三等：上等留僧二十一人，中等留十人，下等五人。余僧及尼并大秦穆护、祆僧皆敕还俗。寺非应留者，立期令所在毁撤，仍遣御史分道督之。财货田产并没官，寺材惟葺公廨驿舍，铜像、钟磬以铸钱"（《资治通鉴》卷二四八）。又将僧尼改隶鸿胪寺。

寺院原先有悲田院，救济贫困者，僧尼还俗后，这项社会慈善事业也归政府安置。李德裕建议将悲田坊改名养病坊，于乡闾中选人主持（《旧唐书》卷一七四《李德裕传》）。圆仁记载，唐国僧尼本来贫穷，尽令还俗后，无衣可穿，无食可吃，引起社会动荡。

武宗灭佛虽然得到了李德裕等大臣、儒家、道士的支持，但是在统治集团内部并未达成共识。比如代表宦官集团的仇士良就对这一政策颇不赞同。根据圆仁的记载，会昌三年（843）正月十八日，仇士良有帖，唤长安城中的外国僧人第二天见面，包括青龙寺南天竺三藏宝月等五人，兴善寺北天竺三藏难陀一人，慈恩寺狮子国僧一人，资圣寺日本僧圆仁及弟子惟正、惟晓等三人，诸寺新罗僧等，更有龟兹国僧共二十一人。仇士良本身信佛，所以对这些人多加抚慰。另外，唐朝中央推行的灭佛政策，在黄河以北镇、幽、魏、潞等藩镇并未得到认真推行，所以佛教得以部分保存。

尽管如此，唐武宗灭佛对佛教的打击仍属历史上最为酷烈的。北魏太武帝拓跋焘和北周武帝宇文邕都曾采取暴力强硬手段灭佛，但是在当时的历史背景下，佛教仍在蒸蒸日上，虽然佛教受到暂时的挫折，但是其作为中国人主要信仰的地位并未丧失，在当时仍有不少僧人挺身而出，舍身护法。遭到迫害的佛教也博得了更多人的同情和信仰。所以在灭佛的君主死后，佛教就卷土重来，出现更加蓬勃向上的势头。比如北周灭佛时的慧远，与北周武帝激烈辩论；到了隋代，在隋文帝的支持下，他已经成为佛教的重要精神领袖。但是，唐武宗的灭佛，发生在中国人心灵结构产生重大变化的背景下。此时回到古典时代、排除佛教因素的思想运动愈演愈烈，中国主流的知识分子越来越认为，“三代已前，未尝言佛，魏晋之后，像教寖兴。是逢季时，传此异俗，因缘染习，蔓衍滋多。以至于耗蠹国风，而渐不觉”（《唐会要》卷四七）。所以在武宗灭佛的时候，我们没有看到僧人的激烈抗议，也没有看到朝臣士人的反对声音。佛教作为一个庞大的思想、信仰体系，到了武宗灭佛的时刻，似乎已经失去了之前朝气蓬勃的气势，社会大众也似乎接受了佛教不可避免地衰落的事实了。

武宗灭佛，对中国佛教来说可谓是灭顶之灾，寺院经济遭到打击，寺庙被毁，经籍散佚，佛像被销，佛教失去了繁荣的客观条件。加上思想世界的变化，曾经处于知识、思想、文化、政治舞台中心位置的佛教从此走向衰落，一蹶不振，走向了世俗化道路。这一事件的影响是深远的，比如从最小的层面上说，由于拆毁佛教建筑，导致留存到今天的唐代建筑非常少。而日本的京都等地，气势恢宏、令人赞叹的佛教古建筑，就是模仿唐朝而建造的。如果当时长安、洛阳的那些伟大的寺院能够保存的话，将是多么伟大的遗产！

武宗死后，宣宗即位后即复兴佛教。但是大势已去，此后佛教已然衰落。咸通十四年（873）懿宗迎佛骨，不久去世。即位的僖宗下诏将佛指舍利送归法门寺，仪式非常简单。所在香刹，也下诏铲除。当时已知的世界文明，包括佛教世界、伊斯兰世界和基督教世界，基督教世界逐渐在欧洲站稳脚跟，在此后的一千年中，都笼罩着欧洲大陆；伊斯兰世界则从阿拉伯拓展，往西进入非洲、土耳其、西班牙，往东进入波斯、中亚，沿着丝绸之路一路到达中国的陕西、甘肃；佛教世界则从西北印度、中亚逐步萎缩，乃至在中原也失去根据。中国作为佛教世界主导者的角色，在武宗灭佛后已然放弃。虽然日本佛教诸宗仍认同长安的寺院是其祖庭，但是对中原来说，已经没有太大意义。此后，儒家思想重新焕发活力，改头换面，成为主导的伦理和思想体系。

对其他宗教的迫害和宗教宽容政策的结束

武宗灭佛的同时，也打击了其他外来宗教，包括琐罗亚斯德教、摩尼教、景教等。此后，唐朝一直执行的宗教宽容政策从实际上结束了。即便在儒学内部，带有神秘主义色彩的纬学也被逐渐从儒家知识体系中排除出去。一方面，这是中国社会走向世俗主义的体现；另一方面，也伴随着自我本位的兴起，夷夏之防变得更加重要。

粟特胡人多信仰祆教，也就是琐罗亚斯德教。这一宗教是基督教诞生之前中东和西亚最具影响力的宗教。琐罗亚斯德教曾是阿契美尼德帝国的国教，但是随着阿拉伯帝国征服波斯，伊斯兰教往东拓展，琐罗亚斯德教受到排斥，被斥为“拜火教”。在这种情况下，琐罗亚斯德教往东发展，最终通过西域到达中原。琐罗亚斯德教跟粟特人关系密切，“从大食国以东，并是胡国，即安国、曹国、史国、石骡国、米国、康国……总事火祆”（慧超《往五天竺国传》），对中国历史和文明的发展作出过重要贡献。火祆教崇奉之神在北魏、南梁时被称为天神、火天神、火神天神或天神火神；到隋末唐初才称火祆。祆教受到北魏、北齐、北周、南梁等统治阶级的支持。北魏的灵太后率领宫廷大臣及眷属几百人奉祀火天神。北齐后主“躬自鼓儛，以事胡天”，因此，在京都（邺，今河北临漳县）出现了很多奉祀火祆的神庙，一时蔚然成风气。北周的皇帝也曾亲自“拜胡天”、“从事夷俗”。

《宴饮图》(长安南里王村唐墓出土,现藏陕西省博物馆)。图中九人围坐,欢宴畅饮,旁立僮仆数人,反映了墓主人生前日常家居生活的场景。

从北魏开始,北齐、北周相继在鸿胪寺中设置火祆教的祀官。唐朝在东西两京都建立祆祠,东京有两所,西京有四所,“商胡祈福”,唐朝祠部还设有管理火祆教的祀官萨宝府官,由波斯人或新疆地区少数民族的信徒担任,主持祭祀。祆教在中国宽容的环境下,获得了蓬勃的发展。唐朝的世界帝国属性,吸引了很多外国侨民在唐朝居住。尤其粟特胡人在商业贸易中居于重要地位，很多粟特人更在政治、军事上扮演重要角色，所以建立祆祠方便胡商祈福之用，并维持胡人对唐朝的向心力，具有重要作用。若不是带有粟特和祆教元素的安禄山叛乱，或许中国文明的走向会有所不同。

天宝之后，留居长安的蕃客曾被唐王朝编入左右神策军，其中就有大批波斯祆教信徒。至德三年，广州的大食人和波斯人举行暴动，其中也有不少祆教徒。会昌五年（845）唐武宗敕令灭佛时，祆教也在被禁止之列，受到的冲击较大，许多祠庙都被拆毁，僧侣被勒令还俗，有的祆教徒被赶回波斯或西域本籍。黄巢进入广州，大肆屠杀外来宗教信徒，其中也有许多祆教信徒。此后，祆教逐渐在中国内地绝迹，其某些元素渗入民族宗教活动之中，再也没能获得如唐朝那样的官方地位，甚至在宋代以后就不再见于文献记载。

摩尼教，又称作牟尼教、明教，是一个源自古代波斯宗教祆教的宗教，为公元三世纪中叶波斯人摩尼所创立。这是一种将基督教与伊朗阿胡拉·马自达教义混合而成的哲学体系。摩尼教在武则天时代从西域传入中原，但是其传教并不顺利，往往托佛教之名传教，而且唐朝君主如玄宗等认为摩尼教所传是邪见，下令禁止中国人信仰该教。摩尼教在唐朝的命运发生转折，在于它传入回纥并成为回纥的国教。唐朝发生安史之乱后，借助回纥之兵平定叛乱，回纥因此崛起，并在唐朝取得了特殊地位，回纥使者甚至在唐朝耀武扬威。借着回纥的支持，摩尼教得以在唐朝传教。大历三年（768）六月，唐代宗敕准回纥摩尼教徒在长安建摩尼寺——大云光明寺。其后，又应回纥之请，于荆州、扬州、越州等州，各设置“大云光明寺”一所。德宗贞元十五年（799），天久旱无雨，曾请摩尼师施法祈雨。元和三年（807）正月，唐宪宗应回鹘使节的请求，在河南府和太原府设立三座摩尼寺。摩尼教徒经常由回纥至唐，并得唐皇室礼待。可以说，摩尼教得以在唐朝传播，与回纥跟唐朝的特殊关系是绑在一起的，从一开始就带有强烈的政治和外交的考虑。也正是因为这种原因，摩尼教先于祆教、景教被禁。而其被禁，跟唐朝和回鹘的关系变化存在关联性。

长庆元年（821），唐穆宗初立，将自己的妹妹、宪宗之女太和公主出嫁回鹘可汗，此后太和公主在回鹘生活了长达二十二年。唐

观音经变（取材于《观世音菩萨普门品》之“商人遇盗”图）盛唐，现存于甘肃敦煌莫高窟45窟南壁西侧。描绘了一群胡商赶驴载货上路时遇到了强盗的情景。商人们双手合什祈祷，口诵观世音名。上书曰：“众商人同与发声言：南无观世音菩萨，即得解脱。”这里再现了当年丝绸之路上来往商旅的艰险。

武宗会昌元年（841），回纥被的黠戛斯击败，国势衰落，唐廷对回纥和摩尼教的态度发生了改变。会昌三年（843），唐武宗采纳宰相李德裕的意见，进攻已经四分五裂的回鹘汗国。唐军大败回鹘，并抢回了太和公主。此后，回鹘汗国亡国，众部族离散。唐回两国的百年恩怨，终于了断。回鹘的亡国，对摩尼教是一次沉重的打击。与进攻回鹘相配合，武宗在会昌三年即下令对唐朝境内的摩尼教徒和寺院实行抄检，没收摩尼教资产与书像等物。由于一些摩尼教徒反抗，致令长安女摩尼教徒死者达七十二人。“会昌三年四月中旬，敕天下杀摩尼师，剃发令著袈裟，作沙门形而杀之。”“其回纥及摩尼寺庄宅、钱物等，并委功德使与御史台及京兆府各差官点检收抽。”（圆仁《入唐求法巡礼行记》卷三）会昌五年（845）灭佛，摩尼教再次受到重创，从此，摩尼教在中国一蹶不振，再不能在社会公开传教，转而在民间秘密流传，并渐与其他宗教结合。

基督教的一个支派聂斯脱里派，也在会昌灭佛中受到重创。聂斯脱里派在唐朝被称为景教。景教起源于今日叙利亚，是从希腊正教（东正教）分裂出来的基督教教派，由叙利亚教士君士坦丁堡牧首聂斯脱里于五世纪上半叶创立，在波斯建立教会。根据出土的《大秦景教流行中国碑》记载，唐贞观九年（635），大秦国有大德阿罗本带来经书到长安，由房玄龄迎接，获唐太宗接见。从此以后，景教在中国顺利发展了一个半世纪，与袄教及摩尼教并称唐代“三夷教”。在唐朝的首都建有景教寺院波斯寺。高宗时，景教发展已经具备一定规模。高宗下诏于诸州建立景寺。武则天时代，景教教士参与武则天集资修建“大周颂德天枢”的活动。唐玄宗时，曾邀请景教教士在兴庆宫讲法，派遣宁王等亲王到景寺礼拜，还邀请十七名景教教士一起做礼拜。

安史之乱爆发后，肃宗仓皇即位，对景教继续扶持，在灵武等五郡修建景教寺院。景教徒伊斯随回纥军队到达灵武，被任命为朔方节度副使，协助郭子仪平叛。代宗继位后，继续推崇景教，在耶稣诞辰日送香赐馔。这一态度也被后来的德宗继承。会昌五年（845），武宗灭佛，景教也难逃此劫。武宗下令"勒大秦穆护祆二千余人还俗"（《唐会要》卷四九），景教遭到重创。随之而来的黄巢起兵，广州等地的景教徒又遭屠杀，景教在中国也随即销声匿迹。

伊斯兰教在唐朝也来到中国，但是在信仰世界并未造成太大的影响。但是留居中国的西亚商旅蕃客很多，其侨居的地区被称为"蕃坊"或"蕃市"。至德三年（758），广州大食人和波斯人曾举行暴动，赶走了广州刺史韦利见。由此可见，来华的蕃客数量之多已经形成了强大的族群力量。安史之乱中，也有大食的雇佣军参加平叛，很多被编入神策军。随着中亚陆路交通的断绝，中唐以后，海路兴起，南方蕃客数量集聚增多，将伊斯兰教传入中国。另外，中亚地区，原先信仰摩尼教、景教、祆教、萨满教、佛教的族群，逐渐改宗伊斯兰教，形成了数量众多的穆斯林。唐朝之后，伊斯兰教逐渐成为中国西北地区的主流宗教。

东亚信仰世界的重构

作为东亚文明核心的唐帝国走向封闭之后，产生的后果并不局限于中国自身，而是带来了整个东亚思想、信仰实际的变迁、重组和再造。重组和再造后的格局持续了很长的时间，对历史的走向产生了深远的影响。

从六世纪开始，佛教即传入日本。经过长期与日本本土信仰的冲突与融合——其间伴随着激烈的政治对抗——到了七世纪，佛教已经基本成为日本主导性的宗教，并被官方认定为国家宗教。日本的佛教植根于从中国输入的佛教文献与教义。根据输入时间的顺序，形成了不同的教派，尤其是平安朝前期，最澄和空海传入的天台宗和真言宗。这些教派跟日本本土文化相融合，形成了日本特色的本土文化。但是一直到唐朝中期，日本佛教仍视中国佛教为其母本。长安的著名大寺院被日本各宗派视为祖庭，而唐朝的一些大和尚被树立为其宗派的祖师，比如日本净土宗视曾经活跃在长安城的善导为祖师。随着唐朝宗教宽容政策消失，中国佛教的一些高僧也越来越感到佛教生存环境的恶化，希望能够开拓新的佛土，将佛法永远传

女供养人像（五代，敦煌壁画）

播下去。正是在这种背景下，唐朝的高僧不断东渡日本，将佛法传到日本列岛。一方面，佛教东渡日本是中国文明对日本文明的感染与影响，另一方面，也是佛教保存法脉，拓展佛土的运动。

武宗灭佛之后，作为体系化的、官方意识形态化的佛教在中国一蹶不振，衰落了下去。但是有关教义传入新罗、日本。尤其是在日本，佛教反而昌盛起来，在重塑日本文明的过程中扮演了重要角色，也进而变为日本文化传统的一部分。至今，佛教仍是日本最大的宗教，保存了七万多座寺院，三十万尊佛像。世界最古老的木造寺院法隆寺，最古老的佛典古文书都在日本。国民中的大多数也是佛教徒。而曾经作为日本佛教母体的中国佛教，反而彻底衰落下去，开始走向世俗化和民众化。与佛教一样，曾在儒家知识体系中占据重要地位的纬学，在唐宋之际也不断被排斥出儒家正统知识体系，反而在日本，与阴阳五行相关的知识得到了保存，跟日本文化融合后，在日本发展出阴阳道的传统。

有趣的是，在唐朝本土佛教去体系化、教会化、意识形态化的同时，佛教在吐蕃逐渐取得了主导地位。在与苯教等本地元素融合后，佛教在西藏发展出独特的风格，形成了藏传佛教。虽然有多次的波折和起伏，但大体上在此后的一千多年中，藏传佛教成为西藏民众的主要信仰，也主导了西藏的政治生活。吐蕃王朝在隋末唐初兴起，与尼泊尔和唐朝联姻，佛教也由南北两路传入藏区。佛经，以及有关天文、历算、医药等书籍也被介绍到西藏。八世纪后半期，藏人开始出家为僧。佛教译经事业的发展，也促进了藏文的改革，藏文词汇更加丰富，拼写规则更加规范，语法结构也更为完善。九世纪初，佛教上升为吐蕃王朝的国教，取得意识形态的主导地位。松赞干布、赤松德赞与赤祖德赞在藏文史籍中合称为“三大法王”。赤祖德赞大兴佛教，并在王朝中重用僧人，甚至把国家大权都交给僧人，引发了有关吐蕃贵族的反对，在其暴死后，朗达玛（838—842年在位）即位。朗达玛原名“达玛”，又叫“朗达日玛”，《新唐书》作“达磨”，是吐蕃末代赞普。当时吐蕃经常发生霜、雹、瘟疫等天灾人祸，朗达玛遂于840年声称是由于推行佛法而触怒了天神，下令禁止佛教，并强制推行苯教。佛教遭到大规模的镇压裁抑。842年，佛教僧侣贝吉多吉刺杀了朗达玛。随后吐蕃王朝陷入争夺王位的内战，地方军阀纷纷割据，臣服于吐蕃的各部族独立，吐蕃王朝终结。朗达玛禁佛以后，一度被压下去的苯教，又开始复兴。直至十世纪后期，整个西藏地区社会逐渐稳定下来，佛教方复兴和发展，成为西藏地区占据绝对主导地位的宗教信仰。

附录

附录一　隋唐五代大事记

开皇元年（581）

二月杨坚即位，建立隋朝。宣布恢复"汉魏之旧"，任命高颎为尚书左仆射。十月制定《新律（开皇律）》。

开皇二年（582）

迁都于大兴城，也即唐代的长安城，此后隋唐长安城成为七至九世纪世界主要的都市，也是当时亚洲的政治、文化中心。

开皇四年（584）

隋为与沙钵略可汗睦和，将千金公主改封为大义公主。次年五月设置义仓。

开皇九年（589）

隋朝攻灭陈朝，结束了长达三百年的南北分裂局面，中国重新进入了统一帝国时期。南朝的传统都城金陵遭到毁灭性破坏，此后数百年间失去了与北方对抗的条件。

开皇十四年（594）

三阶教名僧信行去世，年五十五。信行撰《三阶集录》。

开皇二十年（600）

十月废皇太子杨勇，十一月立杨广为太子，十二月禁止毁佛。奠定了佛教在唐朝进一步辉煌的基础。

大业元年（605）

隋炀帝即位。开始修建东都、开凿大运河的通济渠等大规模公共工程建设，并试图通过大规模战争恢复昔日汉朝的疆域，最终导致强盛的新王朝迅速瓦解。

大业十三（617）

七月李渊在太原起兵，十一月李渊攻进长安，拥立恭帝杨侑。

大业十四（618）

三月隋炀帝死于宇文化及之乱。五月李渊接受其所立的隋恭帝的禅让称帝，建立唐朝，定都长安，并逐步消灭各地割据势力，统治天下。

武德九年（626）

秦王李世民发动玄武门政变，杀死太子李建成，并迫使高祖退位，唐朝此后的皇位继承模式多以宫廷政变的形式完成。

贞观十一年（637）

一月颁布《贞观律》。此律系对《武德律》的修订，其中包括废除斩趾酷刑、缩小了族刑、连坐的范围以及对死刑复奏等基本原则和制度。

贞观十九年（645）

正月二十四日玄奘抵达长安，带回经论五百二十夹、六百五十七部。太宗命其撰《大唐西域记》。

永徽六年（655）

高宗废王皇后，封武氏为皇后（武后）。李延寿历时三十年独立完成了《南史》、《北史》。

显庆五年（660）

唐军渡海在朝鲜半岛登陆，迅速攻陷百济首都泗沘，百济灭亡。百济部分王族被带往洛阳。此后数年日本军事干涉，在百江口遭到唐军挫败，奠定了东亚之后的政治格局。

垂拱二年（686）

武太后在废中宗之后亲政，又在颁布《垂拱律令格式》之后，依靠酷吏及告密等来排除异己。

载初二年（即天授元年，690）

七月，沙门怀义、法明等进《大云经疏》，利用谶纬和佛教为武则天上台提供理论依据。九月，武则天在作为唐中宗、唐睿宗的皇太后临朝称制后，又废睿宗即帝位，改国号为周。上尊号金轮圣神皇帝，并颁《大云经疏》于各州，令两京诸州置大云寺。封怀义等九人为县公，皆赐紫袈裟银鱼袋，沙门封爵赐紫始于此。

神龙元年（705）

张柬之等拥中宗发动政变，迫使武则天下台，李唐复辟。因中宗跟佛教特殊的关系，并没有改变武则天崇佛的政策，其多营佛寺，导致财政危机。

先天二年（即开元元年，713）

玄宗发动政变，消灭太平公主集团，并迫使其父睿宗退居虚位，之后玄宗真正掌握权力，此后四十余年唐朝进入相对稳定的繁盛时期。

开元八年（720）

南天竺沙门金刚智到达长安，所住寺院必建大曼陀罗灌顶道场以度四众。玄宗时代，密宗逐渐成为佛教的重要流派。

开元二十一年（733）

日本僧人荣叡、普照随遣唐使抵达扬州，遇见大云寺沙门鉴真。此后在他们的坚请下，鉴真屡次东渡，最终于天宝十三年（754）抵达日本，天皇亲迎其入住东大寺。鉴真东渡对日本佛教产生了重要影响。

天宝十四载（756）

安禄山率近三分之一唐边防军叛变，迅速渡过黄河攻陷洛阳。此后长安也被攻陷，唐朝陷入长达八年的战乱之中，国势由极盛转衰。

大历二年（767）

四月在安史之战结束后，唐代宗派宦官鱼朝恩和吐蕃会盟。据查，唐朝和吐蕃有八次会盟，由于唐朝文成公主、金城公主先后嫁给吐蕃赞普，所以唐蕃关系又称舅甥之盟。

贞元二十年（804）

日本遣唐使遭遇暴风，大使藤葛野麻吕漂至福州，副使石川道益的船舶漂到明州。后来日本历史上重要的佛教大师空海、最澄都在这次遣唐使团中。回国之后，空海创真言宗，最澄弘扬天台宗，对日本佛教等领域都有重要影响。

元和十年（815）六月三日凌晨

宰相武元衡在上朝途中被藩镇所派刺客刺杀于靖安坊东门，御史中丞裴度亦被袭几死。此后宪宗对藩镇的斗争取得了明显的成绩。

元和十五年（820）

正月迎法门寺佛骨入京师，刑部侍郎韩愈上《谏迎佛骨表》，遭到宪宗贬逐。这是中国思想转型的重要事件。古文运动兴起。

开成二年（837）

凿刻《开成石经》，唐代有十二经刻石。又称唐石经。始刻于文宗大和七年（833），开成二年（837）完成。

会昌元年（841）

武宗即位。实行反佛政策，引发了唐代历史上最大规模的排佛浪潮，以至于长安城内不再有佛教俗讲的存在。其他外来宗教也受到殃及，摩尼寺并废入官。武宗并令外国僧人无祠部牒者送归本国。

乾符七年（879）

黄巢攻陷广州，大肆屠杀。此后中外贸易断绝。后黄巢攻陷长安，大规模屠杀导致长安彻底破败，此后长安再也没有恢复中国政治中心的地位。

中和二年（882）

九月黄巢部属朱温降唐，唐僖宗喜过之后，立即下诏任命朱温为左金吾大将军、河中行营招讨副使。还赐给朱温“全忠”之名。

开平元年（907）

朱温废唐哀帝李柷，自行称帝，改名为朱晃，建都开封，国号为“大梁”，史称“后梁”，后人称其为梁太祖。自此，唐朝结束两百八十九年的统治，进入五代十国时期。

附录二 唐朝皇帝世系表

庙号	谥号	姓名	在位年限	年号
唐朝618年—690年				
高祖	神尧大圣大光孝皇帝	李渊	618—626	武德618—626
太宗	文武大圣大广孝皇帝	李世民	627—649	贞观627—649
高宗	天皇大圣大弘孝皇帝	李治	650—683	永徽650—655 显庆656—661 龙朔661—663 麟德664—665 乾封666—668 总章668—670 咸亨670—674 上元674—676 仪凤676—679 调露679—680 永隆680—681 开耀681—682 永淳682—683 弘道683
中宗 (被废)	大和大圣大昭孝皇帝	李显	684	嗣圣684
睿宗 (被废)	玄真大圣大兴孝皇帝	李旦	684—690	文明684 光宅684 垂拱685—688 永昌689 载初690

(续表)

庙 号	谥 号	姓 名	在位年限	年 号
武周690年—705年				
	则天大圣皇帝	武 曌	690—705	天授690—692 如意692 长寿692—694 延载694 证圣695 天册万岁695—696 万岁登封696 万岁通天696—697 神功697 圣历698—700 久视700 大足701 长安701—705
唐朝705年—907年				
	大和大圣大昭孝皇帝	李 显	705—710	神龙705—707 景龙707—710
恭宗	殇皇帝	李重茂	710	唐隆710
睿宗(复辟)	玄真大圣大兴孝皇帝	李 旦	710—712	景云710—711 太极712 延和712
玄宗	至道大圣大明孝皇帝	李隆基	712—756	先天712—713 开元713—741 天宝742—756
肃宗	文明武德大圣大宣孝皇帝	李 亨	756—762	至德756—758 乾元758—760 上元760—761
代宗	睿文孝武皇帝	李 豫	762—779	宝应762—763 广德763—764 永泰765—766 大历766—779

(续表)

庙号	谥　号	姓名	在位年限	年　号
唐朝705年—907年				
德宗	神武孝文皇帝	李　适	780—805	建中780—783 兴元784 贞元785—805
顺宗	至德大圣大安孝皇帝	李　诵	805	永贞805
宪宗	圣神章武孝皇帝	李　纯	806—820	元和806—820
穆宗	睿圣文惠孝皇帝	李　恒	821—824	长庆821—824
敬宗	睿武昭愍孝皇帝	李　湛	824—826	宝历824—826
文宗	元圣昭献孝皇帝	李　昂	826—840	宝历826 大和827—835 开成836—840
武宗	至道昭肃孝皇帝	李　炎	840—846	会昌841—846
宣宗	圣武献文孝皇帝（元圣至明成武献文睿智章仁神聪懿道大孝皇帝）	李　忱	846—859	大中847—859
懿宗	昭圣恭惠孝皇帝	李　漼	859—873	大中859 咸通860—873
僖宗	惠圣恭定孝皇帝	李　儇	873—888	咸通873—874 乾符874—879 广明880—881 中和881—885 光启885—888 文德888
昭宗	圣穆景文孝皇帝	李　晔	888—904	龙纪889 大顺890—891 景福892—893 乾宁894—898 光化898—901 天复901—904 天祐904
景宗	昭宣光烈孝皇帝	李　柷	904—907	天祐904—907

附录三　主要参考书目

包弼德 (Peter Bol)：《斯文：唐宋思想的转型》，江苏人民出版社2001年版。

岑仲勉：《隋唐史》，中华书局1982年版。

陈弱水：《唐代文士与中国思想的转型》，广西师范大学出版社2009年版。

陈寅恪：《唐代政治史述论稿》上篇《统治阶级之氏族及其升降》，上海古籍出版社1982年版。

陈寅恪：《隋唐制度渊源略论稿(外一种)》，河北教育出版社2002年版。

杜希德 (Denis Twitchett) 主编：《剑桥中国隋唐史》，中国社会科学院历史研究所译，中国社会科学出版社1990年版。

冯友兰：《中国哲学史新编》，人民出版社2001年版。

Antonino Forte, *Political Propaganda and Ideology in China at the End of the Seventh Century*, Italian School of East Asian Studies, 2005.

韩国磐：《隋唐五代史纲》(修订本)，人民出版社1983年版。

黄永年：《唐史十二讲》，中华书局2007年版。

黄永年：《六至九世纪中国政治史》，上海书店出版社2004年版。

霍巍：《〈大唐天竺使出铭〉及其相关问题的研究》，《东方学报》第66册，1994年版。

吕思勉：《隋唐五代史》，中华书局1959年版。

毛汉光：《中国中古社会史论》，上海书店出版社2002年版。

全汉升：《唐宋帝国与运河》，上海商务印书馆1946年版。

荣新江：《中古中国与外来文明》，生活·读书·新知三联书店2001年版。

汤用彤：《隋唐佛教史稿》，武汉大学出版社2008年版。

唐长孺：《魏晋南北朝隋唐史三论》，北京大学出版社2011年版。

王小甫：《唐、吐蕃、大食政治关系史》，北京大学出版社1992年版。

王仲荦：《隋唐五代史》，上海人民出版社2003年版。

汪篯：《汪篯隋唐史论稿》，中国社会科学出版社1981年版。

隋时期形势图
契
骨
剑
水
金
山
东
货利习弥
铁
勒
药
杀
水
西
突
厥
碎
叶
川
碎叶
热海
伊
列
河
白
山
西突厥王庭
可汗浮图城
时
罗
漫
山
高昌
伊吾郡
龟兹
焉耆
乌
浒
水
疏勒
北
河
葱
岭
吐
火
罗
喝盘陀
朱俱波
图
伦
碛
于阗
南
山
蒲昌海
鄯善郡
且末郡
敦煌郡
女
国
天
竺
象
雄
雅
曲
孙
波
附
匹播城
宝
髻
布
达波
国
图
例
都城
郡级驻所
其他居民点
政权部族界
宝髻
少数部族名称

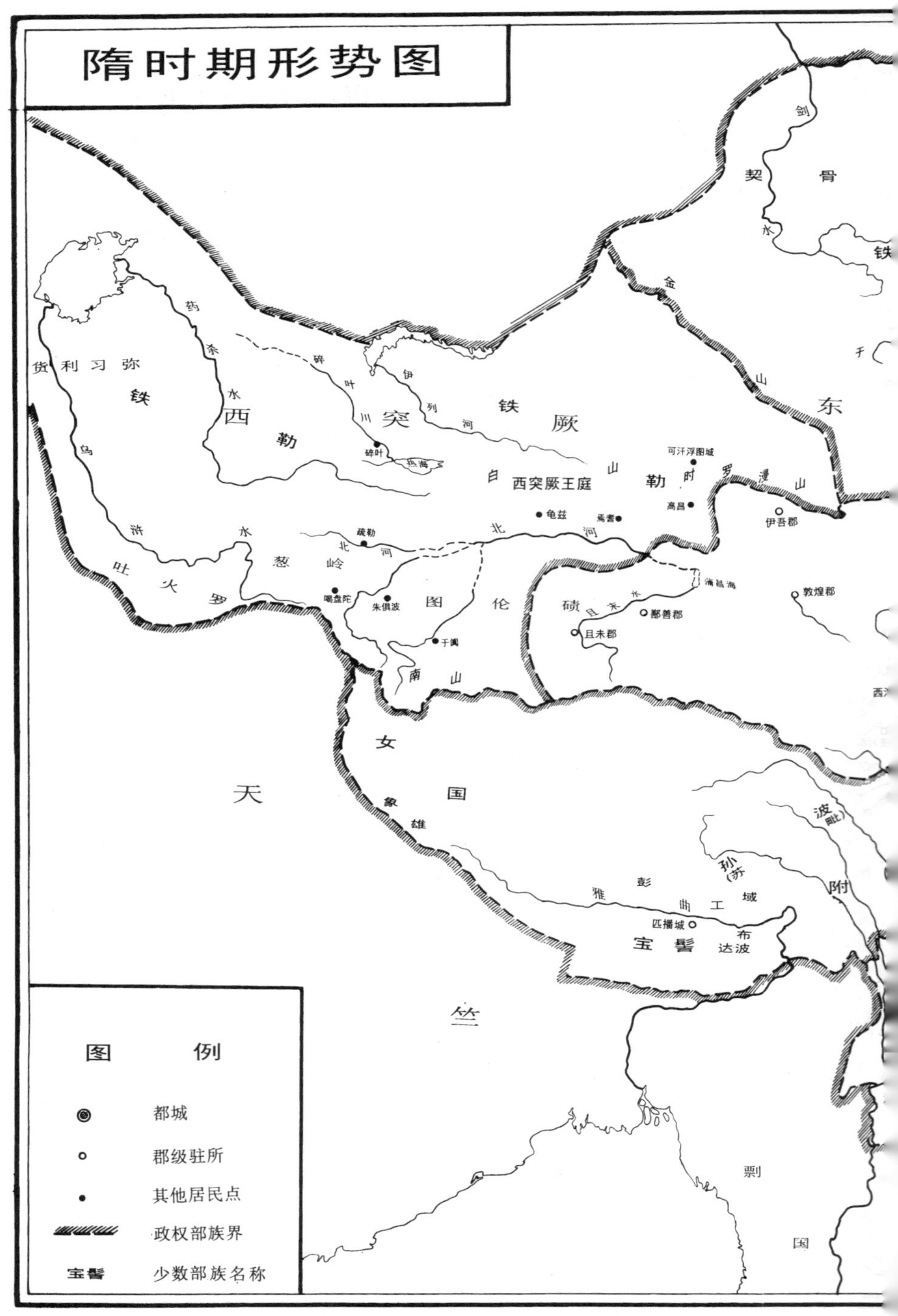

大业八年(612)

室韦
钵室韦
深末怛室韦
靺鞨
黑水
黑水部
勒
北海
陵水
北室韦
南室韦
完水
难河
号室部
安车骨部
拂涅部
伯咄部
粟末部
白山部
突厥
独洛水
溺根河
霫
契丹
奚
弱洛水
辽水
辽东郡
燕郡
柳城郡
安乐郡
高丽
平壤
百济
泗沘
新罗
金城
倭国
定襄郡
五原郡
榆林郡
涿郡
渔阳郡
北平郡
雁门郡
上谷郡
楼烦郡
渤海
渤海郡
灵武郡
朔方郡
太原郡
赵郡
东莱郡
北海郡
武威郡
襄国郡
齐郡
高密郡
西平郡
延安郡
临汾郡
上党郡
东平郡
琅邪郡
会宁郡
上郡
平凉郡
济阴郡
东海郡
浇河郡
金城郡
安定郡
北地郡
河东郡
彭城郡
临洮郡
天水郡
京师
东都
通济渠
淮阳郡
陇西郡
弘农郡
京兆郡
隋
汝南郡
汝阴郡
钟离郡
江都郡
汉阳郡
南阳郡
丹阳郡
邗沟
武都郡
汉川郡
庐江郡
太湖
吴郡
平武郡
西城郡
襄阳郡
同安郡
余杭郡
巴西郡
巴东郡
江夏郡
新安郡
会稽郡
宕渠郡
南郡
东阳郡
蜀郡
清江郡
长江
九江郡
彭蠡湖
鄱阳郡
巴郡
武陵郡
巴陵郡
永嘉郡
资阳郡
黔安郡
豫章郡
洞庭湖
犍为郡
泸川郡
明阳郡
沅陵郡
长沙郡
庐陵郡
越嶲郡
宜春郡
东海
东昆明
牂柯郡
衡山郡
建安郡
恭州
零陵郡
桂阳郡
南康郡
流求
始安郡
熙平郡
义安郡
西爨
苍梧郡
南海郡
龙川郡
郁林郡
永平郡
高凉郡
宁越郡
合浦郡
交趾郡
儋耳郡
珠崖郡
九真郡
临振郡
日南郡
林邑
南海
(涨海)
南海

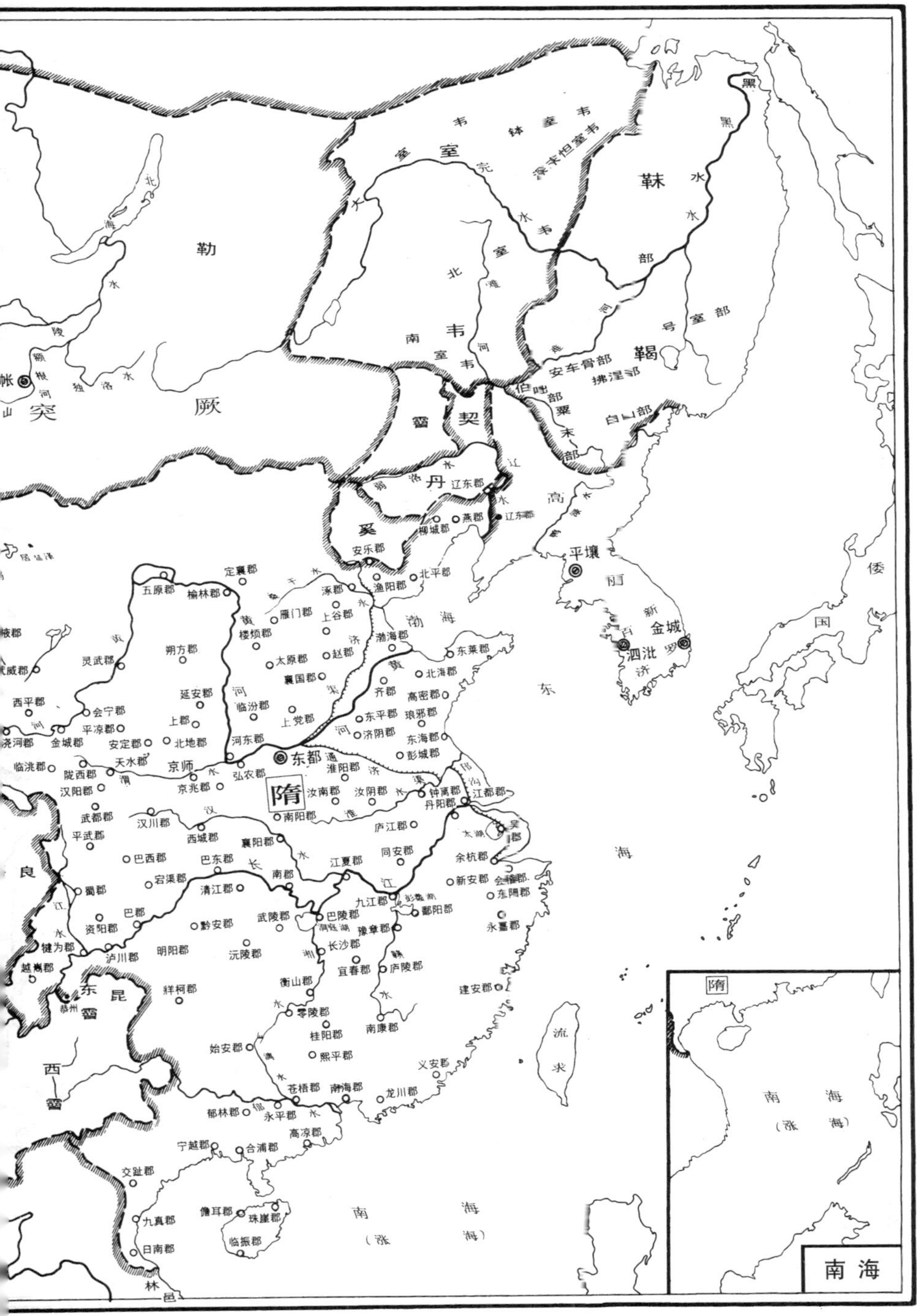

据《中国历史地图集》绘

唐时期形势图
黠戛斯
（结骨）
剑
河
青
山
都
播
金
葛逻禄
山
突
乌
药杀水
乌浒水
碎叶河
北
突
骑施
庭
伊丽河
弓月城
碎叶镇
热海
都
护
北庭节度使
北庭都护府
庭州
府
真珠河
天
山
安西都护府
龟兹镇
安西节度使
焉耆都督府
焉耆镇
西州
伊州
陇
右
道
安
赤
河
疏勒都督府
疏勒镇
西
葱
岭
河
徒
多
都
玉
护
图
伦
碛
府
河
蒲昌海
沙州
大泽
肃州
石城镇
于阗镇
毗沙都督府
小勃律
大勃律
麻
大食
吐火罗
羌
羊
同
象
雄
塘
孙
波
多
天
吐
蕃
逻些城
雪
贡塘
臧
河
波窝
尼婆罗
匹播城
山
洛窝
敢
竺
金齿部
望
骠
国
图例
都城
府 州级驻所
其他居民点
益州
道级驻所
政权部族界
道级政区界
开元二十九年（741）

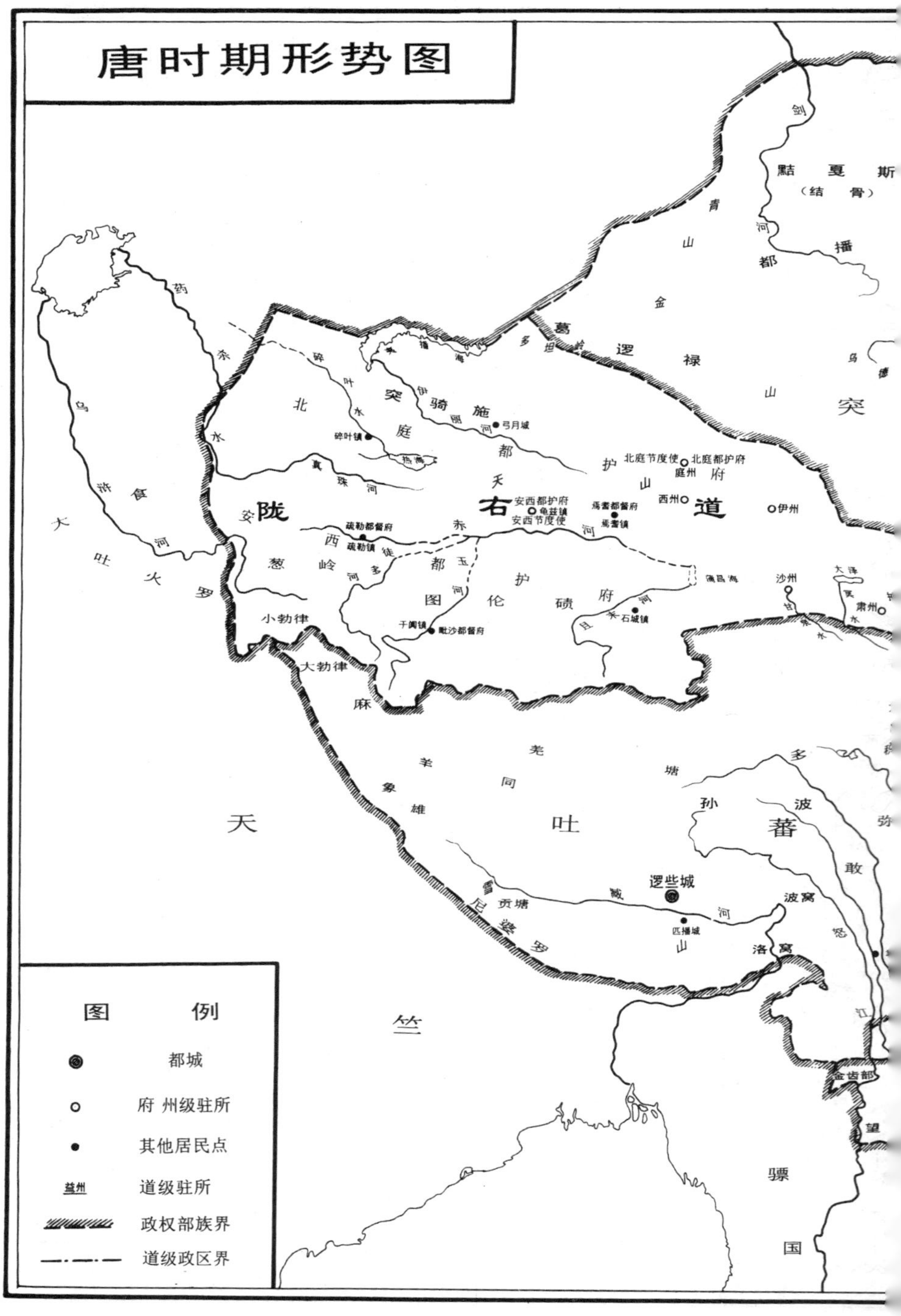

北海
室韦
黑水都督府
河
北
突厥
契苾
同罗
仆骨
骨利干
渤海都督府
松漠都督府
饶乐都督府
平卢节度使
范阳节度使
单于都护府
安北都护府
河东道
河北道
关内道
唐
河南道
京畿道
都畿道
西京
东都
山南东道
山南西道
淮南道
江南东道
江南西道
黔中道
剑南道
岭南道
安南都护府
新罗
金城
日本
东海
渤海
乌湖海
流求
南海
（涨海）
河西节度使
陇右节度使
朔方节度使
河东节度使
剑南节度使
岭南经略使
扬州
苏州
杭州
福州
广州
交州
益州
荆州
鄂州
洪州
潭州
桂州
汴州
徐州
太原府
灵州
凉州
兰州
南海

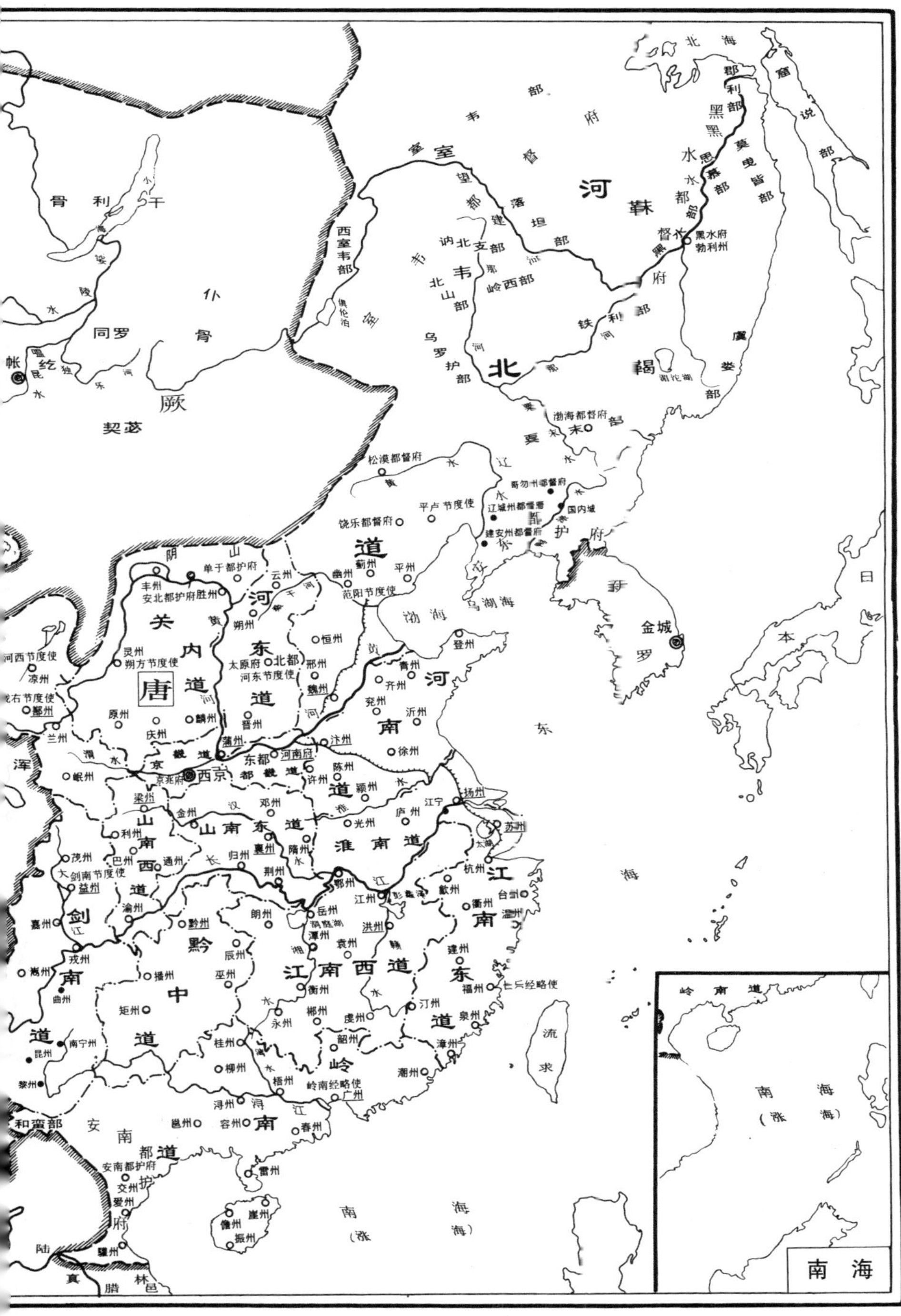

据《中国历史地图集》绘

结束语

隋唐时代是中国历史上的一个黄金时代。不论在政治、军事、经济、科技、物质文明等领域，还是在宗教、信仰、艺术、文学等精神世界，都取得了令后人赞叹的成就。如果非要总结唐朝繁荣富强的原因，可能离不开“世界主义”这个关键词。杜希德（Denis Twitchett，1925—2006）在总结盛唐的精神气质时，用了“世界主义”（Cosmopolitanism）这个词汇。我们不能说盛唐的气质只有这么一个层面，但是至少它可以归纳盛唐之盛的某些原因。

盛唐时代，沿着丝绸之路而来的粟特胡商，活跃于帝国的各个角落，带来了琳琅满目的异域物品，正如薛爱华（Edward H. Schafer，1913—1991）在其名著《撒马尔罕的金桃：唐朝的舶来品研究》中描述的那样，外来物品极大丰富了中国自身的物质世界。由于唐朝的高度包容和繁荣，来自印度、中亚、波斯等地的佛教、摩尼教、基督教聂斯脱里派、琐罗亚斯德教的传教士们跨越流沙而来，在中国传教。东方最大的都市长安中寺院遍布，各种宗教都得到一定的尊重和宽容。唐朝制度、文化、技术的优越性，吸引日本、新罗留学生泛海而来，就算九死一生都要来大陆学习，唐朝文明的各种成果也被移植到世界的其他地区，生根发芽。长安一度成为整个佛教世界的中心和圣地，日本几乎所有的宗派都把自己的祖庭设定为长安的某个寺院。从西域等其他文明来的音乐理论、新的乐器，丰富了盛唐的乐坛，绘画、雕塑、建筑等无不受到影响。几乎所有领域的成就，都离不开文化融合这一现象。可以说，唐代是一个开放的时代，一个开放的帝国，它的核心文明体不是固步自封的，而是兼收并蓄的，正是由于它的兼收并蓄，才造就了盛唐气象。

除了世界主义的气质，唐代文明臻于盛的原因，还在于它的制度创新，它在政治制度上远远走在其他文明前面，权力制衡的三省六部制、文官考试制度等等，都被日本等其他文明所学习。这一切造就了唐朝积极向上、乐观、浪漫的精神气质，而这种气质又反映在它的文学、艺术之上。

图书在版编目(CIP)数据

灿烂辉煌的开放世界:隋唐五代/孙英刚著.--
上海:上海人民出版社,2018
(细讲中国历史丛书/李学勤,郭志坤主编)
ISBN 978-7-208-15108-6

Ⅰ.①灿… Ⅱ.①孙… Ⅲ.①中国历史-隋唐时代-
通俗读物 ②中国历史-五代(907—960)-通俗读物 Ⅳ.
①K240.9

中国版本图书馆CIP数据核字(2018)第070980号

总 策 划 郭志坤
策　　划 上海文柏文化传播有限公司
出版统筹 孙 瑜
责任编辑 周 珍
装帧设计 范昊如 夏 雪 等
地图绘制 陈伟庆
地图审图号 GS(2014)1228号

细讲中国历史丛书
李学勤 郭志坤主编
灿烂辉煌的开放世界——隋唐五代
孙英刚 著

出　　版 上海人民出版社
(201101 上海市闵行区号景路159弄C座)
发　　行 上海人民出版社发行中心
印　　刷 江苏苏中印刷有限公司
开　　本 890×1240 1/32
印　　张 9.75
插　　页 5
字　　数 209,000
版　　次 2018年6月第1版
印　　次 2022年11月第4次印刷
ISBN 978-7-208-15108-6/K·2737
定　　价 68.00元